《易》象的性能

如上所述可见，作为《易》象基因的阴阳二象，是经过"伏羲"仰观俯察、效天法地、冥思苦想而构成的哲理概念的标志。它是二而一、一而二、对立的统一体。它和固定、呆滞、抽象、单调的数字符号或文字不同，具有它们所不能具有的特殊性能。主要可归结为下列四种性能：

（一）象征性：

"—"象阳、象刚、象雄、象健，等等。"--"象阴、象柔、象雌、象顺，等等。

"—""--"组合构成的图像（八卦）可以象征各种事物，如象天、象地、象水、象火，等等，其中的象山，甚至是外形的象征。

（二）演变性：

"—--"二象互反互依互交互变，从而构成四象、八卦、六十四卦图象和先天卦序、后天卦序（方图、圆图），乃至八宫卦序图像，等等。

（三）蕴涵性：

蕴涵宇宙万有生成、演变的根本法则，包括立身行事的伦理法则。

（四）广阔性：

具有无量无限的代表性。宇宙间任何事物的对立面，都可以"—--"为标象。

（五）正负性

"—--"二象本身是平等的，但代表事物，有褒、贬、主、副之分，不是平等对待。如"—"代表善、正、是，"--"代表恶、邪、非。"—"代表君、雄，"--"代表臣、雌。而以君、雄为主，臣、雌为副，等等。阴阳二象所具有的独特功能，主要有这样四种。这些功能，是数字和一般语言文字所不具有的。孔子看出这一点，所以他说："书不尽言，言不尽意，圣人立象以尽意。""尽"就是"充分表达"，意思是圣人画像，是用于表达语言文字难以充分表达的思想。王弼所谓

"夫象者，出意者也。……尽意莫若象"，说的也是同样的道理。在表现意蕴上图像是《易》的基本手段。在尚未系辞之前，《易》理已寓于象中。或者说，作者已将语言文辞所难以尽述的《易》理，凭借图像的特殊性能予以蕴涵和表现，后系的文辞不过是进一步加以为显露而已。象与辞的关系前文已详加论述，无须再赘。

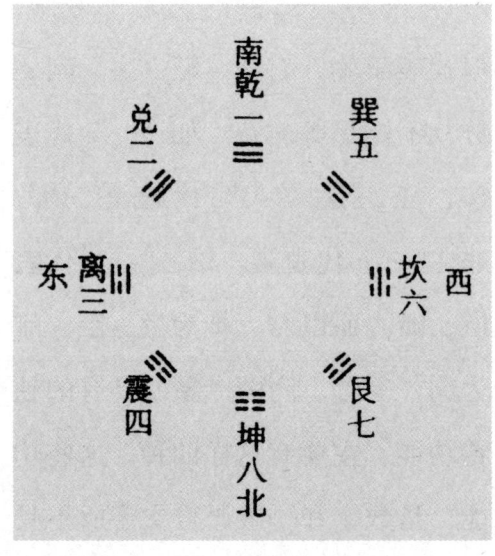

先天八卦图

总之，在头脑中概括宇宙万有的本质而寓于图像，从而表现为《易》理，并予以推演，乃是《易》体形成和运作的特殊的思维方式。

从这一方面来看，从两仪（阴阳）、四象、八卦、三画卦、六画卦、直到六十四卦《易》象形成的过程，也就是画《易》者思维的过程。这种以图像为主的思维，同以语言为主的思维，显然大有区别。因为，它主要是以图像为外壳的特殊形态的思维。当然，这种思维在运作过程中也要借助于语言，但语言不是主体，只是图像形成与运作的助手，而且是潜在的助手。故而从面貌与性质的整体来说，《易》体的思维，应该说是一种带有图像的思维，并伴之以数，可以名之为象数思维。它和以符号或语言为外壳而进行推理的逻辑思维，以及以语言为外壳而描写生活的形象思维，或以色彩为外壳而描绘情景或以声音为外壳而舒发感情的艺术思维，在性质和功能上迥乎不同。使用任何符号（包括数字）或任何文字（包括象形字），乃至任何色彩和声音，都不能代替《易》象所形成的蕴涵天道地道人道而变化无穷的六十四卦范畴体系，因为数的符号和文字都不具有《易》象那种象征性、演变性、广阔性、蕴涵性和正负性等性能。

孔子的《说卦》为阐明《易》象思维的特殊性和优越性，提供了典型的例证。

《说卦》在阐释卦象的理论基础和六画卦象形成的道理时说：

"昔者，圣人之作《易》也，将以顺性命之理。是以，立天之道曰阴与阳；立地之道曰柔与刚，立人之道曰仁与义。兼三才而两之。故《易》六位而成章。"

大意是《易》象的主旨在于顺应宇宙人间的法则，故而象内涵有天地人三才。三画的卦象有所不足，乃扩大一倍，重迭运用阴阳刚柔之爻象，遂成为六画卦象。初二象地，三四象人，五六象天。一个小小的六画图象，竟而成为囊括万有的大宇宙的缩影。如此广阔的容积与巨大的能量，远非其他任何符号、文字、图画或数字之类所能赋有。

《说卦》第二章说："天地定位，山泽通气，雷风相薄，水火不相射。"宋代易学家认为，这是关于伏羲始画的八卦图像的描述，遂据以构成所谓先天八卦图。图像如图所示（与前图3同）。

对《说卦》这段话及其图像，陈梦雷作了深入浅出的阐释和分析，对我们探讨周易图像思维的特性与功能很有意义。他说：

"此伏羲先天圆图八卦之位也。《乾》南《坤》北，天居上地居下，两仪（阴阳）之位也。《艮》为山，居西北。《兑》为泽，居东南。通气者。泽气升于山，为云为雨。山气通于泽，为水为泉也。《震》为雷，居东北，《巽》为风，居西南，相薄者，势相迫也。雷迅而风益烈，风激而雷益迅也，《离》为日，居东；《坎》为月，居西。不相射者，水得火以济其寒，火得水以济其热，不相灭息也。先天八卦之位如此。"（《周易浅述·说卦传》第二章）

原始八卦是否有此图像，是另

一问题，可置而不论。单就图像自身而言，自然是原来便有此内涵，否则引申不出如此深厚的道理。即使不读《说卦》的叙述和后人的绎释，明眼人也会立即看出，这个图像整体就是人类生存繁息的宇宙的缩影。是一个在上天下地、日月轮回之中，山川河流、雷电风雨之间，作息繁衍、生生不已的人间世界的图像。这个缩影或图像不仅表现出宇宙人间的基本结构，而且通过天地、山泽、雷风、水火之间阴阳刚柔的相反相成，直观地显示出宇宙万有对立统一的基本规律。

然则，如此简单的构图，何以有若斯深邃而无边的巨大概括能力？为什么使用语言文字作解，要花费那么繁多的长篇大论？质言之，原因就在于以阴阳（--—）为本而衍生的图像赋有上述象征性、演变性、蕴涵性、广阔性和正负性等诸多性能的缘故。

《易》象是寓理之器

值得注意的是，上图《易》象的种种道理，不是源于附加的文辞，而是象中原有的内涵。所谓"象者出意者也"，象即是表现内涵的手段。"言者明象者也"，文辞则是揭示象意的手段。在周易，文辞依附于象，并无独立自足的性能。其间的关系是，意（思想）生于物，象生于意，辞生于象。辞是象的助理，而非象的主人。如《乾》卦之名，是由于它显示天的阳健之性，《坤》卦之名，亦复如此。其他《震》《坎》《艮》《巽》《离》《兑》诸卦，亦莫不如此。[①]

总之，如上所述，从思维的角度来说，《易》的产生、发展和形成巨大的范畴体系，其间是经由作者在感觉、知觉和表象的基础上借助于语言（不是文字）把天地人间万事万物的共性加以概括，并经过演绎，造成"——--"两个图像，借以蕴涵与表示宇宙万有的共同本质与法则。然后，在潜内在语

---

① 关于象的双重性特点，见《〈易〉苑漫步（之一）》。

言的帮助下，以"—--"两象为基础，发挥它们象征性、演变性、蕴涵性、正负性等特殊功能，重叠组合，反复变化，终于发展成为八卦乃至六十四卦的图像体系亦即思想体系。其间，图像在演变发展过程中反映"万物之情，"和"天人之道"。所谓"卦之德，方以知"（《系辞上》十一章），卦的方形图像蕴涵着人间的智慧，即指此而言。这种在创作过程中凭借图像反映事物情态和蓄藏事物义理的思维，显然和运用空洞符号的数理思维以及单纯用文字说理的逻辑思维、运用文字描写生活的形象思维，以及运用声音或色彩反映生活的艺术思维，迥乎不同。其不同处除上述情况外，还在于周易的象数思维当中，图像是反映义理的生生不已的主动的工具，而在数理思维、逻辑思维、形象思维或艺术思维当中，无论符号、文字、声音或色彩，在表达内容上只是被动的工具。同时，《易》的图像在思维当中既属于形式又属于内容，它是内容与形式的统一体。而其他思维当中，符号、文字、色彩、声音之类，只属于形式而不属于内容。

周易的内容与形式的关系，可以归结为理与象的关系，辞象是图像的文字延伸，也属于象的范畴。关于理与象关系，程颐认为："至微者，理也；至著者，象也。"从而概括为简练的八个字："体用一源，显微无间。"（《易传序》）对此，朱熹盛加赞扬，并作了解释。他说："自理而观，则理为体，象为用，而理中有象，是一源也。自象而观，则象为显，理为微，而象中有理，是无间也"（《近思录》卷三）。大意是说，理是实体内容，象是理的功用形式。理中有象，二者统一，故谓之"一源"。象以显著形式表现微妙之理，象中有理，故谓"无间"。程颐所说的"体用一源，显微无间"，以及朱熹的解释，十分恰当，都正确而扼要地说明了周易以理为体、理象一如的特点，亦即内容为主、内容与形式浑然一体的优越性。黑格尔曾经说过："在艺术里以及一切别的领域里，内容的真实和实质，主要地乃建筑在内容与形式之合一上面。"（《小逻辑》）周易为自身的特定内容——理，找到了合适的特定形式——象，经过殚精竭智的思维，做到了两者的统一。从而形成巨大的范畴体系，发挥出伟大的哲理功能、教化作用及一定的占卜功能。从这个层面也可以充分看出，周易象数思维，具有独一无二的特殊性与优越性，任何其他类型的思维方式，都不能代替。

辩证思维的鼻祖

任何事物的发展，总体看来，都是从低到高、从简到繁，人类的思维，自不例外。从"一就是一、二就是二"式的形式思维，发展到"一是一，也是非一"的辩证思维，就是思维运动前进的必然历程，中外的思维史都留下了这样的记录。

抛开形式思维不谈，单就辩证思维来说，在过去"言必称希腊"的哲学气氛中，一般学者多认为人类思维之发展为高级辩证思维是滥觞于希腊，代表人物是赫拉克里特（大约公元前530—470）。从他的《论自然界》这本著作所残留下来的一百三十个片断中。可以看到如下一些辩证思维的观点。

——万物都在流动变化的思想：所谓"人不能两次踏进同一条河流"。

——自然现象向对立面转化的思想：所谓"在我们身上，生和死，睡和醒，少和老，都是同一的东西"。后者变化了，就成为前者，前者再变化，又成为后者。"冷变热，热变冷，湿变干，干变湿"。"结合物是整个的，又不是整个的，既是协调的，又不是协调的，既是和谐的，又不是和谐的；从一切产生一，从一产生一切。相互排斥的东西结合在一起，不同的音调造成最美的和谐，一切都是斗争所产生的。"如此等等。

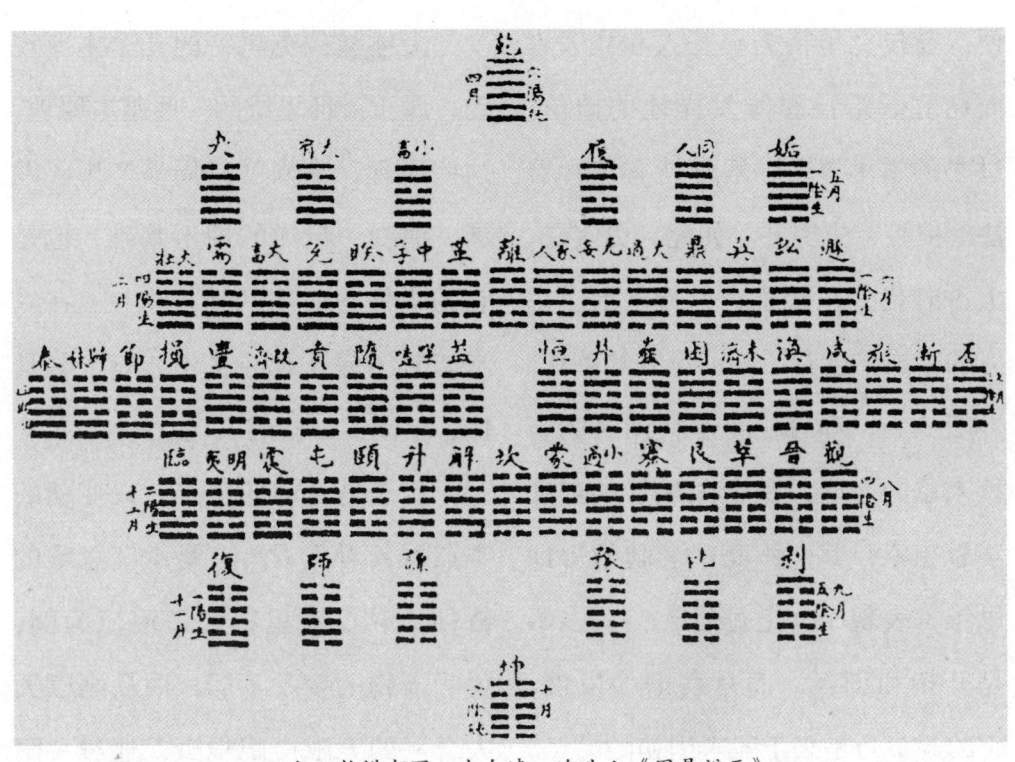

六十四卦横布图，出自清·连斗山《周易辨画》

——关于真理具体性的观点，他认为真理以时空条件为转移。如说："海水是最纯洁的，又是最不纯洁的。对于鱼，它是能喝的和有益的；对于人，它是不能喝的和有害的。""最美丽的猴子，与人类比起来也是丑陋的。""驴子宁愿要草料，不要黄金。"

——对立面的差别，斗争和结合的规律，谓之"普遍的逻各斯"（逻辑）。（以上均见《古罗马哲学》三联版）

赫氏辩证思维的主要观点，大致如上。

恩格斯对此给予很高的评价，他说："这个原始的、素朴的、但实质上是正确的世界观，是古代哲学固有的，它第一次由赫拉克里特明白地表述出来：万物存在着，同时又不存在，因为万物都在流动，万物都在经常变化，万物都在不断产生和不断消灭的过程中。"（《反杜林论》）

这样，在世界哲学史上古希腊

便以赫拉克里特为奠基人和代表者而树立起辩证思维发祥地的地位。过去的学术界，一般都持有这种看法。但是，史实并非如此。史实是，上古时代，在赫拉克里特之前，东方的中国早已有了辩证思维的著作。一般认为，和赫拉克里特同时的春秋末季的老聃，是中国最早的辩证法思想家，其实不是。老聃的辩证思维（表现于《道德经》），大多不是开拓和创新，而是袭旧的发展。它的源头乃是兴于殷末周初的易经。《易》以道阴阳，《易》以道化；以阴阳变化之道为核心的周易，比赫拉克里特的《论自然界》和老聃的《道德经》，早出世五百年以上。故此，就世界范围来说，比较成型的辩证思维的发祥地，不是西方的古希腊，而是东方的古中国。而且，除时间差距很大之外，在内容的渊奥性与形式上的多样性上，周易的辩证思维也较古希腊处于大大领先的地位。——尽管较之现代的辩证思维来说，它只具有素朴的形态。

上述赫拉克里特的几个主要观点，属于辩证思维的一些基本原理。这些原理，本来就是周易产生、发展、演变、形成的理论基础，也是它的本体与应用的精神支柱。在六十四卦图像及其经文中，有十分具体、生动、丰富的表现。

首先是变动的观点。以变动的观点看天看人看事，是辩证思维的特性。赫拉克里特仅举河流为例，说明事物的变动不居，周易则以天人合一的无限广阔视野，通过一阴一阳的不断变化与无穷演化，具体显示变动的思想。《易》之所以名为《易》，主旨端在于此。无论《易》为善变的蜥蜴也罢，为上日下月、象阴阳之交叠也罢，或为日出时光彩闪烁之象也罢，乃至《易》有变、交、反、对、移诸义之象也罢，总之离不开一个变字。变为《易》的灵魂，从书名也可窥知。前文多次详述，无须再赘。然则。事物何以变动不居？变的原因何在？这便是继之而来的辩证思维的核心问题。形式思维立足于抽象的同一性,自身无法解释变的根源,只能求助于外力,牛顿之乞灵于"上帝的一击"以解释运动的根源,即是典型的例证。而辩证思维却摆脱了外力论的恶性循环的泥潭,从自身赖以存在的矛盾的同一性中找到了变动的动力——"对立面的统一"当中蕴藏着变动的种子。这一点,周易的表现最为鲜明。

周易的六十四卦体系,是由八卦演变来的,八卦则是由阳（—）阴（--）二象演变而成,"— --"二象可谓易经体系的基因。这个基因就是"—"与"--"两个对立面的统一体。这两个对立面既相对又相待,既相反又相成,势必造成运动、转化、演变和发展。赫拉克里特所谓"结合物既是整个的,又不是整个的;既是协调的,又是不协调的"等辩证特性,在《易》的基因上表现得十分清楚。依据天人合一的原理,《易》既把阴阳的相反相成作为六十四卦范畴体系形成的基因,也把它作为万有生长变化的基因。就是说,依照周易的思想来看,不但大自然的天地万物和人间的万事万物是如此演变而成,人类的精神和思想的成果,也是如此演变而成。运用一阴一阳之道来观察自然、社会和精神现象,而且从头到尾一以贯之,正是大《易》独特的无与伦比的优越性。这在纪元两千年前的全世界来说,显然开创了辩证思维的最高境界。五百多年后才出现的古希腊辩证法思想家赫拉克里特,对此恐怕只好说是后生晚辈,望尘莫及。

两点论

如上所述,从人类思维发展的历史来进行观察,一个突出的革命性巨变,就是从把事物视为单一体转向把事物视为矛盾体的飞跃,也就是从确定性的形式思维向灵活性的辩证思维的发展。这在上古时代文化较为先进的国家,是自然要发生的现象。古中国和古希腊则是其中的佼佼者，尤以中国为最。这两个古国也许是分别领先发现了辩证思维的核心——以矛盾的观点考察事物。在古希腊，除赫拉克里特之外，斯多噶派哲学家曾创造了一个著名的命题："万物各有二柄"（Eveything has two handles），这和现代中国极为流行的所谓"两点论"非常相近（参见钱仲书《管锥篇》第一册《周易正义·归妹》）。中国汉代学者董仲舒所说的"凡物必有合。合必有上，必有下，必有左、必有右……有寒必有暑，有昼必有夜，此皆其合也"（《春秋繁露·基义》第五十三）。又说："独阴不生，独阳不长。"（《春秋繁露·顺命》第七十）宋代哲人邵雍所说的"一分为二"（转引自《监本易经》），和张载所说的"一物两体"（《横渠易说·说卦》），明代哲人方以智所说的"合二而一"（《东西均》），等等，从思维方法的辩证性来看，基本精神大体相似。但是，关于古希腊的"二柄"思想的来源，人们只晓得它是从辩论中揭发矛盾而逐渐产生的，是否继承某些传统的思想资料，则不得而知。至于中国古代辩证思维的两点论，无论是先秦的孔子、老子、还是后代的董子、邵子、方以智等思想家，其根源统统在于大《易》。

这里，仅以老子和孔子这样的

子产像，图出自清·顾沅辑《古圣贤像传略》。子产，公元前春秋时政治家，复姓公孙，名侨，郑国贤相，主张为政要"刚柔并济"

代表人物为例，看看他们辩证思维的两点论。

老子生当春秋末季，与孔子同时，生平简单，隐于周王朝柱下史的卑下职位，以冷眼观察乱世。虽然很少出头露面，但作为思想家，知名度却很高。据司马迁《史记》记载，孔子曾问礼于老子。老子赠他一句名言："……良贾深藏若虚，君子盛德，容貌若愚。"（《老庄申韩列传》）这句名言中的良贾与君子都表现出外貌与内情的相反相成，这和《道德经》所说的"上德若谷，大白若辱……质真若渝"等（四一章）说法相似，都属于"正言若反"（七八章）之类，都是运用两点论而得出的辩证命题。全部《道德经》五千言，上篇从有与无的关系开始，到三十七章"道常无为而无不为"为止；下篇从"上德不德，是以有德"开始，直到八十一章"信言不美，美言不信"终结。基本上是以两点论的辩证思维一以贯之。老子之所以成为先秦时代中国辩证思维的先驱人物和代表人物，于此可见一斑。

与老子同时的孔子也是深通辩证思维的大师。从他的活动和言论中可以发现许多运用"两手"的例证。在政治方面，例如他一面主张"导之以德"，一方面也不反对"齐之以刑"（《论语·为政第二》），强调"刚柔并济"的两手。突出的事例是《左传·昭公十二年》所载，郑国贤相子产主张"有德者能以宽服民，其次莫如猛"。用以告诫继任者子太叔的史实。孔子对此赞颂说："善哉！政宽则民慢，慢则纠之以猛；猛则民残，残则施之以宽。宽以济猛，猛以济宽，政是以和。"和子产的观点一样，孔子也认为宽猛的相反相成，是统治人民的良策。另外，孔子本人的从政态度是"有道则现，无道则隐"（《论语·泰伯》），隐现结合，随时而行，也表现出对立统一的"两手"。在为学方面，也是如此，孔子认为"学而不思则罔，思而不学则殆"（《论语

·为政》），讲求思与学的相辅相济，强调这样学法才最有效。孔子这种两点论表现得最清楚的，莫过于《系辞》。本来周易中并没有阴阳二字，只有"--""—"二象，是孔子揭示其象义而表以阴阳。在《系辞》中，他抓住周易的灵魂而大肆发挥阴阳两点论。所谓"一阴一阳之谓道"以阴阳两端的相反相成，作为宇宙人世的普遍法则。所谓"阴阳不测之谓神"，以或阴或阳的适然变化，来解释莫名其妙的"神"。所谓"阴阳合德而刚柔有体"。以阴（柔）阳（刚）的对立统一来解释"天地之撰"（大自然的造化）。特别是在讲述卦爻的体会时，更能联系政治修身的实际，作出发挥。在《乾》卦《文言》中讲述"亢"字的体会时，他说："亢之为言也，知进而不知退，知存而不知亡，知得而不知丧。……知进退存亡而不失其正者，其唯圣人乎？"从进退存亡得丧这样两个方面的对立统一和互相转化上讲解亢字，可谓深通辩证思维的奥妙。在谈到知"几"的重要性时，孔子不是单以隐伏的先兆来解释几字的本义，而是说："知微知彰，知柔知刚，万夫之望"。把几（微）同彰（著）加以对比，从双方的对立统一关系中加以讲解，并把它提到柔阴与刚阳的高度予以申述，从而揭示出"几"的法则性功能。再如，在谈到周易的优越性与功用时，孔子认为它具有"因贰以济民行，以明失得之报"（《系辞下》六章）。所谓贰，是指阴阳两端。全句大意是说，人们可以顺应其阴阳之道，用以指导民众的行为，使民众明辨吉凶得失的反应。如此等等，孔子就是这样善于运用两点论的思维方法，看人看事看问题。总而言之，由上述可见，孔子和老子虽未曾对辩证思维的"两手"，从哲理上作过直接的论述，但这种思维方法在他们的言行中已具有多方面的明显表现。这和古希腊斯多葛哲人所作的"万物皆有二柄"，以及现代哲人所说的"两手"或"两点论"，可以说基本精神并无二致，都属于辩证思维的范畴。

不过，虽然说孔、老善于运用辩证思维的两点论来观察和思索问题，是上古时代辩证思维的代表人物，但却不是说，他们是辩证思维的奠基人和创造者。因为他们的两点论思维方法，都来自周易的阴阳观念。老子的"万物负阴而抱阳"也好，孔子的"一阴一阳之谓道"也罢，追本溯源，并无例外。故此，必须承认，兴起于殷末周初的易经，才是中国乃至世界上两点论辩证思维的鼻祖。

关于周易以两点为思想基础一点，程大昌的论述最鲜明、最确当。他说：

"若大《易》之名书也，专以变易言之，则凡象若（或）数，虽其屡变迁也，而皆不出乎两相更迭也。非'两'则无变，舍变则无《易》也。其曰：'一阴一阳，之谓道者，是"两"之可以出变者也'。

又曰：'一开一合之谓变'，是'两'之终能变者也。用此求之，凡其相错、相杂、相得、相易、相等、相摩、相盈、相推、相感、相攻、相取、相逮、相悖者，莫非以'两'为体，而形乎相交之地也。人而知夫'两'之所当而措焉，则可以常吉而不凶也。苟惟不能参观、而倚于一偏，则其蔽必至于知得而不知丧，知进而不知退，知存而不知亡也。故夫子之言《易》曰：'因贰以济民行，以明失得之报。'贰即两也。贰之可以济民也，即参彼我而裁可否之谓也。"（《易原》卷四《因贰明失得》）

他又说：

"极天下之大，万物之众，事为之伙，而其形体情实，无有不相配对者也。寒暑、日月、雷雨、昼夜、山泽、水火、君臣、父子、夫妇、牝牡、道器、刚柔、仁义、治乱、进退、生死、吉凶、荣辱等，有万不同，而无有孑然独立者也。夫其每出必'两'者何也？阴阳实为之也。……故事物之无不有'两'者，其源实出于阴阳也。于是，究其极言之，天之阴阳，即地之柔刚，人之仁义，而卦爻之《乾》《坤》也。四易其地，四变其名，而皆不离乎'两'也，六十二卦，无一卦焉而不载《乾》《坤》，则何事何物也，而非'两'出也？故说'两'明，而《易》之本末著矣。揩'两'明，而有得无失矣。"（《易原》卷四《事物悉载二》）

程氏以阴阳两点论作为宇宙的根本法则，据以剖析天人万物和周易，一以贯之，简明确当，鞭辟入里，实为打开周易辩证思维体系的一把金钥匙。尤其其中"非'两'则无变，舍变则无《易》"和"六十二卦，无一卦而……非'两'出也。故说'两'明，而《易》之本末著矣"两句，更是画龙点睛之笔，《易》之以辩证两点论为思想主干，于兹昭昭明矣，程氏之言，良有以也。

六十四卦是三十二个阴阳对立统一体

阴阳的对立统一是周易的世界观。但经文中只有阴（--）阳（—）二象，并无阴阳二字，阴阳二字是外来的解释。孔子袭用传统的说法，阐释并发扬其中的一阴一阳之道。后来《庄子·天下篇》之所谓"《易》以道阴阳"，也许是基于孔说而作的集中概括。这一观点，扼要地抓住了周易辩证思维的灵魂。整个易经六十四卦三百八十四爻，从头到尾，处处充满阴阳相反相成的关系和变化，可谓一以贯之。

如前所述，阴阳二象是效法天地而生。"—"象天，于气为阳，于数为奇；"--"象地，于气为阴，于数为偶。天地合而为大宇，分而为天地；阴阳合而为太极（大气），分而为两仪。分中有合（合二而一），合中有分（一分为二），相反而又相成，相依而又相变。如此这般，生生不已，千变万化。简单的阴阳二象本身，已竟蕴涵着如此玄妙的"天机"："—"象为奇，"--"象为偶，而"—"象具有两端，两为偶，是奇中有偶，亦即阳中含阴。同时"--"象由两奇构成，是偶中含奇，亦即阴中含阳，如此阴阳互为其根，相反相成。而"反者道之动"（《道德经》四二章），正中有反，必然不寂静而发生动荡，成为生命的源头。于是正如天地之气分合升降而生万物一样，阴阳二象亦交叠演变而生四象、而生八卦、而生六十四卦三百八十四爻，终于形成蕴涵天地人三道的无限广阔的辩证思维体系。《易》体就是这样由阴阳二象矛盾统一的内在机制的互动而造成的。在这一点上，任何《易》体形成的理论，无论是《乾》《坤》生六子之说，或其他卦变之说，都离不开阴阳二象相反相成的辩证思维法则的作用。

这一法则在八卦和六十四卦上都表现得清清楚楚。

八卦由《乾》天、《坤》地、《震》雷、《巽》风、《离》火、《坎》水、《兑》泽、《艮》山组成，其结构特点是两相对待，相反相成。分则为八个卦，合则为四对卦。它以图像加文字的形式，直观地体现出宇宙万有合二而一与一分为二相结合的对立统一的基本法则。例如《乾》（天）健《坤》（地）顺，健顺相反而又相辅，生成万物。《离》（火）刚《坎》（水）柔，刚柔对立而又互助，发挥功用（《水火既济》，如烹调之类）。就这一点来看，孔子所说的八卦可以"通神明之德，类万物之情"，完全正确，绝不过分。八

羲皇先天六十四卦方图，出自清·刘一明《周易阐真》。羲皇即伏羲，相传伏羲画先天八卦，八卦衍生为六十四卦

卦图像已见前文，兹不再赘。

最能具体而鲜明地表现对立统一辩证法则的，是六十四卦的传统卦序。它和用之于占筮的八宫卦序之类不同，是表现天（自然）人（社会）合一之道（共同的普遍法则）的卦序。名称上是六十四卦，实质上乃是三十二组卦。上经始于《乾·坤》。终于《坎·离》计十五组，下经始于《咸·恒》终于《既济·未济》，计十七组，总共三十二组。即孔颖达《周易正义》所说的"二二相耦"。用辩证法的语言来说，六十四卦的卦序，就是三十二个对立面统一体的序列。同时把这三十二组卦贯穿起来的纽带和关系，则是卦象的"非变即复"或曰"非错即综"。"变"（错），指两卦的阴阳相反，如《乾》与《坤》、《坎》与《离》之类。"复"，指前卦颠倒而成后卦，如《屯》象颠倒，即成《蒙》象、《需》象颠倒，即成《讼》象等等。如此，从《乾·坤》开始，或错或综直到《既济·未济》终

了，就形成了三十二个对立面统一体相反相成、生生不已的序列。这就是周易卦序所依据的原则。

这里有一个问题需要顺便说一下。有一种说法，认为"非错即综"只是六十四卦形式上的演变，这种说法有所偏失。实际上，六十四卦经过错综而造成三十二组卦的序列，既是卦象外形的演变，也是卦象内涵的演变，其外形和内涵的演变，在这里完全融为一体，可以说是表现出逻辑与历史的统一。具体说，如周易第一个对立统一体是《乾·坤》，象形上是六阳六阴相错并立，象义上是象征天地纯阳纯阴的相反相成。而象之形义所蕴内涵则是《乾》（天）健《坤》（地）顺而始生万物，同时也是"《易》之蕴"，而演为六十四卦。再如第四个对立统一体是《师·比》，《师》的象形是六阴在上，四阴夹阳在下。颠倒过来（综），是四阴夹一阳在上，六阴在下，成为《比》。这表示，前者象征地上水下，即地下有水；后者是

水下有地，即地上有水，其象形与象义所蕴之内涵则为；地中有水，众多而积。地有顺义，而水有险义，内险而外顺，险道而顺行，是军旅之事，故名为《师》。而卦象颠倒之后，成为水在地上，有水土相亲的情态，故名为《比》。卦象的综变，不仅是形式之变，也是内容之变。它表示险道的战争——《师》，倒过来即成为顺道的和平——《比》，地水之象综而为水地之象。《师》《比》在逻辑上的相反相成及其转化，恰好同战争与和平在历史上的对立统一及其转化之间，呈现出辩证关系的一致性。所以，孔子所说的"立象以尽意，设卦以尽情伪"，其中所含象义一如、义事一如的思想，对后人认识周易形式与内容的关系有很大启示。又如；周易第六个对立统一体为《泰·否》，《泰》象为三阴在上，三阳在下，象义为《坤》（地）在上，《乾》（天）在下，天地倒置。涵义为："小（阴气）往（上去）大（阳气）来（下来）。……天地交，而万事通也。上下交而其志同也。内（下卦）阳而外（上卦）阴，内健而外顺，内君子而外小人。君子道长，小人道消也。"这是孔子对《泰》象内涵所作的揭示与引申。《泰》象倒置，成为相反的《否》象，其象义与内涵同《泰》象也完

卦象联系演进图

全相背，一变而为："大往小来……天地不交而万物不通也。上下不交而天下无邦也。内柔外刚，内小人而外君子，小人道长，君子道消也。"从象形上看，《泰》《否》阴阳相错，对立统一，综而为《否》《泰》，仍然阴阳相错。这在卦序的演进中属于错综相兼之类。周易殿尾的第三十二个对立统一体《既济·未济》，亦复如此。其中，前者的象形是四阴夹一阳在上，二阳夹一阴在下，后者恰好相反，彼此相错而相依。《既济》象义为水火相济，阴阳各当其位（初、三、五，二、四、六，阳爻占阳位，阴爻占阴位）而相应（初与四、二与五、三与六），其内涵表示事物的完成（终）。《未济》则反之阴阳错位，（初、三、五阴爻占阳位，二、四、六阳爻占阴位），其内涵表示事物的未完成（始），两卦合为一组，表现事物发展的阶段性。其卦象阴阳相背，是为错，倒过来是为综，依然阴阳相背，还是错。就这一点而言，周易三十四对统一体（六十四卦）是始于《乾·坤》之错，而终于《既济·未济》之错综兼备。卦象的联系和演进情况如图所示。

以上六十四卦象，除《乾》《坤》、《坎》《离》、《大过》《颐》、《小过》《中孚》八个相错，其余五十六卦象都相综。其中《否》《泰》、《既济》《未济》、《随》《蛊》、《渐》《归妹》四组卦象是综错相兼。

如此，三十二组卦或综或错，相反相因，遂形成一个赅蕴天则人道的巨大的《易》象范畴体系。宋儒程颢所谓"其体则谓之《易》，其理则谓之道"（转引自《近思录集注》卷三），扼要地揭示出象体与义理的统一。而这正是周易辩证思维的根本特点。

阴阳互交互变

阴与阳既对立又统一，既相成又相反，既互相排斥，又互相包含；这种矛盾关系，是动力的源泉；而动必引起分裂，由合二而一成为一分为二,并发生互相转化。这种情景以直观的鲜明形态,呈现在广泛流传的所谓太极图中。

此图的名称与内涵,皆源于孔子对周易本质的解说:所谓"《易》有太极,是生两仪(阴阳),两仪生四象,四象生八卦"等语,是此图所本。据杭辛斋先生讲,此图又名"天地自然之图",是"八卦所由所画",乃宋人蔡季通从四川隐士手中获得的。虽然它未必是伴随周易流传下来的古图,大约是后代道家人物依据《易》理而绘制的,但诚如杭先生的体会:"熟玩之,有太极函阴阳,阴阳函八卦之妙。"(以上见《学易笔谈》书中《易楔·图书第一》)从此图中,可以见到上述对立面统一的关系:两仪合而为太极(矛盾统一体),分而为阴阳(统一体的分裂)。阴为黑色,阳为白色。黑中有白点,是为阴中有阳;白中有黑点,是为阳中含阴。黑白两色呈两鱼形,头尾相接,表示阴阳二气互为其根,相反相成,互相消长,互相转化,生生不已,终始无际的自然状态。仔细观察,《易》道之辩证思维情景,的确跃然纸上。应该说,太极图是揭示《易》理秘蕴的一大发明。——在这里,人们直观地看到了阴阳这个对立统一体互交互变法则的情景。如图所示,阴阳既对立又互交,便发生动盈与变化。孔子所说的"刚柔相摩,八卦相荡","刚柔相推,变在其中矣"以及荀子所说的"阴阳接而变化起"(《荀子·礼论》),都是指阴(柔性)阳(刚性)既互为其根又互相斗争而发生变动。前文所举出的《泰·否》的情况,便是这样。两卦显示:

太极图

阴（地）阳（天）同体，而刚柔相摩，阴升阳降变为《泰》，阴降阳升则变为《否》，互为升降而吉凶转变，便是阴阳互交互反所引起的互相转化的形态之一。此外，更重要的转化形态是阴阳互为消长。所谓十二消息的卦变，就是刚柔相推而引起的阴阳转化。简言之，它就是《乾·坤》诸爻阴阳互为消长所造成的十二个循环卦变。其概况为：《坤》阴交于《乾》阳，阳一长而转为《复》，再长而转为《临》，三长而转为《泰》，四长而转为《大壮》，五长而转为《夬》，如此阴阳消长，至六长而臻阳极，乃由纯阴（柔）之《坤》，一变而为纯阳（刚）之《乾》。但阴阳互为其根，阴中寓阳，阴不能灭。阳长至极，则转而生阴。于是，《乾》夬阳反过来交于《坤》阴，阴一长而为《姤》，再长而转为《遁》，三长而转为《否》跳，四长而转为《观》，五长而转为《剥》，如此阳消阴长，至六长乃由纯阳之《乾》，复返为纯阴之《坤》。如此阴阳相推，刚柔相易，遂造成《乾·坤》与《坤·乾》的阴阳大转化，这就是所谓十二消息卦变的实质。

由上述可见，周易的思维里不仅有两手或两点论，不仅有对立面统一的观念，而且也不乏对立面互相转化的观念，这些都是周易辩证思维的要素。老子所谓"祸兮福之所倚，福兮祸之所伏"，正表现阴阳互为其根的思想。"正复为奇，善复为妖"，则表现阴阳互转的思想。看起来，老子这种思想也许都是来自周易。

周易阴阳消长互相转化的辩证观点，对人们正确认识自然与社会的运动，有着重大的指导意义和实用价值。上述十二消息卦，即是一例。十二消息卦是西汉易学家孟喜卦气说的重要内容。孟喜是应用周易《乾·坤》阴阳消长转化之象，配合于节气变换而创出的，所以又名十二月卦。简言之，每年十一月冬至，一阳生，为《复》卦。十二月阳长至二，为《临》卦。正月阳长至三,为《泰》卦。二月阳长至四,为《大壮》卦。三月阳长至五,为《夬》卦。到四月小满,阳气满盈,纯阴之《坤》一变而为纯阳之《乾》。但接下去,到五月夏至阴复生,成《姤》卦;六月阴长至二,成《遁》卦;七月阴长至三,成《否》卦;八月阴长至四,成《观》卦;九月阴长至五,成《剥》卦。到十月小雪,阴气满盈,成《坤》卦。接下去,阴极阳生。到十一月冬至,一阳复生,又返为《复》卦。如此阴阳互为消长,互相转化的情景,与一年廿四节气的推移更迭和流转不已的气候演变,配合无间,十分恰当。这种阴阳消长转化的气象观,虽非直接取之于周易,但其产生的根据则主要是来自《易》理,这是不言而喻的。

周易阴阳消长的辩证思想,对人们正确认识社会,也有重大功能。例如《左传昭公三十二年》记载,鲁昭公被大臣季孙氏赶出鲁国,死于外地。赵简子探问史墨的意见。史墨评论说:"……社稷无常奉,君臣无常位,自古亦然。……在《易》卦,《震》(雷)乘《乾》曰:《大壮》,天之道也"。史墨引用周易卦象之变,证明自古以来国家与君主的地位都不是固定不变的。照常理,《乾》(天)在上,《震》(雷)在下,但周易却让《震》(雷)乘坐于《乾》天之上,并誉之为《大壮》(正大)。史墨认为,这表明事物地位的转化是必不可免的,所以鲁国之君臣易位,也在情理之中。这样,周易辩证转化的卦象和思想,对当时人正确认识鲁国的政变,成为哲理的论据。

物极必反

"物极必反"是一个高度概括的中国气派的辩证命题。上述"履霜,坚冰至""亢龙,有悔""阴疑于阳必战""盈不可久""穷则变"等思想,都可以囊括于此。从物之动到动之极,是量变过程,极而反则是质变而生的转化。《乾》之极必转为《坤》《泰》之极必转为《否》,反之亦然。《易》卦六位,上位是卦位的顶峰，爻至于此，已达极限，面临转化的危机。故而许多卦的上爻不吉。《乾》《坤》之外，《讼》上九"或锡之鞶带，终朝三褫之"（凭健讼而获朝廷显贵的大带之赐，一天内却多次被剥夺），表示上九阳刚已达极点，逞强胜诉而获赐，不能持久。《比》上六"比之无首，凶"，表示上六以阴柔处于极位，柔弱无能，与众亲比，却不能率先行事，故而凶。《泰》上六"城复于隍"，比喻《泰》运已臻极点，将如城墙又倾覆到壕沟里那样，转化为《否》。《噬嗑》上九"何校灭耳，凶"，意指穷亢之阳居于极位，怙恶不悛，以致遭受抗枷灭耳之刑。《复》上六"迷复，凶"，意为上六以阴柔居《复》之终，迷途而不知返，结果必凶。《无妄》上九"无妄，行有眚，无攸利"，是说上九处"无妄之颠，途穷难行，行必有灾"。《大过》上六"过涉灭顶，凶"，是说上六以阴柔而居于阳气大过之境的无位之高位，会有灭顶之灾。

《恒》上六"振恒，凶"，指出上六以阴居阳，处于"恒"境之顶，动必有咎。而上六震动不已，必"大无功也"（《象》辞）。其他如《晋》上九，《明夷》上六，《益》上九，《夬》上六，《革》上六，乃至《既济》上六，《未济》上九，等等，很多居于上位之爻都以穷极而陷于困境，面临物极必反的灾祸。老子"物壮则老，谓之不道"（《道德经》五十五章）的辩证发展观点，大约也是吸收周易这种"恶首"（恶亢）的思想而形成的。由此可见，周易所涵的阴阳对立面，在相反相成的运动中，以卦爻的象数辞的形式发展变化，其间蕴涵的量变质变的法则，确已精练地概括于古人所说的"物极必反"的哲学命题中。所不足的，只是需要回过头来联系周易的实际，具体而深入地加以探索和论述而已。

知"几"、知"度"、知"中"

对于"物极必反"的法则，周易在通过象数文辞之变加以表现的同时，也提出趋吉避凶的对应之计。上述"知几""持盈"，便是主要的对策。"知几"能因小见大，预见吉凶，而加以预防，或采取应付的手段。老子所谓"其未兆易谋，其脆易泮（碎），其微易散"（《道德经》六十四章），就是说明"知几"早备的对策。"持盈"的办法是适可而止，不走极端。老子所谓"其安易持"（《道德经》六十四章），便是与此类似的观点。这里便涵着一个"度"的概念。

"度"是事物发展的量变过程中保持原质的数量界限。超出"度"的界限，事物即发生质变。例如《乾》阳自下而上"六龙时位"，这"六龙"的范围，就是《乾》阳的度。在这个界限内阳性不变。越过这个范围，立即发生质变。《乾》阳化而为《坤》阴。具体说，《乾》阳自下而上，逐步量变，达到五位时，已近满盈，是尚有余地的最佳状态。如再进一步升到六位（上位），就达到巅峰，接近"度"的最上界，濒临质变的边缘，势将发生转化。于是周易站在扶阳仰阴的立场，依据物极则反的原理，提出"亢龙，有悔"的告诫。告诉人们，龙阳长到五位时，已经"飞龙在天"，达到志得意满、中而且正的境地，此际要返身修德，留有余地，切勿一意亢进，走上穷途的上位，成为"亢龙"，以免陷入"物极必反"的泥坑。周易这一告诫，表现出关于事物发展的"度"和"知度"的思想，要人们办事留有余地，盈而不溢。也就是要人们注意量变的界限，注意事物的度，不要过度，以免发生邪恶的质变。在周易思想里，作为主要概念的"中"，和"度"的观念也有关联。不少人以为周易（乃至儒家）的中是折中的调和论，其实这是误解。所谓中，并不是中间之意，而是说，既非过分又非不及，恰如其分。俗语所说的不走极端，就是"中"的观念的表现。在方法论上，周易最重视的是中。如《乾》五爻为最佳时位，九五谓之得中。至于上九，则过中而成"亢"，走上极端，是以有悔。而《乾》九四则处于九五之下，故必"跃"始得及"中"。《丰》卦象是震上离下，象征光明盛大。卦辞曰："亨，王假之，勿忧，宜日中。"意为，气象亨通，君王的德政所致。无需忧虑，宜如日照中天，而不过中，盛而不衰。这也是以恰如其分而不过头来描绘"中"的优越性。周易往往于位增至三，即提出将过中之戒，如《临》卦辞指出，"至于八月有凶"，才及三爻即劝诫说："既忧之，无咎"。同样，《泰》运将转为《否》，甫及三爻，即提出"无平不陂，无往不复"之戒，这表现周易对事运过中之变，极为担忧。如此等等，不一而足。

由此观之，可见周易的所谓"中"，既非折中，亦非调和，而是表示：事物的成长发展过程中，有一个量变达到的最合适最理想的"度"，不及则弱，过头则亢。这个量度，就叫作"中"。在这个意义上，可以说周易的"中"，就是量变所达到的满而不溢的度。而"极则反"，则是过度而转向反面。

为了在进德修业的道路上趋吉避凶，面对阴阳消长、极而必反的法则，周易提供的对策，除先见之明的知几以外，还有"进退而不失其正"的知度。这种思想的典型，蕴涵于《乾》卦。特别是三爻的"君子终日乾乾，夕惕若厉，无咎"。深藏着知几、知度、进退适宜的训诫。孔子解释说："君子进德修业……知至至之，可与几也；知终终之，可与存义也。是故，居上位而不骄，在下位而不忧。故乾乾因其时而惕，虽危无咎矣。"(《文言》)这段话的核心是"知至、知终"的立身行事之道，亦即进退不失其正的处世原则。"知至至之"是说，认清时势，知道进德修业的目标可望达到（至），就不失时机，努力前进而实现它（至之）。"可与几也"是说，能做到掌握机先而奋进，可以认为这是知几的明智。"知终终之，可以存义也"是说。能够认清时势，知道前进不利，应该终止就断然终止，可以认为这是保存道义的立场。依据前述阴阳消长、极则必反的法则,来看孔子所提出的这个"知至至之,知终终之"的行动方针,便可体会到其中的前者属于"知几",后者属于"知度"。

但是,何以孔子从《乾》三爻内涵中悟出这么个行动方针呢?略作分析,便可明白,《乾》卦是纯阳纯刚之体,阳自下长,长至三爻,臻于内卦之颠,虽未离开人位(三、四为人位),却已崭露头角,声誉显赫,处于上下之际,而有浸浸上升,前进不已的趋势。三属阳位,三爻又是刚性,阳居阳位,且不得中,是为"重刚而不中,上不在天,下不在田"(《文言》),正处于一个不上不下的险地,最易有咎。故而周易教诫君子,必须认清所处的这种地位,兢兢业业,朝夕不懈,既不可盲目前进,也不可萎靡怠惰。要审时度势,可进应进,则不失良机,奋力"至之"。如不可进或不

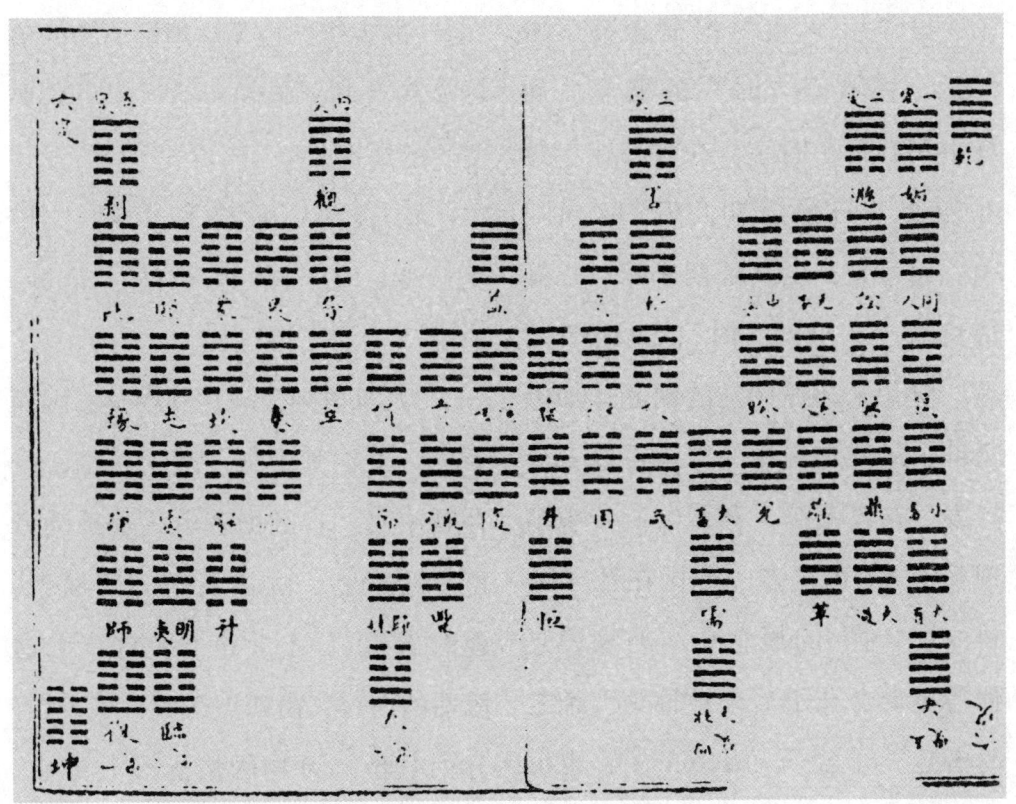

六十四卦卦变图出自清·连斗山《周易辨画》

应进，则乾乾兢惕，知终终之，守志不移。如此，知几知度，知进知退，小心谨慎，顺时而动，自能趋吉避凶，泰而无咎。正因为《乾》九三处于这种进可攻退可守的"关隘"，故而需要知几知度，以定行止。孔子于此提出"知至至之，知终终之"的行动方针，说明他对周易阴阳消长转化之义认识极深。

知"时"

与"几""度"等概念关系密切的，还有个"时"的概念。周易中只有一个时字，在《归妹》卦九四爻"归妹愆期，迟归有时"中。大意是，少女延期未嫁，是静待良辰。这里的"时"，是时机之意。但孔子却抓住它的内涵，加以延伸，遂使它内在的哲理得以充分抒发。在《系辞》和《象》传中出现竟有57处之多，可见在孔子心目中，"时"的概念在周易来说是何等重要。孔子后来被称为"圣之时者也"（《孟子·万章下》），也可见《易》理的"时"对孔子思想的影响，多么巨大。

"时"这个概念虽是由孔子发掘与发挥的，但它的母体却在于周易本身。换言之，周易处处充满了"时"的观念。每一卦有每一卦的"时"，每一爻有每一爻的"时"，卦变有卦变的"时"，爻变有爻变的"时"，离开"时"的观念，周易的象数文辞就失去变化，丧失生动活泼的体性，而成为一大堆占卜辞象的汇集。对学《易》来说，离开"时"的观念，也无从理解周易的象数文辞及其"唯变所适，不可为典要"的属性。

孔子在《系辞》中对"卦、爻、变、动"的根本作了论断，他说：

"八卦成列，象在其中矣。因而重之，爻在其中矣。刚柔相推，变在其中矣。吉凶悔吝者，生乎动者也。刚柔者，立本者也。变通者，趣时者也。"（《系辞下》首章）这段话的内容，由四点组成：1、八卦分列其位，万物的情志现其象中，据八卦而重叠，乃生成六十四卦而含有三百八十四爻。2、刚爻柔爻互相推摩，其中便出现变化。3、按其变化而系以文辞，指出吉凶悔吝，其中乃蕴涵行动的规律，因为吉凶悔吝是由行动产生出来的。4、爻之刚柔互相对待，是立卦生变的根基。在此根基上，刚爻柔爻相推而生变化，变化而流通。爻之变化流通的趋向，是适应于"时"的变动。

然则，周易的"时"，究竟是什么意思呢？

前文说过，王弼以"时"作为卦的界说。他说："夫卦者时也，"又说："夫时有否泰，故用有行藏。"意思是说，卦就是"时"。时有否时泰时，故而泰时则行，否时则遁。看来，王弼认为卦就是一种情境。在泰平的情境中应施展抱负，亦即孔子所谓"知至至之，可与几也"。当情境转为否塞时，就要"知终终之"，隐遁以存义。但"时"是个言简义丰的词，含有多个相关的义项。情境只是其中之一。《归妹》九四的"迟归有时"，是指时间而言。《系辞》所谓"变通配

四时"（《系辞上》六章）的"时"，当然是指时节。《象传》"以大矣哉"的语气，对《豫》《随》《遁》《姤》《旅》五卦的"时义"，《坎》《睽》《蹇》三卦的"时用"以及《颐》《大过》《解》《革》四卦的"时"加以赞叹。在这里，"时义""时用"和"时"三者的"时"，意思也有所不同。《周易本义》说："……然叹卦有三种：一，直叹'时'，如'《大过》之时大矣哉'之例是也。二，'叹''时'并用，如'《险》之时用大矣哉'之例是也。三，叹'时'并'义'，如'《豫》之时义大矣哉'之例是也。"这只是举例分类，而不是具体解说。具体情况应该说是，《大过》象征阳刚过甚、正旺邪衰的重大时局。这个"大矣哉"的"时"，是指时局。《解》象征患难消散、万象复苏的形势，这里的"大矣哉"的"时"，是指形势。《革》象征除旧布新的革命局势，这里的"大矣哉"的"时"，显然是指时事大变的政治局势。《颐》象征饮

食养生，这个"大矣哉"的"时"，却不是指养生的时期、时势之类，而是说民以食为天，要养民以时，指时需而言。程颐所谓"万物之生与养，'时'为大"（《易传》），即是此意。由此可见，《象》传之所谓时，含有时间、时期、时势、时局、形势、时需等多个义项。

但是作为哲学概念，周易的"时"却另有涵义。

就"大矣哉"的时义来说，周易的《豫》《随》《遁》《姤》《旅》五卦，并不像《周易·玩辞》所说的"皆若浅事而有深意"那样含糊、空泛。具体说，《豫》之"时义"之大，在于顺理而动，以应"时趋"。《随》之"时义"之大，在于不失时机。《遁》之"时义"之大，在于"依道浮沉，随时隐现"。《姤》之"时义"之大，在于因时制"遇"，不窒一隅。《旅》之"时义"之大在于失其所安而刚柔不失其正。这五卦的所谓时义，就是时宜（义者宜也）。含有合乎时宜，随机应变，审时度势，因时制宜的意思。另外，就"时用"来看，简言之，《坎》象为险，《睽》象为乖，《蹇》象为难，这是三卦的基本情境。处于这种不利的情境中，若能保持贞固，灵活应对，也可变不利为有利，关键于在因时制宜。故而这三卦之"大矣哉"的"时用"，是"用时"的倒置（如《中庸》之解为庸中）。意思是运用相机行事、灵活应变的办法，便可化险为夷。由于"时用"有这样巨大的功效，所以才用"大矣哉"加以赞叹。

这样看来，上述带有时、时义、时用的十卦当中，讲时义、时用的八个卦的"时"，是因时制宜的"时"，属于哲学概念。依据上述具体分析，便可进一步对《系辞》所谓"变通者趋时者也"（《系辞下》一章）的"时"，以及《艮》卦《象》传所谓"时止则止，时行则行。动静不失其时，其道光明"的"时"，究竟是什么意思有深入而切实的理解。前者讲的是卦爻因时变化的法则，后者讲的是以时进退的为人之道。深入领会这两个"时"的二而一、一而二的精义，便自然而然对周易辩证思维的灵活性产生亲切的认识。同时，回过头来再看上引孔子那段话里所说的"刚柔相推，变在其中矣"和"变通者趋时者也"，也就会对它的涵义，豁然了悟。

大体上，所谓刚柔相推，是说爻变的内因，趋时是说爻变的外因。孔子这两句话确实抓住了《易》变的灵魂，非常深刻。但对于卦的本质，他只谈到象义，而未讲到时义。这也许是圣者的千虑一失吧。所以后来王弼以时论卦，予以补充，就使人对《易》卦和《易》时的认识，深入了一步。

王弼在以时论卦之外，也继承孔子的思想，以时论爻。他所说的"爻者，适时之变者也"，和上述孔子所说的"变通者，趋时者也"，大意相同，但略有差异。孔子说"趋时"，王弼说"适时"，虽以时为本，但"趋"（趋向）与"适"（适应）显然有所不同。不同的原因大约在于孔子所说的"趋"，是卦爻刚柔的变与通，变而且通，必随时移动，故曰"趋时"。而王弼以卦为时（情境），时（卦）有变，则时（卦）内之爻必应变而变，故曰"适"。正因为这样，所以王弼接下去，阐述说：

"夫时有否泰，卦有小大，故辞有险易。一时之制，可反而用也；一时之吉，可反而凶也。故卦以反对，而爻以皆变。"

大意是说，卦为时，时变引起爻变。

接着，他又说：

"是故，用无常道，事无轨度，动静屈伸，唯变所适。故名其卦，则吉凶从其类；存其时，则动静应其用。寻名以观其吉凶，举时以观其动静，则一体之变，由斯见矣。"

大意是说，事物的功用并无固定的套路与轨度，动静屈伸皆适时而变。故而冠以卦名，便现出吉凶的类别。如《谦》《比》为吉，而《蹇》《剥》为凶。思其卦时，则动静可供应用。如《震》时起动的作用,《艮》时起静的作用。探索卦名以观吉凶,揭示卦时以观其动静。如此,则全卦的变化,于兹可见。简言之,这段话的重点就在"变"与"适"两个字上。亦即变源于时,爻变在于适时。唯有知时,始可知变。

然后,他举例加以论述:

"《比》《复》好先,《乾》《壮》恶首。《明夷》务暗,《丰》尚光大。吉凶有时,不可犯也。动静有适,不可过也。"

他认为,周易的吉凶在于时,背时而行,必受其害。如《比》《复》二卦,以先(初爻)为好。《比》初六为:"有孚比之,无咎。有孚盈缶,终来有它吉。"(开始与人亲近,从诚信出发,无咎。诚信若如满瓮之酒,终必另获吉运)《复》的初九为:"不远复。无祇悔,元吉。"(迷途不远即返回,不至于悔恨,大吉)正因这两卦的初爻都处于良好的"时",所以吉祥。而《乾》和《大壮》却厌恶出头。《乾》上九"亢龙,有悔",

《大壮》上六"羝羊触藩,不能退,不能遂,无攸利"(羝羊以角触藩篱,角被挂住,进退不得,无利)。都是逞强冒进,人所厌弃。《明夷》务求晦明(象曰"利艰贞",即主张藏明于晦,以度困境)。《丰》则崇尚光大(《象》曰"勿忧,宜日中",即强调盛衰之际要持盈保泰,维持如日中天的状态)。或初吉,或上凶,或暗吉,或光吉:唯时是依,时不可逆(犯),一动一静都有恰当的时机,不可错过。

接着,他又以严厉的口吻指出违时失时的害处,说:

"犯时之忌,罪不在大。失其所适,过不在深。动天下,灭君主,而不可危也。侮妻子,用颜色,而不可易也。故当其贵贱之时,其位不可犯也,遇其忧悔吝之时,其介不可慢也。观爻思变,变斯尽矣。"(以上皆引自《周易略例·明卦适变通爻》)

这段话的大意是说,违时失时之所以必须避免,不在于它会酿成大罪深过。《离》九四之"突如其来如,焚如,死如,弃如"是说,九四在《离》的重明之体中,阳处阴位。不中不正,重刚躁烈,进逼柔居尊位的六五,有犯上灭君之势,气焰烈火,震动天下,为上下所不容,祸至于死弃而后已。这是乘人之危而违时蠢动的大罪。至于变貌变色,辱骂妻儿,如《家人》九三之"家人嗃嗃,悔厉,吉;妇子嘻嘻,终吝"(治家宜严。虽使家人嗃嗃叫,有悔有厉,但终会获吉。治家不严,使妇子笑嘻嘻,终致羞吝)。虽是小事,也不可大意,当严必严,不可违时而行。故此,位有贵贱,爻有尊卑,其时其位,不可违反,遇到忧、悔、吝、之"时",其微小的朕兆也不可掉以轻心。如此,观爻思变,思变知时,变化之道,尽在于此。

在这篇《明卦适变通爻》当中,关于爻变情况,涉及爻位和爻间的比、应、承、远、近、内、外、初、上等关系。这些概念实质上也可纳入时的范畴,故而作者在文中一并加以论述(为了免于烦琐,引文从略)。综合说来,王弼所谓"适时之变"的时,就是"理当其可"的时,亦即时宜之意。和孔子《象》传所赞叹的"时义、时用"的时,是一个意思。用今天的哲学语言来说,就是一定的时间、地点、条件所形成的具体情况,就是"时"。应此情况而变动,谓之适时,顺此情况而变通,谓之趋时。简言之,古人所说的时,就是据以适变的时空情的统一点。时的概念,确是一把打开周易变化之门的钥匙,用它来分析卦爻之变通,可以说无往而不利。

从卦变来说,卦序的错综展开,也都有个适时趋时的问题。

继《乾》《坤》始交之后,造成《震》《坎》,从而组成《屯》,这是

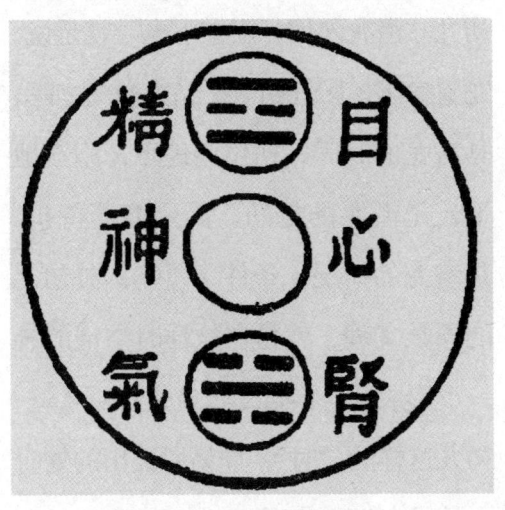

后天卦离坎北图,出自清·胡渭《易图明辨》

《屯》出现的时间；上天下地，是它出现的空间；雷水满盈，混沌郁难是它出现的情况，三者合一，就是《屯》的"时"。就是说，《屯》是在这种时空情况下诞生的。由于《屯》"时"多难，故卦辞提出"利建侯"的处《屯》之计。亦即告诫人们，此时要稳建基础，不宜前进。

继《屯》为《蒙》。《坎》《震》相综，象征万物始生的蒙昧时期，这是《蒙》生的时间；天地之中，是《蒙》生的空间；上《艮》下《坎》，象征《蒙》情如山下出泉而有险，是《蒙》的情况。三者合一，就形成《蒙》的"时"。《屯》变为《蒙》，就是《屯》"时"变为《蒙》"时"。卦辞同时指出，《蒙》"时"的演变前景"亨"，亦即蒙昧经开发后能转化为畅明，犹如泉水在山浊而出山清。要在于时。故而处《蒙》之道，要掌握时宜，看到"蒙"可能化为"亨"，只要致力于开发，则前途光明，关键在于适时与趋时。

再如《既济》与《未济》两卦。前者卦体为上《坎》下《离》，六爻皆各得其位，阴阳相应，象征事物的终结。这就是《既济》的"时"。一旦卦形颠倒（综）之际（时间），变为上《离》（火）下《坎》（水）的形体（空间），造成六爻阴阳皆不得位，象征事物的开始（情况）。这样，《既济》之变为《未济》，就是《既济》的"时"变为《未济》的"时"，《既济》趋《未济》之时而造成了卦变。

爻变的适时趋时情况，最明显地表现在爻位的移动上。典型的例子仍是《乾》卦。孔子在《象》传中所说的"六位时成，时乘六龙以御天"，是指出六爻六位的形成在于"时"，六龙以不同的情态居于六位，逐步上升，也在于时。故而解释爻象时，他认为初九"潜龙勿用，阳在下也"就是说，龙象喻阳，阳气初萌，精力微弱之际，是潜龙的时间，初位为地下，阳在地下，是潜龙的空间，需要悔养待机，是潜龙的情况（条件）。《乾》卦初九的象数义理，就是在这样时空情的统一下形成的。换言之，就是针对《乾》初九这样的"时"，周易所提出的处时之计是宜潜不宜现。

位是爻的象数辞的载体，亦即爻的时空情之所在，双方有互动共变的关系。象数辞变，则时空情变，两者皆变，位亦从之。反之亦然，——位变则其他也必随之而变。《乾》九二爻的位，是象征地上。这是九二阳龙上升所到的"空间"。龙由潜伏而出现地表之际，是时机成熟，出潜离隐，崭露头角的"时间"。"见龙在田，利见大人"，表示九二阳龙展现大德，施展抱负的"情况"。在这样的"时空情"的综合下形成的"情境"，就是《乾》九二的"时"。这个"时"，是初九的时，适应象数辞之变而形成的。九二的阳继续上升，由二及三时（时间），迈上人位（空间）。以后出现的情况是以阳刚之身处于阳刚之位，正而不中，处于下体之颠，上体之下，上未着天，下已离地，跻身于上下之际，风险之中。此时此地此情，就是九二当前的"时"。"终日乾乾，夕惕若厉，无咎"，便是周易为君子筹划的处时之计：以精勤谨慎的精神度过危境。进一步，阳复上升，由三及四之时（时间），越出下体，走上上体，达到人位之颠（空间），阳居阴位，逼近九五尊位，为"多惧"之境，缺乏安定感（情况）。对应之计，只能时或退居于渊，时或跃跃欲试，自我修炼，审时度势，待机而动。继而龙阳上升，由四及五之际（时间），即越出人位而跃上天位（空间）。此位是表现《乾》道刚、健、中、正、纯粹之性情的理想境界。阳臻五位，如"飞龙在天"，志得意满，为天下人所景仰。这就是"四"至"五"的数之变所形成的新形势（情况）。周易认为，此时此位此情的应时良策是"利见大人"，亦即飞黄腾达，身居尊位，意得志满之际，应保持谦虚，礼贤下士，求得上下合作，敷扬德政，以利天下。万不可得意忘形，逞情骄亢，以致由五升六之际，闯进穷途的上位，成为亢龙。上位乃《乾》阳满盈之时，满则必亏。阳既得志于五位，理应留有余地，保持太和。倘若一意冒进，犯时而行，必致有悔，乃至吝凶，甚至陷于"动天下，灭君主""死如，焚如，弃如"的可悲下场。

《乾》卦取象于天，具有天的纯阳的健性，始生万物而运行不已。——这是《乾》卦的"时"，亦即它所象征的情境。卦分上下六位，《乾》阳自下而上运行上升。如上所述，其运行上升所经的上下六位，就是上下卦的"时"和六个位的"时"。爻适时变，爻趋时变，适时而变者吉，违时而行者凶。其时、其时义（宜）、其时用，在六爻的变动中，表现得极其明显。《乾》卦六爻的适变之情，可以作为六十四卦三百八十四爻的典型代表。

依据上述，可见孔子所揭出的周易的"时"，无论卦或爻，所指的都是时、空、情的统一。适变，就是适应时空情之变。

周易本教化之旨，适应象数位之变，以文辞指出应时之计，孔子对此深有体会，主要地表现在《艮》卦的《象》传中。他说："艮，止也。时止则止，时行则行，动静不失其时，其道光明。"《艮》象山，山有止义。孔子从山的止义中却悟出止与行的标准——"时"。意为时宜止则止，时宜行则行。或动或静，不失时宜，前途光明。如此，能从止中悟出行，从动中悟出静，从行止动静中悟出时，这正是孔子知进知退、知柔知刚的两点论辩证思维方法的功效，而这种思维方法完全是他从阴阳之道的周易中

原宪像。原宪是孔子的弟子，春秋鲁国人，字子思，亦称原思、原思仲。曾任孔子的家宰，为人清正，不贪财，不求仕，后人曾以他为例诠释《周易》经传中面对人生的困境，或反身修德，或"遁世而无闷"，表现出的旷达开朗、处困犹歌的精神

获得的，说周易为孔子儒家思想的主要源头，并不过分。

所谓"时止则止，时行则行，动静不失其时"云云，对孔子来说，不只是也不仅是从《艮》卦中悟出的立身行事之计，而且已经上升为自己的人生观和世界观。这在《论语》中有明显的表现。如孔子在评论逸民（隐逸不仕者）时说："虞仲、夷逸，隐居放言，身中清，废中权。我则异于是，无可无不可。"（《微子》第十八）大意是说，周代隐逸不仕的人当中，吴泰伯之弟虞仲和另一个名叫夷逸的贤者，隐居不仕，畅所欲言。自身的行为合乎清高之义，废弃不仕合乎通权达变之理。但我和他们的作风不一样，是无所谓"可"，也无所谓"不可"的。这就是孔子"不可为典要，唯变所适"的观点，亦即适"时"而动，并无常规的观点。他如孔子对颜渊所说的"用之则行，舍之则藏"（《述而第七》），自述心志的"天下有道则现，无道则隐"（《泰伯第八》），解答原宪问"耻"时所说的"邦有道，谷；邦无道，谷，耻也"（《宪部第十四》），对比史鱼和蘧伯玉的作风进行评论时，说史鱼"直哉史鱼！邦有道如矢，邦无道如矢"，说蘧伯玉"君子哉！……邦有道则仕，邦无道则可卷而怀之"（《卫灵公第十五》），认为史鱼不论当局有道无道，皆正直如矢，不过是正直的人而已，不够君子。而蘧伯玉则依当局之有道无道而或仕或隐，适"时"而行，够个君子，如此等等。一言以蔽之，就是如同周易卦爻那样，依据具体的时空情况决定行止，灵活地因时制宜。从孔子这种隐现适时的政治态度中，可以看到周易《遁》卦的影子。

时 中

在孔子的《易》学思想中，时与中都占有重要地位。他在解《易》时，不但分别强调时与中，而且还把两者结合起来，构成"时中"的概念。在解释《蒙》的卦辞时，他认为"《蒙》亨"的涵义是"以亨行，时中也"。意思是说，蒙昧可变为畅明，但由山下有险的蒙昧走向山外畅明的前途，关键在于遇险而止，通达则行，亦即时止则止，时行则行，动静不失其时。不但适时而又恰如其分，这就叫作"时中"。后来孔子讲时中之义的话为子思在《中庸》里加以引用，成为中庸哲学的理论依据。其言曰："仲尼曰：'君子中庸，小人反中庸。君之中庸也，君子而时中。小人反中庸也，小人而无忌惮也。'"今人的译文里，有的将这段话里的"时中"解作"时时处处既不'过'，又非'不及'"，把"时"译为"时时处处"。若依孔子解《蒙》卦的"时中"来衡量，恐怕未必确当。以孔子的"时中"思想来看，这里的时中也应如旧注，解作"随时以处中"（《四书集注·中庸》），较为允当。随"时"者顺随时宜也，就是随其"时"而恰到好处。此之谓"时中"。周易的辩证思维认为，事物的发展可分为初、中、上三阶段，过中则趋于上，上则穷变。为防止正之转邪，兴之转衰，就要注视事物发展的度，力求不过中，以免趋于亢，所以，周易最重视中，而力诫过中。故而卦德不善的如《剥》《归妹》之类，过中更甚。卦德善的，过中则难守。如《复》《中孚》之类。《临》卦首先指出"至于八月有凶"，是瞻望将来，阳长而阴消的局面不会长久，到八月《遁》卦时，便将反转而为阳消而阴长，故曰凶。但六三则说"既忧之，无咎"。意即看到初、二阳长之势将来有变，如能持谦守正，知危而忧，以时中之态应之，亦可免于有咎。六三处于上下卦之际的中间地位，正是对"八月有凶"早期警觉的适当时期。故而爻辞提醒说"既忧之，无咎"。《泰》九三"无平不陂，无往不复"，则是为了保持善境，防止衰变，甫及三爻即提出教诫，以免过中而悔。《丰》彖所谓"勿忧，宜日中"，则是当头宣告，日过中则昃，丰过中则衰。其下三爻。皆明而无咎，上三爻皆暗而以求明为吉。所以持明不可过三，亦即不可过中。其警诫之意，同于《泰》卦。总之，对盛事诫以不可过中，以防衰变。对衰事则劝以未中警觉，以防其日趋恶化，所谓"动静不失其时"的时中，就有这样的涵义。

自周易问世、孔子解《易》之后，两千年以来，时的观念早已深入人心。"此一时，彼一时""因时制宜"之类，几乎成为口头的俗语。但追本溯源，试问我国文化中时的概念从何而来，恐怕知者不多。至于它原是蕴涵于周易深处的辩证概念，由孔子发掘出来并加以阐扬，从而流行起来的问题，大约知者会更少吧。

综上所述，可以认定，"时"与"时中"是和"穷则变""极则反""变通者趣者也"以及"知几""知度"等思想相关联的概念，都是表现周易变化之道的辩证思维的重要内容。

关于量变与质变

如上所述，《乾·坤》与《坤·乾》之互变，表现出阴阳相推而互相转化的规律。用今天的哲语来说，相推属于量变，转化属于质变。十二月卦即蕴涵量变与质变的统一。《坤》从一阴生，积二、三、四、五逐渐向阳发展，至六阳就臻于极点，于是立即发生突变，阳由进而退，阴则绝处逢生，由退而进，再一步一步阴长阳消，待到六阴《坤》卦，阴气满盈后，忽又发生质变，转为阳长阴消。此中，量变质变的情景，在卦爻象上表现得非常鲜明，使人能在直观的感受中领悟到事物辩证发展的规律性。

但是《易》学界有的学者认为，周易只有量变，没有质变，这恐怕不合乎实情。当然，周易当中没有"质变"这样的哲学名词，但质变的象与辞却大量存在。在爻辞方面，第一个例证便是《坤》卦初六的"履霜，坚冰至"。依照《乾·坤》互相转化的十二消息卦变来看，《坤》初爻可能视为《乾》阳下生一阴，相当于《姤》卦。阴气虽表现为始生的薄弱状态，但自下而上，处于长进阶段，生机勃勃，必持续增长，经二阴的《遁》、三阴的《否》、四阴的《观》、五阴的《剥》以至六阴的《坤》，达到阴的顶点。这种阴长阳消，阴气趋于强盛的前景，如用天气来做比喻，则一阴初生的情景，恰似深秋的霜降，当下虽不太冷，但瞻望前途，寒气必一步步前进，不至寒冬结为坚冰，不会休止。天气如此，人事亦然。据此阴阳消长的必然规律，周易在一阴方生时，便告诫世人，正如脚踏白霜之际，切不可掉以轻心，无动于衷；要展望将来，要想到坚冰将至，应早作防寒准备那样，对一切邪恶要由小见大，防微杜渐，早为之备，不可姑息养奸，免贻大患。正如王弼所说："遇其忧悔吝之时，其介不可慢也。"邢璹作注说："吉凶之始彰也，存乎微，兆悔吝，纤介虽细，不可慢易而不慎也。"所表达的正是这种从发展中看问题的慎始思想。

对《坤》初爻的涵义，孔子作了深透的阐释。他说：

"履霜坚冰，阴始凝也。驯致其道，至坚冰也。"（《坤》初六《小象》辞）意思是，履霜坚冰表示阴气开始凝结。顺势发展，最终必结为坚冰。他又说：

"积善之家，必有余庆。积不善之家，必有余殃。臣弑其君，子弑其父，非一朝一夕之故，其所由来者，渐矣。由辩之不早辩也。《易》曰：履霜坚冰至，盖言顺也。"（《文言》）

孔子的前段话，是从卦象阴阳消长的规律上讲解《坤》初爻"履霜，坚冰至"的道理。后一段话，是联系人事，从阴阳消长的规律上所作的阐释。他以沉重的语气告诫人们，周易所谓"履霜，坚冰至"的含义是善有善报，恶有恶报，乃必然之理。无论是一场政变或一场家祸，都不是突然造成的偶然事件，而是日积月累，逐渐形成的恶果。所以如此，就是由于当事人未能及早察觉，防微杜渐，以致暴乱突发，猝不及防而身受其害。孔子还特别以"顺"字对"履霜，坚冰至"作了画龙点睛的解释，《小象》所说的

"驯致其道"中的"驯"字,就是顺的意思。就是说,如同寒霜之顺其发展必成为坚冰一样,对邪恶若姑息养奸顺其发展,最终必然成为暴乱。孔子这些话的中心思想是说,一切事物的发展都是一点一点逐渐前进的,善果或恶果的出现,不是一朝一夕造成的。所以,积善不已,将来必有善果;积恶不已,将来必有恶报。为此,对邪恶要防微杜渐,如履霜而防坚冰,初冷而备大寒。此中的道理用今天的哲语来讲,大体是说事物的发展是由量变到质量的过程。没有朝夕不已的量变,就不会有突然发作的质变。

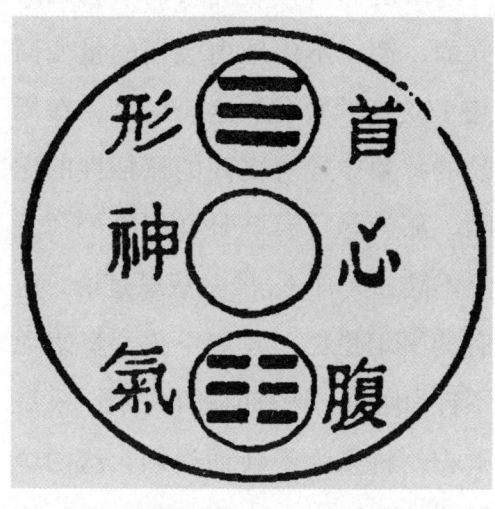

先天卦乾上坤下图,出自清·胡渭《易图明辨》

孔子的阐释可以说完全符合周易的思想和事物发展的辩证规律。尽管周易的原文和孔子的讲解中并没有量变质变的概念,但实质上是蕴涵这种思想的。

其次,再观察一下《坤》卦上六辞象:"龙战于野,其血玄黄。"为什么这里出现战斗的形象呢?孔子在《小象》里解释说:"龙战于野,其道穷也。"意思是说,阴气从初爻自下而上,发展到上爻已经达到顶点,没有前进的余地(其道穷也)。此际阴气极其强盛,必向对立面的阳气进逼,妄图取而代之。阳气当然抗争,于是发生战斗。对此,孔子在《文言》里进一步阐述说:

"阴疑于阳,必战。为其嫌于无阳也,故称龙焉。犹未离其类焉,故称血焉。夫玄黄者,天地之杂也,天玄而地黄。"

孔子这段话,易学史上有不同的理解。本文认为这样的解释比较合理,亦即:大意是说,阴盛之极,与阳势均力敌(疑者拟也),浸逼于阳,阳所不堪,必发生战斗。既是阴阳交战，何以单称龙战？这是因为恐怕人们怀疑（嫌）盛阴之下阳已消失，故而称"龙"（阳），表示阳仍然存在。又由于阴虽极盛，仍未离其类属，血为阴性，故而称"血"。交战的结果，两败俱伤，流血于野，其色青黄。天色青而地色黄，天（阳）地（阴）相斗，故而流血呈现青黄相杂之色。

诸家对孔子这段话的解释尽管存在分歧，却离不开一个共同的核心，那就是阴逼阳，阴阳必战；经过激烈战斗，阴阳的势力必然发生转化。阴由盛极而衰退，阳则由衰极而复兴。阴阳的势力转化，势所必然，这是阴阳互为消长、互相转化的规律所决定的。在这一过程中，一阴浸长至六阴，经六个步骤，积累力量，显然是量的变化。当达到盛极的六阴时，必犯阳逼阳，惹起激战。经过战斗，阴阳形势乃发生逆转，性质便发生突变。这当然属于质变的范畴。《坤》阴是这样由长而盛，盛极而衰，由量变达到质变。相对地，《乾》阳也是如此。《乾》阳来自《坤》阴，一阳复生之后，

由潜及见，由见及乾乾，由乾乾及跃，由跃及飞，由飞及亢，逐步前进，达到旺盛的巅峰。这一步一步的发展，是量的积累、变动，阳的根本性质，并无改变。然而一旦达到"亢龙"（处于极高处的阳）的高位，便不可避免地发生突变，由《乾》阳而转化为《坤》阴。故而《乾》卦上九爻辞曰："亢龙，有悔"。孔子在《小象》里解释说："盈不可久也。"盈，是指九五"飞龙在天"的志得意满而言。一旦达到志得意满的状态，如若自骄不已，继续冒进，则必至上位的亢极。极则必反，《乾》阳化为《坤》阴，遂生质变。

由阴阳所代表的一切事物的对立面，都在不停地由缓慢的量变而趋于质变的转化。这一法则，在周易的辞象中还有更高的概括性的比喻。那就是《泰》卦九三爻的"无平不陂，无往不复"。意思是说，所有的平坦道路，发展下去，将来无不转为倾斜。所有前进的事物，发展下去，将来无不转而返回。这两个辞象的直接比喻是指《乾》（天）阳《坤》（地）阴的转化。《乾》上《坤》

下，是本来状态。但这个状态绝不是固定的，会发生升降的转变。《乾》天的阳气下降，《坤》地的阴气上升，经过"小（阴）往大（阳）来"，即构成《泰》卦（《地天泰》）。但阴阳的本性不是静止不动的，是变动不已的，所以乾上坤下的《泰》卦，在下的《乾》阳，逐步前进，经过初位、二位，至于三位时，已到达《乾》天《坤》地的交界线，再发展下去，它必将由下位转而为上位，亦即由《乾》下《坤》上的《泰》卦，转而为《乾》上《坤》下的《否》卦。在阴阳互为消长、极则必变的法则支配下，正如事物之"无平不陂、无往不复"那样，《泰》《否》之互相转化是"天理之必然"（程颐《易传》）。从卦象、爻象和辞象的层面来看，是这样的涵义。而从人事的义理层面来说，则是告诫人们，处于《泰》（泰平盛世）时，切勿乐而忘忧，要居安思危，瞻望未来，想到《泰》会变《否》，"泰平盛世"会变为"闭塞不通"。当此天地交界（三位为上下卦交接处）之际，应以对处艰难的态度，保持正直的精神，乾乾不已，居盈保泰，当可免于忧患。六三爻辞接着说的"艰贞，无咎"即是此意。孔子在《小象》中所说的"无往不复，天地际也"，就是依据象义指出，在三位的上下卦之际，《泰》安已显出转为《否》塞的苗头，要人们警惕。

"无平不陂，无往不复"这一命题，孤立起来看，其自身似乎只含有对立面必然转化的思想，但放在《泰》的三位、亦即内卦的最高位来看，它同时也含有，经过从初到三、从低到高的量变过程，而后使人感到"无平不陂"的质变之惧。这一点，也表现于告诫的语调中。就是说，周易提醒人们，不要以为泰平世界就这样一步一步向前走（初、二、三），永远保持原有状态，要知道，"无平不陂，无往不复"。平而变质为陂（偏），往而变质为复（返），是阴阳转化的必然规律，所以要保持"艰贞"，以避免后患。这一告诫，明显地含有量变发展为质变和"物极必反"的思想。

"知几，其神乎"

与量变质变，阴阳转化问题相关联，值得特别指出的是，周易辩证思维所提供的"几"（幾）这个概念。《屯》卦六三爻："即鹿无虞，惟入于林中；君子几，不如舍，往吝。"其中的几字，即可作如是解。全句大意是，追捕山鹿而无向导的官员，看来只有闯入森林而迷失归途。君子预见凶险的朕兆，认为不如舍弃为好；如若盲目前往，必招致困辱，这是对《屯》卦六三爻象义的比喻说法。《屯》卦是水上雷下的屯难之象，在此情境中，六三处于下卦（《震》）之颠，阴处阳位，不居中，且在上下卦相交之际，处境最难，而本身却居于《震》的极点，性情躁动，在"即鹿无虞"之际，也会有闯入林中的危险。据此象义，爻辞作出了警诫。此外，上述《坤》初六的"履霜，坚冰至"，也是如此。秋霜是寒气的"动之微"，但却是酷寒（坚冰）将至的朕兆。以阴的喻义来看，这是邪恶将要成灾的苗头，即所谓凶兆。对此有所觉察而加以防范，就是"知几"。所谓动察几微，或"见小曰明"（《道德经》五十二章），即指此而言。周易的《剥》卦，也表现出这种思想。初六"剥床以足，蔑贞凶"，象义是阴剥阳，先从卧床的脚剥起，自下而上，邪气嚣张，势欲尽灭正气而后已。对此情况，周易也提出告诫，要人们对事物的始生的微小苗头，万不可掉以轻心。要因小见大，见微知著，要想到"合抱之本，生于毫末"（《道德经》六十四章），有所戒备，以防凶险。"剥床以足"的迹象，是邪恶的动之微。知其"不利有攸往"而备之，即是"知几"。这同"履霜"而虑及"坚冰"一样，都是警诫人们要从量变的信息之初，预见到未来质变成患的危险。至于上述《乾》上九的"亢龙,有悔",《泰》九三的"无平不陂,无往不复,艰贞无咎",虽非量变伊始而是量变高峰,但也含有"知几"的问题。《乾》阳经潜、见、乾乾、跃而达于飞,正臻于满盈,即量变的高峰,居于此际,应想到"盈不可久"和"物极必反"而保持谦抑和警惕。《泰》之九三也与此类似。阳气自下而上,增长至三,已达到内卦《乾》天之颠、《泰》运之底部,已萌发《否》运的微苗,阳《泰》将逐渐为阴《否》所取代,《泰·否》之阴阳互变,势所难免。必须在此《泰》阳冉冉上升趋于顶峰的前夕,自其量变高峰中预见其质变的必然趋势,事先采取谨慎艰贞的态度,持盈保泰,以防止过分而受害。总之,以周易的思维来讲,无论在事物的量变初始阶段,或在成长壮大的量变高峰时刻,凡是预示未来质变的朕兆,都属于"几"的范畴。在突发的质变尚未到来之前,能够事先以辩证的发展目光看到它的预兆,就是一种"知几"的修养。孔子认为,周易的"极深而研几"(《系辞上》十章)能赋予人以这样料事如神的思维能力。所以他感叹说:"知几,其神乎!"对善于捕捉事几,洞察趋势,预见未来,有备无患的知能,给予神的称号。他认为君子应该从周易中汲取这种"知几"的本领。他接着说:"君子见几而作,不俟终日。《易》曰:'介

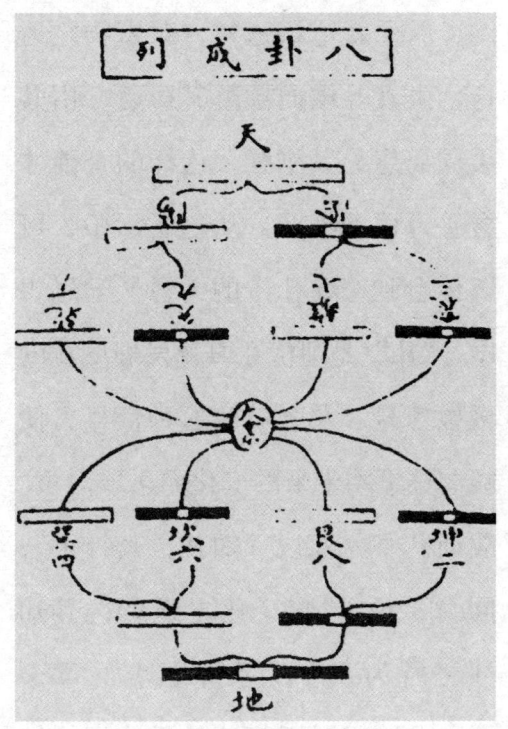

四象生八卦之图,出自元·张理《易象图说内篇》

于石,不终日,贞吉。'介如石焉,宁用终日！断可识矣。君子知微知彰,知柔知刚,万夫之望。"(以上《系辞下》五章)意思是说,君子发现事情的先兆,就应当立即行动,不必迟疑而等到晚上。正如周易《豫》卦六二所说,在豫乐的环境中,诸爻皆系于主爻九三,溺于欢娱,唯独六二以中正之身,守志不移,其坚如石,并善于见几而作,当机立断,绝不犹疑,不待日终。君子就应该这样,对事物之运行,由其几微而预见其彰著,由其柔弱而想见其刚强,这样的智能才合乎万民的期望。从这番话中,可以体会到,在孔子的《易》学思想中,"几"是埋伏在事物发展底流的微妙信号。及时抓住这种信号,便能洞察事物未来的变化而采取对策。故而孔子一面说"知几,其神乎",同时又说,"知变化之道者,其知神之所为乎"(《系辞上》八章),把"几"归属于变化的规律,把知几的灵效,形容为造化的神妙。甚至于,在孔子看来,"几"乃是周易所探究而致用的主要对象。他言:"夫《易》,圣人之所以极深而研几也。唯深也,故能通天下之志,唯几也,故能成天下之务。"(《系辞上》十章)何谓"深"？何谓"几"？韩康伯注解说:"极未形之理则曰深,适动微之会则曰几。"就是说,极深地探究无形的规律,叫作"深"。及时抓住事物微妙变动的瞬间朕兆,叫作"几"。换言之,孔子认为周易就是探索研究事物的发展规律和变化朕兆的书。唯有掌握这些规律,才能通晓天下万事万物的道理；唯其具有知几的本领,才能成就天下的事业。可见,在孔子心目中,"几"的道理和功能在周易的辩证思维中占有如何重要的地位。实际也是如此,如上例所示,在讲求阴阳变化之道的周易中,无论是履霜、剥足的渐变量变,还是龙战于野、亢龙有悔的突变质变,在变的流程中,都有个"几"的关节,都有个知几以制变的对策问题。

量变质变的思想，不仅存在于卦爻变动中，也存在于卦序演进中。以上经前十一卦为例，可以说，《乾》《坤》生成万物之后，"《屯》作君，《蒙》作师，《需》以养民，《讼》以刑政，《师》武，《比》文，《小畜》富，《履》礼，而《泰》运成矣。"（朱骏声《六十四卦经解》）这些卦中，前十卦展开的序列，表现出社会文明逐步进化的过程，可谓属于量变的范畴。有了逐步进化的量变达到一定的高度，就出现泰平盛世——《泰》，《泰》是前十卦文明进化量变结果造成的质变。另外，从卦序的演进全程来看，《乾》《坤》之间、《坎》《离》之间、《损》《益》之间、《革》《鼎》之间，在卦象的阴阳上和内涵的义理上，都表现出十分明显的质变关系。

　　综合上述，可见在讲究变化的周易当中，量变质变、质量互变的要素不仅存在，而且占有支配地位，而这些要素正是辩证思维的精髓，故而从这方面来看，也应该承认周易思维的主体是辩证思维。

　　尽管思维实际是这样，但周易本身，包括孔传乃至后代的《易》学当中，并没有量变质变、量变导致质变这样明确的哲学概念。孔传中只有"亢龙有悔，盈不可久"（《乾》上九《小象》），"亢龙有悔，与时偕极"（《乾》上九《文言》），"龙战于野，其道穷也"（《坤》上六《文言》），以及"履霜坚冰，阴始凝也，顺致其道，至坚冰也"（《坤》初《小象》）这类内涵其意的解说。最高位的概括，只达到"穷则变"（《系辞下》二章）的程度。老子只是说"反者道之动"（《道德经》四十章），也没说清楚。至于进一步把这个内在思想以精练的哲学语言概括为"物极必反"，乃是后代学者的创造，《汉书·艺文志》著录《鹖冠子》中的"物极则反，命曰环流"，但那是伪作，不足凭信。大概汉代京房《易传》所说的"物不可极，极则反"，应该是周易所涵量变最终必导致质变这一思想最早的哲学概括。接下来唐代孔颖达把它简化为"物极则反"(《周易本义》),宋代欧阳修则提出了"物极而必反"的命题,在表达周易量变导致质变的内涵上,达到较为明确的地步,并且逐渐流传开来,成为自古迄今中国一句通俗的辩证铭言。

周易的辩证思维内容丰富。上面所涉及的阴阳两点论、阴阳对立统一体、阴阳互交、互变、量变质变、几、极则反、度、时、中等,是其中较为显著的部分。总起来说,其中心内容就是现代哲学所说的对立面统一的规律。孔子所说的"一阴一阳之谓道",《庄子·天下篇》所说的"《易》以道阴阳",乃至司马迁所说的"《易》以道化"等,实质上,也就是意味着周易所讲的辩证思维的矛盾统一律。出现于三千年前的周易,其辩证思维虽然精神实质和现代哲学相近似,但作为人类早期辩证思维的鼻祖,作为上古亚洲中华文化的精品,自然具有一些独自的特色。

天人合一

中国传统文化所特有的天人合一的世界观,是周易辩证思想的理论基础。周易象体的基因一阴一阳,既是大自然(天)的法则,也是人间的法则。八卦是宇宙的缩影,也是人世的聚焦。周易始于《乾》《坤》,《乾》《坤》相依相交而衍生六十四卦。这既象征天地相依相交而生万物,同时也象征父(乾)母(坤)相依相交而生子女。周易终于《即济》《未济》,这既象征大自然(天地)生化万物,终而复始,

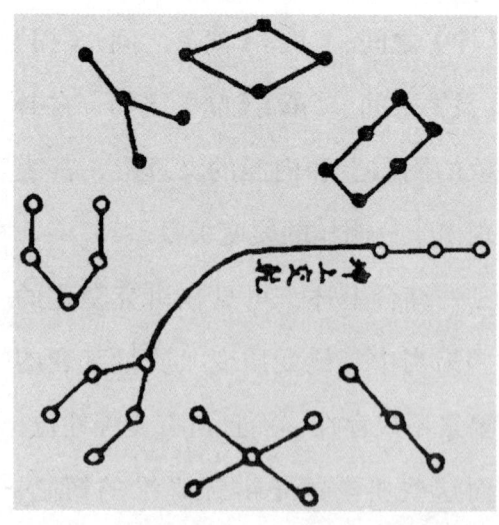

艮为少男图,出自宋·刘牧《易数钩隐图》

无有尽期，也象征人间万事终始相继，永无休止。《屯》的情境为"刚柔始交而难生"，大自然万物始生时充满困难，人间万事亦复如此。天地始生万物，萌芽时节必处于蒙昧状态，人类初生的童稚时期，也是这样，《蒙》之义，既适用于天，也适用于人。《坎》《离》之日月水火，为天人所共用，《损》《益》之增减，是天人所同行。天地有节而后时成季节，人间有节才能行有规范，大自然在运行中去旧布新，才能造成四季，人亦如此。只有顺天应人进行改革，才能进步。《节》《革》之义，体现天人合一。万物之交，无咸（感）不成，男女之交，重在相感：《咸》之卦义，表现出《易》理融天理人理于一炉。前文多次谈到的阴阳互为消长的十二辟卦，既表现出大自然气象运行的节奏，也表现出人间十二个月的节气动态。如此等等，天人合一的辩证思维，比比皆是。

另外，周易立象的主旨在于喻意明理。所取之象，也是"推天道以明人事"。《乾》为天为父，《坤》为地为母，《震》为雷为长子，《巽》为风为长女，《坎》为水为中男，《离》为火为中女，《艮》为山为少男，《兑》为泽为少女：八卦之象亦天亦人，合二而一。基于八卦而演成的六十四卦三百八十四爻之象，包括辞象也莫不如此。以《乾》卦论，其卦时为阳气演进的情境。潜、见、乾乾、跃、飞、亢六个量变阶段，基本情况是喻之以龙，谓之"六龙时位"。借大自然的神奇动物，表现圣者之德，亦即借天喻人，体现正气（阳气）伸长的辩证历程。其中，伺机而动（几）、适时而动（时）、持盈知度、中和保泰、穷则质变、物极则反等辩证思想，既由龙体现，也融以君子之象（三爻），天乎？人乎？二而一、一而二也。纯阴之象的《坤》也不例外。既以天气演变之朕兆，比喻邪恶增长的苗头，表现出量变发展为质变的规律，以及量变有其朕兆"几"的规律,从而提出以先见之明预防灾祸的对策,这是借天象以明人事。但同时《坤》卦也就人事讲阴顺之德,六三"或从王事,无成有终",六四"括囊,无誉无咎",六五"黄裳,元吉"等皆是。但上六又转而借天喻人,以"龙战于野,其血玄黄"表现物极必反的规律,忽天忽人,天人一如。我们阅读周易时,从头到尾处处深感它在灵活地运用辩证思维的规律谈天说人,而谈天是为了说人。包括其中的鬼谋(占筮),也是为了人谋。六十四卦是阴阳《乾》《坤》所演变成的宇宙六十四个代表性的情境,也是阴阳男女所衍化成的人间六十四个代表性的场景。三百八十四爻则描绘这种情境与场境的各种各样的变化,表现其中辩证发展的规律,并提出依据这种规律而行动的准则。全部周易,是天人规律的融合,也是行动准则的集合。如果我们高兴的话,完全可以去掉周易的占筮外貌,剔出其中天人合一的哲理,用论述式的语言,把它写成六十四篇论文,写成一部以辩证规律指导人们立身行事的哲理·伦理书。

由此我们看到,周易这部中国最早出现的经书,它的悲天悯人、兴教治世的思想,它的务实致用知行合一、不落玄虚的精神,对后代的学术思想乃至社会思想,都发生了极其深远的正面影响。正如历史学家司马谈所说:"夫阴阳、儒、墨、名、法、道德,此务为治者也。"(《论六家要旨》)先秦的各家

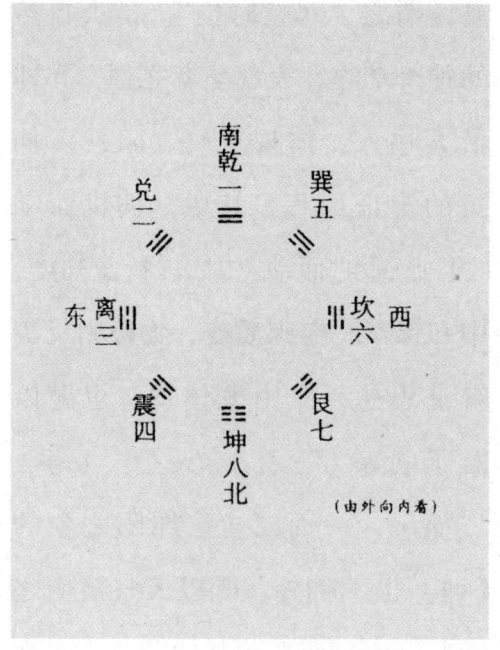

此乾一、兑二、离三、震四、五、坎六、艮七、坤八为先天数

思想，归根结底都是修身治国，而非出世谈玄。这当然和周易的人谋影响不无关系。也许周易这种影响深入社会各行各业后，对防止中国演变成宗教国家，起了一定的作用，也未可知。

正因为周易是建立在天人合一思想基础上的以阴阳为基因而构成的宇宙与人世的缩影，所以它的八卦乃至六十四卦的演变过程和演成的图像，全是出乎自然，不假造作，条理分明，秩序井然，融洽和谐，浑然一体。在这一点上，孔子所说的"《易》有太极，是生两仪（阴阳），两仪生四象，四象生八卦（包括六十四卦）"，是精辟确当之论。它说明，《易》体是阴阳二基因互依互交、相推相攻而自己生出来的（其中的太极，也可视为阴阳二象的首画），是阴阳二基因相反相成、自我发展而生成"的观点，是符合对立面统一与斗争的辩证思维的根本规律的。它把周易象体的形成，提到宇宙万有的自我造化和人间万物的自我生成这样的高度来认识，对理解周易之所以呈现天人合一的缩影，之所以具有条理严谨而又灵活多变，头绪纷繁而又密切相连的有机体，之所以成为完整的辩证思维的思想体系，是一个升堂入室的关键。

扼要地说，正如宇宙人间都是循阴阳之道自我生成，并井然有序而运行不已的浑然一体一样，循天人之理而自我生成的《易》象思想体系，亦复如此。这一点，《易》卦的各种图像都表现得十分清晰。为避免重复，这里仅举所谓先天八卦图（见图）作代表，略加说明。

此图虽然非周易原经所有，而是宋人所拟制，但它是有根据的，完全符合周易的原理。它的根据是《说卦》和《系辞》。《说卦》第三章说："天地定位，山泽通气，雷风相薄，水火不相射（害）。"勾画出一个《乾》（天）《坤》（地）《艮》（山）《兑》（泽）《震》（雷）《巽》（风）《坎》（水）《离》（火）的八卦图。孔子在《系辞》伊始说："天尊地卑，《乾》《坤》

定矣，卑高以陈，贵贱位矣。动静有常，刚柔断矣。方以类聚，物以群分，吉凶生矣。在天成象，在地成形，变化见矣。是故刚柔相摩，八卦相荡，鼓之经雷霆，润之以风雨。日月运行，一寒一暑，《乾》道成男，《坤》道成女。"云云，看样子似乎是对八卦图所作的阐释。实情如何，姑置勿论，究极言之，此图确实直观地体现出《易》体的灵魂。

具体说，此图以简洁的神来之笔，鲜明地勾画出一个以《乾》天《坤》地为中轴而展开的《艮》山《兑》泽《震》雷《巽》风《坎》水《离》火等八种四组互相对应的物质及其象征的事物与情性。图表清晰地表现出，宇宙万有包括天地和天地之间的人世在内，根本上都以阴（--）阳（—）为基因而构成，并且其形体的脉络，都是有条有理，一丝不乱。同时还直观地表现出宇宙万有都是双双对对的矛盾的统一体，没有不含矛盾的独立自足的单一体。另外，图像还表明，这个以阴阳为基本，以《乾》《坤》为中轴而派生的八种四组代表性物质，虽有一定位置，但不是静止不动的，它们蕴涵着阴阳之气盛衰消长的机运。由《震》经《离》《兑》至《乾》，象征阳气由微、壮而至于盛。由《巽》经《坎》《艮》至《坤》，象征阴气由微、壮而至于盛。天地、日月、季节、动植物、人物，莫不如此，都具有生、长、壮、衰、老、死的历程，这是天地之则，也是天人之则。正如程颐所说："远在六合之外，近在一身之中，暂于瞬息，微于动静……其道至大而无不包，其用至神而无不存。"(《易传·易序》)这样，一个有理有序而又千变万化的广阔无垠的宇宙（包括人间），就以缩影的方式纳入一个简而赅的八卦图像之中，这个图像正是周易思想体系的骨骼及其灵魂。其他后天八卦图，以及由先后天八卦图所推绎出来的方圆图之类，虽模式有异，但性质相似，可以类推，无须赘述。

上述种种，足见周易的辩证思

维是建立在天人合一的世界观和人生观的基础上的。当然,在周易中不仅辩证思维如此,其他形式思维、象数思维、模糊思维等,也莫不如此。因为天人合一、推天道以明人事,是周易全部思想的根基。

寓理于占

周易的所有思想内容,都蕴于占筮的面貌之内。其辩证思维也是这样。

前面说过,辩证思维是从对立面统一所造成的变动中观察事物的,周易以阴阳的相反相成来看待一切,当然讲求变易,变是《易》体的灵魂。除《易》名以变义标榜之外,《易》卦三百八十四爻之或阴或阳,亦皆冠以变数,或六或九。按筮法,九为老阳,七为少阳;八为少阴,六为老阴,老变少不变。周易讲变,故其阳爻皆用九,阴爻皆用六。据说周易出现前《连山》《归藏》的筮法,用"七、八"不用"九、六",讲"定"(宿命)不讲变。撇开天定的不变之数"七、八",以阴阳的变数"九、六"来占测未来这一点,应视为筮法曲折地反映事物辩证本性的一大进步。一阴一阳互依互交,相推相摩,必然发生变动,发生转化。这既是天之道,人之道,也是筮之道。而周易所有卦爻所蕴含的天人之道,也表现于筮之道中,从阴爻用六阳爻用九的外貌中,也可见其端倪。唯其阳爻用九,《乾》阳才能自潜趋亢,六龙时位,由量变达到质变,穷极而转为《坤》阴,而以《乾》之刚健融入《坤》阴之柔顺,故曰"见群龙无首,吉"。《坤》阴之用六,亦取变义。唯其用六,才能由"霜"及"冰",实现量变到质变,穷极而变,与阳搏斗,造成"龙战于野,其血玄黄"的激变场景。用六所谓"利永贞",即表示阴转化为阳后,以柔顺之质永保阳刚之性,最为有利。由此可见,作为《易》蕴的《乾·坤》这个阴阳对立统一体,其运动发展所反映出的事物质量之变、穷极必反和互相转化的辩证规律,是透过用九用六的筮法变数而表现出来的。不难设想，假若从每卦上取消了"九""六"的变数，那么阴阳的爻象立即失去生命而成为六具"僵尸"。卦爻间的位、中、正、应、承、比、时等有机联系将完全丧失；六个爻象占辞，将各自为政，无以贯通，当真成为一堆筮辞的杂拌，而不是喻示象义的创作。正如黑格尔在《美学》中所说的一匹马和一堆乱石的区别。一匹马之所以美，正由于它有生命；一堆乱石之所以不美，就在于它没有灵魂。由具有九六变义的阴阳爻所构成的卦，等于有生命的马；如有与此相反的卦，那将等于一堆乱石。因此，周易采取九、六变数以为阴阳的属性而起卦占卦，以占筮的方式，展开辩证思维，寓理于占，实为古今中外占术空前绝后的独到之处。

如上所述，天人合一的思想是周易的理论基础。整体如此，每卦也如此。六十四卦，卦卦都蕴涵三个层面，三种语言。第一个层面是天（大自然，包括动植物），如《乾》象代表天、木果、马、冰等，《坤》象代表地、牛等，《震》象代表雷、龙、萑苇等，《巽》象代表风、木等。如此这般，八卦卦象涵有象征自然的层面，八卦所组成的六十四卦当然也是这样。第二个层面是人（人事），如《乾》象代表君、父、首之类，《坤》象代表母、腹、布、文之类，《震》象代表长子、大涂之类，《巽》象代表长女、工、寡发、广颡之类。第三个层面是占，如《乾》象为"元亨利贞"的阳健情境，《坤》象为"元亨利牝马之贞"的阴顺情境，《雷》象的卦情是，"亨，震来虩虩，笑言哑哑。震惊百里，不丧匕鬯"（雷声震动，天下亨通。震雷骤至，戒惧慎行，而后可获吉利而欢笑。虽震雷惊动百里，但虔诚致祭的长子，却从容镇定，手中的酒匙不会落掉）。《巽》象的情境是"小亨，利有攸往，利见大人"。

这样，每卦涵有天、人、占三个层面，三层意义，三种语言。它们相辅相成，又相对独立。如依性质细分，"占"也属于人事，综合观之，仍然只有二层，即天层人层，而天不离人，人不离天，仍以天人合一为归趋。而自外貌观之，天人合一的内涵，皆取占筮的形志。

前文讨论《易》占问题时，曾谈过它的非理无占的特性。所谓理，也是天理（大自然的一阴一阳之道）与人理（人事的一阴一阳之道）的融合，都属于对立面统一的宇宙基本规律。如阴阳互依互交互为消长转化的规律，既表现于日月轮换与寒暑交替，同时也表现于正气与邪气，君子与小人之间互相渗透，互为兴衰的关系。十二辟卦就是这样，其中的《剥》之阴剥阳，阴盛阳衰，《复》卦之阳复生，阴消阳长，《夬》卦之五阳决一阴，阳亢至极，《姤》卦之一阴复长而阳势趋退，等等，天理人理，融为一理，成为周易的实质内涵。周易的教化主旨即以此理为本，周易的占筮也以此理为根。反言之，此理的运行及其教诫作用，也是以占筮的面貌表现于世。义理的内涵与占筮的面貌合为一体，也是周易辩证思维的一个特色。

周易内涵渊奥，实是一经而括三书：讲阴阳之道，是哲学书；据阴阳之道讲教化，是伦理书；据阴阳之道而预测吉凶，是占筮书。这三者归一，已是他经所无，而以占筮的面貌出现，更显示为独一无二的奇书

但是，正如前文所述，周易之道阴阳（天），讲占筮（鬼），归根结底是明理而归于教化（人）。故而虽是筮书，却以明理训教为本。非理无占，是它占筮的根本准则。只有依据这一准则来研读周易的象数文辞，才能看清它的真实面目。正因为周易言天、鬼而归于人，旨在教化，所以六十四卦三百八十四爻，无一处不涉及立身行事之道。从哲理上讲，就是涉及主观与客观的辩证关系，如《乾》卦讲处乾健之计，《坤》卦讲处坤顺之计，《蒙》卦讲处蒙时之计，《需》卦讲处险境之计，《师》卦讲行兵之计，《泰》卦讲保泰之计，《否》卦讲出

否之计,等等,全部周易始终如此。下面仅举数例,试作探讨。

首先谈谈《需》卦䷄。

"需"是等待之意。从象义分析,下为《乾》天,上为《坎》水,象征云上于天,天上有水。但阴阳始交,尚待熏蒸而后成雨。天水成雨落地,还需等待。这是指天道而言,是《需》的象义之一。再有《坎》性险,《乾》性健,《坎》在《乾》上,象征乾之健进,遇有风险,面对风险,不可贸然挺进,以免陷于险中,应耐心颐养,静待时机。这是指人事而言,是《需》的象义之二。总之,都是说时机未到,需要等待。就主客观的关系而言,所谓等待,有两种情况,一种是面对客观困难经主观努力,可以及时解决而犹豫不决,以致错过大好时机而陷于失败。这种当断不断的等待,就是《左传·哀公十四年》所痛斥的"需,贼也"(傻等,碍事)。另一种等待,是面对客观困难,解决的时机尚不成熟,如水在天上尚未成雨,或如巨险当前,战胜它的条件尚不具备。此时此际,养精蓄锐,艰忍待时,才是上策。《需》之等待,是后一种。孔子反对"暴虎凭河,"主张"好谋而成"(《论语·述而》),就含有此意。就是说,办大事要审时度势,主客观条件不具备,时机不成熟,不可轻举妄动;应安心休养,耐心等待。时行则行,时止则止,不动则已,动则必成。这是积极的等待,

需须图,出自宋·佚名《周易图》

而不是消极的等待。所以《需》的卦辞说："需，有孚，光亨，贞吉利涉大川。"意思是说，在云上于天，险阻在前的时空情况下，中心充满诚信，养晦待机，前途必光明而亨通。守正不移，必吉利无疑。如此，则时机一到，必能如涉渡大川一样，克服困难而成就大业。一句话，《需》卦告诉人们，在主观努力和客观困难相对立的情况下，待机而动是取胜的必要条件。

这里，值得注意的是，"需"这种审时度势，颐养待时，静中涵动，以守为攻的辩证思想，不是以文章的形式写出，而是以占筮的面貌出现，表现为卦象卦辞爻象爻辞在上下两体六位中的有机汇合。并且以特定的占辞（亨、吉、利涉大川），表达教诫。对此，还要反复申明，在这里占筮之所以称为外貌，就因为它的骨子里是"需以待时"之理，只是理的内涵外化为占筮的面貌而已。虽然揲筮求卦而遇《需》卦，好像《需》卦生于筮数，但抽象之筮数，焉能生出具体的《需》卦之理？《需》卦之理是来自辩证思维对实践的概括，当无疑义。尤其是，撇开揲筮，单据实情引证《易》理而论事，春秋时代早已有之。孔子在《系辞》中所讲的"观象玩占"和对卦爻的大量分析，都足以证明《易》理以占筮为貌，无占理在，无理占亡。

《需》卦待机而动，量力而行的思想，在某些卦爻中得到了反面的证实。

——《履》六三"眇能视，跛能履，履虎尾，咥人，凶"。

意思是说，六三爻既不中又不正，本性柔弱而据于阳刚之位，本无健才却逞强自专，眼眇而硬看，足跛而强行。如此而又尾随老虎之后，必遭咬啮。凶。

这一辞象，活画出一个志大才疏、逞强妄为的人所遭到的可悲下场，借以喻示办事要考虑主客观双方面的条件，量力而为，万不可一意孤行，招致失败。

——《睽》六三"见舆曳，其牛掣，其人天且劓"，描写一个莽汉，看见大车便拼命往后扯，拉车的牛却尽力往前挣，使他一下子闪倒在地，擦伤了额头和鼻子，如同受了刺额割鼻的刑罚。

这也和《履》六三爻一样，都表示无视客观困难，只知逞强好胜，必导致恶果。

表现此类思想的卦爻例还有很多，意义相似，无须赘举。总之，在对待主客观关系上审时度势、量力而行的人事法则，就是这样蕴涵于象、数、位、辞所构成的占筮形态之中，并以占筮形态表现出来。其他进德修业立身处世的辩证性法则，如前述知进知退的两点论、知几、知度、知时、知中的应变法则等等，无一不是以理为实而以占为貌。

故此，周易任何卦爻的象和辞，无论是否含有占断语，都可以从哲理层面或占筮层面作出两种性质不同的解释。例如：从义理上说，《革》的卦象是《兑》上《离》下，火水不相容，互为灭熄，象征对立面你死我活的斗争，必引起革命。革命的关键何在？卦辞说："已日乃孚。元亨，利贞，悔亡。"就是说，革命是除旧布新的重大举措。不可率尔行事。必须旧势力已经腐朽至极，时机已经成熟，准备已经充分，并获得民众的信任之后发难，如此摧枯拉朽，除弊去恶，则前景大为亨通。但利于坚持正道，贞固不移，当可成功而无悔恨之虞。这是扼要地指出革命之道的重要法则和关键大计，也是揭示《革》卦的主旨。其中的初爻"巩用黄牛之革"表示，初九居于初时，处于低位，以阳刚而居《离》体，有火暴躁动之性，不宜于革，应如黄牛的中顺之性，以坚韧的牛皮自包自裹，以免轻举妄动。六二"已日乃革之，征吉，无咎"，是说六二柔顺中正，居于《离》中，为文明之主，上有九五应援，已到发动革命的成熟时机，此时发动，勇往直前，吉而无咎。九三"征凶，贞厉。革言三就，有孚"，是表示九三阳居阳位，过刚不中，易于躁动，如此冒进，虽坚持正道，也不免风险。此际唯一的上策是对革命大计进行反复多次慎重的研讨，达到足以使民众信赖的程度，然后深入革命，才是可靠的办法。九四"悔亡有孚，改命吉"，表明九四的阳居阴，不正，本有悔象。但卦已过中，九四处下体之上、水火交接之际，革远已成，志在必行，故而得以悔亡而见信于众，革除旧命，而获吉祥。九五"大人虎变，未占有孚"，是说九五中正而居尊位，是大人之象。以大人之德，顺天应人，推行变革，威势如虎，大公至正，文采焕然。其信誉必大行于天下，不占可知。上六"君子豹变，小人革面，征凶，居贞吉"，是说上六在革命已经成功之后，君子阴居阴位，处《革》体之极，当革道已成之时，应辅佐九五大人，在虎变之下展开豹变，亦即在大改大变、文采焕然如虎变的崭新局面下，应继业守成，润色新政，文理蔚然，如同豹变，引导庶民，改变守旧倾向。在此改天换地的大动荡之后，如激进不已，则前途凶险。守成建业，坚定不移，

是吉祥之路。总而言之，前三爻着重讲革命要审时度势，谨慎行事。后三爻着重讲革命的美绩与守成建业的重要。全卦以审时度势，取信于民，除旧立新，谨慎从事，为革命成功的主要准则，并教诫指导革命的人，必须遵守这一准则，否则必败。这一准则既符合革命的客观规律，也符合革命者的行动规律。这是《革》卦的义理。但这一义理的表现，也可与占筮解卦携手并进。亦即经过揲蓍问卜，遇到《革》卦之后，如无变爻，即着重看卦辞的革道大意，而据以决疑。倘有变爻，如初九变阴爻，《革》卦即变成《咸》卦，可将革卦初爻"巩用黄牛之革"和《咸》卦初爻"咸其拇"以及两卦卦象参照并绎。《革》初九以不动为好，《咸》初六则欲进不能。据此而占，则作出"居贞吉，勿用有攸往"之类的断语。其他爻变，大致也可如此占断。显然，占断是依据上述卦爻内涵的革道之理而作出的。除揲蓍求卦的筮法之外，其他占释都与义理阐释实质上

并无差异。卦爻的象数占辞等，只是周易表达义理的形式和运用辩证思维的外貌而已。

由此观之，孔子和荀子虽然精通周易却不主张占筮，是有道理的。因为对于洞晓《易》理的人来说，占筮也只是观理的特殊工具而已，并非凭依鬼神的决疑手段。

寓理于象

如前文所述，周易的象可分为两种：一种是以阴阳二象为本的卦象爻象，另一种是缀于卦象爻象的辞象。二者均蕴涵哲理，前者为本，后者为喻理的手段。从本质上说，二者是表里一如的关系。

众所周知，阴阳是宇宙的究竟本质，阴阳所形成的八卦则是宇宙的缩影、万物的镜象。故而八卦乃至六十四卦之象，包括附缀的辞象，理所当然地反映出宇宙的基本规律和人世的基本法则。孔子在《系辞》里说"《易》者象也，象也者像也"。"圣人有以见天下之赜，而拟诸其形容，象其物宜，是故谓之象"。"圣人立象以尽意"。这三句话联起来看，是说《易》是象，是近似物情之象，作《易》的圣人发现隐伏天下繁杂事物深处的道理，便拟造适于表现这些道理的形象，这就叫作象。立象的目的，是为完全表达圣人依理劝世的思想。扼要地说，在孔子的心目中，周易就是一部以象喻理从而教化世人的经书。这个认识是完全正确的，因为理在象中，舍象无理。王弼的得意忘象和扫象说《易》，对摆

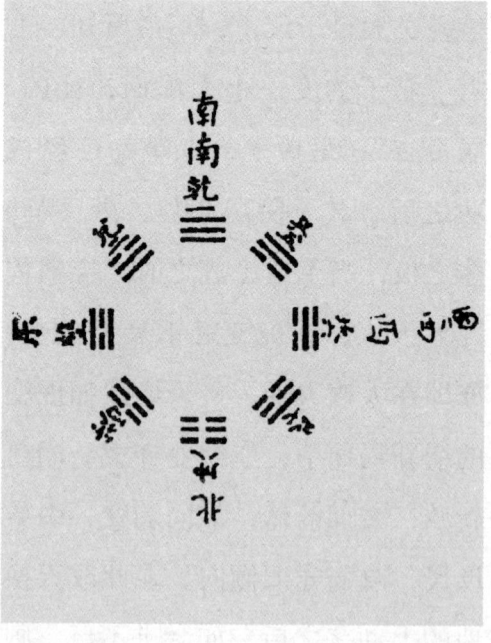

伏羲八卦图，出自宋·朱熹《周易启蒙》

脱汉《易》象数派之穿凿附会，有其积极的一面，但究属以老解《易》，失之一偏。解《易》应按其本来面目，以义理为主，即象言理，殆为正途。

仅就前举各例来说，这一点已非常明显。《乾》以六龙时位之象，表现阳气由潜及亢的运行规律。倘无初位地下之象，则潜龙之时义不深，"勿用"之教诫亦将浮光掠影。倘无上位臻于顶峰之象，则物极必反之理和亢龙有悔之戒，亦不能以直观形象落到实处（此间龙象由初之潜至上亢六个阶段，含数在内，应为象数，以象代之，简称象）。《坤》卦所涵的量变到质变的阴长阳消和阴阳转化的规律，也是借履霜坚冰至以至龙战于野，其血玄黄的辞象表现出来的。《泰》九三则以无平不陂，无往不复之象，喻示阴阳互为转化的法则。见几而行，见微知著的应变之计，涵于《屯》六三"即鹿无虞，惟入于林中；君子几，不如舍，往吝"的辞象中。《丰》"勿忧，宜日中"之象，表达持盈保泰的知度之计。《豫》以上雷下地的卦象、上动下顺的象义和"利建侯行师"的辞象，表达宇宙人间万事万物，必须顺应规律而动才能获得成功的道理。同时，六十四卦三百八十四爻都是卦有卦时，爻有爻时，而无论卦或爻都有象（包括辞象），所以一定的时空情所构成的"时"的思想以及适时而动的应"时"之计，都通过象（卦象爻象辞象）及其相关的数而表现于外。换言之，周易的辩证思维是和象数思维融于一炉而通过象数的面貌表现出来的，这也是它的特色之一。详见前文，勿须重述。

有褒有贬

从根本性质来说，周易的阴阳相反相成之道，属于现代辩证法所谓对立统一律。但就个性来说，它还有极其鲜明的特色，褒贬性也是其中之一。

对立统一律，又称矛盾统一律，它所讲的事物都有对立面，对立面既统一又斗争，从而促进事物的发展变化，这同周易所讲的任何事物都由阴阳互依互攻而发生演变，基本精神是一致的。但是周易所谈的阴阳两面，却同矛盾统一律所说对立面，色彩有很大差异。矛盾统一律所谓矛与盾两个对立面，是客观的，中性的，并不带有道德性质与感情色彩。而周易的阴阳之道则不同，它含有融化理性、道德与感情于一炉的褒贬性，对阴阳两个对立面，不是客观地平等看待，而是区别对待。

在周易的辩证思维中，阴阳两端不仅象征事物的对立面，而且象征对立面的道德性质。阳为君子，阴为小人；阳为正，阴为邪；阳为光明，阴为黑暗；阳为大，阴为小。等等。总之，本质上以阳为善，以阴为恶，这就是易学上所谓"阳淑阴慝"。

六十四卦伊始，已经露出端倪。《乾》阳以龙德之君子（九三"君子终日乾乾"），备受钦敬。《坤》阴则以"坚冰"之虞，遭到提防。虽未以君子小人对举，但其以阳为淑，以阴为慝之意，业已跃然纸上。这一点《剥》上九则表现明白如画。其辞象曰："硕果不食，君子得舆，小人剥庐。"《剥》卦义为阴剥阳，小人道长，君子道消。《剥》至六五，上端仅余一阳，如硕大之果，剥而不亡。阳为君子，君子居上而不亡。其卦象若君子乘车居上

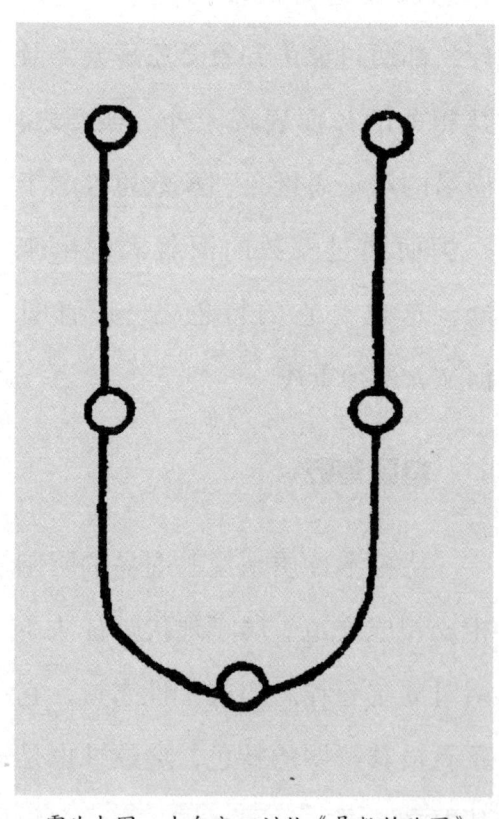

震为木图，出自宋·刘牧《易数钩隐图》

而泽洽黎民。阴为小人，倘上九变阴，则卦象大变，如小人将庐拆散有房屋零散之象，则天下蒸民无寄身之庐舍矣。《剥》上九以君子小人对举的象义来看，周易以阳为善，以阴为恶之意，更无疑义。其他如《泰》象为内阳而外阴，内君子而外小人，象征君子道长，小人道消的盛世。《否》象则相反，象征"匪人"（小人）得势而"不利君子贞"的衰世。阳淑阴慝之情，表露无遗。

在阳淑阴慝的思想支配下，周易便产生了所谓扶阳抑阴的倾向。本来，周易经文中不见阴阳二字，阴阳的观念是寓于爻象之内的，是孔子在解释《乾》《坤》两卦初爻的象义时，首先揭示出来的。（当然孔子是依据传统观念）他说《乾》初九的象义是"阳在下"也，又说《坤》初六的象义是"阴始凝也"。《乾》阳《坤》阴之说，自然符合周易的实际。同时，孔子的解释也意味着，期望阳气待"时"而进和警惕阴气随"时"发展。一以期望，一以警惕，其扶阳抑阴之念，溢于言表。这也是周易原有的思想倾向，并不是孔子的引申。看看《坤》上六"龙战于野，其血玄黄"，即可明了。《坤》上六本来是阴发展到极盛，转顺为逆，对阳抗衡，遂造成阴阳大战。但辞象却不说阴阳大战，而说"龙战于野"，以龙阳为体。其扶阳抑阴之心，不言而喻。可见扶阳抑阴是周易原有的思想倾向，尽管经文没有直说，涵义确实如此。他如《剥》《夬》对比来看，这种倾向也很强劲。《剥》是阴盛阳衰，群阴剥阳殆尽的情境，尽管如此，周易却认为阳无衰亡之理，故而保留一阳，"硕果不食"，以便果核坠地，转而复生，于是一阳独复，成为《复》卦。但对比观之，周易在《夬》卦中对五阳一阴，对消亡殆尽的阴，却采取了相反的态度。《夬》上六"无号，终有凶"，即表示阳已决心，不将阴邪的小人消除净尽，决不罢休。小人无须号咷大哭，终必有凶。余一阳则硕果不食；余一阴，则无号有凶：扶衰阳（正气）使之复生，除衰阴（邪气）务求必尽，周易扶阳抑阴之志，可谓旗帜鲜明。《复》与《姤》对比看来，亦复如此。《复》为一阳独复于初，《姤》为一阴再生于初。但《复》初九为"不远复，无祗悔，元吉"，对一阳独复，持肯定、鼓励和赞颂的态度。而《姤》卦辞则为"女壮，勿用取女"，对一阴再生，持否定与警戒的态度，其扶阳抑阴之意，不待言而自明。再如《大壮》九三"小人用壮，君子用罔"，也是这样。意思是在《大壮》的情境中，阳刚盛壮，已至当止则止的地步。九三以阳刚而居阳位，在下体之颠，过刚不中，不宜猛进。此时此际，阴邪的小人将恃刚用壮，侵凌于物，以致遭灾。而阳正的君子则将观时静处，不为过壮之举。其扶阳抑阴之意，和前举各卦相同。

正因为周易有阳淑阴慝的思想，所以扶阳抑阴观念的发生，也是理所当然。同时，喜阳恶阴，褒阳贬阴的感情随之而生，也便顺理成章。这种情况，上举各卦爻例，已经表现得清清楚楚。

但是另一方面必须认识清楚，在周易的思想中所谓阳淑阴慝、扶阳抑阴云云，并不是说，任何场合阳都善阴都恶，都应扶阳抑阴，都要喜阳恶阴。这里也有个时、空、情的条件问题，也是因时制宜，因地制宜，因事制宜。《乾》之阳龙象君子、大人之德，可谓善之善矣，然上九"亢龙"，穷极之灾，动必"有悔"，则又反善为不善矣。《乾》阳九五大善，上九不善，善或不善，在于"时"，亦即因时空情之不同而不同，并非固定不变。《讼》上九"或锡之鞶带，终朝三褫之"，表示上九居高临下，以阳刚健猛之才，穷极于争讼，必无好下场。即使胜讼有赏，也是仇争所得，难以长保。其命服之赏，将一朝而三见褫夺。这也是一种逞强好胜不知进退的偏亢，令人厌恶。虽为阳性，也只可"三褫"而抑之，万不可因健讼而扶之。《恒》讲守常不喻之义，以中为贵。九三"不恒其德，或承之羞"，是说九三位虽得正，但以阳居阳，至刚而不中，处于雷风交接之际，有应于上六，动摇不定，不能坚守己志，这种无恒的作风，会蒙受羞辱。阳本淑善，而无恒之阳，则为人唾弃。《噬嗑》讲刑罚治狱之道。卦象上《离》（火）下《震》（雷），象征以离火之明与震雷之威，察案惩罪。其初九"屦校灭趾"，是说初九居一卦之始，处无位（初、上无位）之地，重刚不中。在刑罚严明的环境里，象征一个刚暴违法的人，受到穿带足械的轻刑。而上九居一卦之终极，则犯了重罪，遭受"何校灭耳"（肩上抗枷，遮住耳朵）的刑罚。尽管初九、上九都是阳爻，但处于《噬嗑》的局面下，分别以不同的"时"情，成为轻重不同的罪犯。如此等等，可见在周易的思想里阳的本性虽善，却不必常善，也有阳而不善者，要看时空情的条件而定，不能一概而论。

阳是这样，阴也如此。

在一般情况下，阴阳相比是阳淑阴慝。但阴之为善，在周易中也是常事。《坤》初之"履霜坚冰至"，固然是阴恶的朕兆，但《坤》六五之"黄裳，元吉"，却是大善大吉之象。因为，五为尊位，六五以柔处尊，阴居阳位而得中，如着温文之黄裳，以柔顺之德，守中自居，是《坤》阴善为臣道的楷模，故曰大吉。《离》六二"黄离，元吉"，也是以黄色喻中。《离》为火，九四刚躁而不中不正，若猛焰易烬；九三处下体之终，前明将尽，后明当继，居于过盛而衰变之际，有日昃之凶。而六二则居中得正，文明中正，虽属阴爻却为大吉之象。《比》卦六二"比之自内，贞吉"，表示六二阴居阴位，中而且正，上应九五，以中正之道互相亲比，如此坚贞不移，自然吉祥。《大有》卦六五是阴爻，但"柔得尊位，大中而上下应之"（象传），上下五个阳爻都来应和六五一个阴爻，成为"元亨"（大好）的局势。《剥》祸虽是众阴剥阳，君子道消，小人道长之卦，但其阴爻也不尽恶。六五能反剥为顺，率众阴以获宠于上九，所以"无不利"。这表明，阴如能改恶向善，应阳而顺阳，则为善阴。尤其是《谦》卦，五阴一阳，一阳为成卦之主，五阴皆尊而从之。初六以阴柔之性居于最下之地，是谦而又谦的君子之象。可见阴德施于正道，亦可为君子。六二"鸣谦，贞吉，"上六"鸣谦，利用行师"，等等，其阴爻非吉即利，无一凶咎悔吝。因为阳主刚，阴主柔，阳主动，阴主静，阳主奋进，阴主谦退。《谦》卦的五阴，皆以谦顺之性襄佐九三阳爻，共树谦德。阳唱阴和，成事之道，故而周易六十四卦中，唯独谦卦卦爻辞完全吉利。这对人们正确认识阴阳的淑慝善恶，很有启发作用。

综合上述阴阳各例的淑慝情形来看，可以说，在周易思想中，虽有阳淑阴慝、扶阳抑阴、喜阳恶阴的一面，但不可为典要，还有唯变所适的另一面。概括说来，衡量善恶的准则大体上还是孔子所说的"阴阳合德而刚柔有体，以体天地之撰，以通神明之德"（《系辞下》六章），所谓阴阳合德，是说阴阳各以自己的独特性能，取长补短，互相配合。《乾》《坤》的精义即在于此。《乾》健《坤》顺，《乾》刚《坤》柔，《乾》始《坤》成，《乾》主《坤》从，阴阳各以其性能互相偕作，便形成有刚有柔，刚柔得体的万般事物，包括卦爻在内。这样，便能体现大自然的造化情态和奥妙无穷的变化功能。简言之，阴阳合德为善，否则为恶。揆诸上述各例，无一不合乎此一准则。《乾》《坤》作为代表，从根本上体现出这一准则。《乾》取象于龙，《坤》取象于牝马。一以健动，一以健顺，一则"飞龙在天"一则"黄裳，元吉"，阴中有阳，阳中有阴，龙马合德，和谐前进。此种情况是阴淑阳善，无可指摘。

而一旦出现阳刚躁进、独阳无阴（有进无退）的"亢龙"，或出现阴极拒阳的"龙战于野"，阴阳失调，各自为政，则阴阳俱善转而为阴阳俱恶，"正复为奇，善复为妖"（《道德经》五八章）。故此，《乾》上六"亢龙，有悔"是告诫阳悬崖勒马，勿食恶果，不是扶之，而是抑之。同理，《坤》上六"其血玄黄"也是告诫阴切勿忘记顺阳偕阳的本性而妄想自尊，也是抑之以理，而非恶而抑之。其他《比》六二、《离》六二、《大有》六五、《剥》六五等都是以阴守中道应阳谐阳而受褒扬。阴阳二气合则双美、乖则俱伤的原理，表现得十分清楚。有个比喻说，阳为义，阴为利。阴似乎为不善。其实利非不善，周易有多处言利。但利须合于义，始为善。乖于义，则利非善而为恶，义利和谐，斯为善道。这一点，对理解周易阳阴淑慝的原理，十分重要。

但如前文所述，周易确有阳淑阴慝、喜阳恶阴乃至扶阳抑阴的倾向。这一点，就其心理根源来讲，大约同天人合一的思想有一定的关联。自然界中有光明与黑暗，光明为阳，黑暗为阴。喜光明而厌黑暗，是人之常情，虎为阳刚，蛇为阴毒，喜阳刚而恶阴毒，也是人之常情。如此等等，对自然现象的此种不平衡的心理，施于人事，可能便成为喜阳恶阴的观念。如尊崇光明正大的阳性行为而厌恶阴谋诡计的阴性活动之类，便属于这种心理。也许人们的此种心理反应到周易中，便造成贬阴褒阳的倾向。

不过，尽管阳为君子而阴为小人这样的不平衡强烈存在，但周易里却绝对没有扶阳灭阴的思想，所谓《易》以道阴阳"，所谓"一阴一阳之谓道"，"阴阳不测之谓神""阴阳合德而刚柔有体"等著名的论断，都已从根本上表明阴与阳是相依相交、相反相成的统一体，不能偏废。故而宋人叶适所说"道者，阳而不阴之谓也。一阴一阳，非所谓道也"(《习学记言》四），以及"《易》之始，其有阳而无阴"(《习学记言·太玄》）云云，这种独阳无阴的说法，实为违反常识与《易》理的浮浅之言，前人已驳之凿凿，无须再赘。关于阴阳的相互关系和阳淑阴慝之义，朱熹是这样阐述的。他说：

"夫阴阳者，造化之本，不能相无，而消长有常，亦非人所能损益也。然阳主生，阴主杀，则其有淑慝之分焉。故圣人作《易》，于其不能相无者，得以健顺、仁义之属明之，而无所偏主。至其消长之际，淑慝之分，则未尝不致其扶阳抑阴之意焉。盖所以赞化育而参天地者，其旨深矣。"(《周易本义》坤卦注）

这段话所说的阴阳互相对待而不可偏缺，有淑慝之分，必要时扶阳抑阴，这三点与本文上述观点相同，但阴阳淑慝在某些时空情的条件下会有转化一点，这段话却没有触及，也许朱熹站在先圣的立场上，维护阳气，不愿涉及"善复为妖"的逆转吧。

综合上文，从总体上看，周易是一方面讲阴阳变易之道，认为阴阳相反相成，缺一不可，他一方面却持有扶阳抑阴的倾向。它对阴阳两个对立面，不肯平等看待，而是有尊有贱，有褒有贬。这和现代辩证法矛盾统一律中两个对立面受到平等对待，无分贵贱善恶，价值相等，谈不到扶此抑彼的情况，迥乎不同。周易的阴阳观当中所以存在尊卑不同的褒贬性，除上述喜明厌暗的心理作用外，很明显，这是由于天人合一的道德观念起支配作用所致。可以说，这是周易辩证思维有别于其他辩证思维的最大特点。

四面八方

在阴阳两点论的基础上运用卦象的多种变化来开展思维，是周易辩证思维的又一特点。由于它的活动面很多，本文以成语形容之，名之曰"四面八方"。周易是一部披着占筮外衣，以君子之道施行伦理教化的书。但它的伦理教化，不是像其他儒家经典那样直接说教，而是把中正思想和阴阳之道密切融合，以辩证思维方式对世人的立身行事进行指导和劝诫。在这方面，除了上述告诫世人，在对待问题上要从阴阳两面考量，刚柔并济，知几、知时、知度、守中勿亢、预防邪变等以外，还通过卦象的变化，对世人处理问题表示出多面思维的方法。

下面，通过实例试作分析和说明。

在另文"周易的本性是什么"当中，笔者曾对孔子所说的"观象玩辞"和"观变玩占"，作过详细的探讨，认为孔子的意思是说，君子遇到重大问题需要解决时，可以从周易中选出与自身处境类似的卦，观察研究其象与辞的涵义和变化，据以推断未来的吉凶。现在，本文就按照这种精神，结合卦例，谈谈其中蕴涵的多面思维问题。

先谈《师》卦。

《师》是讲军事规律的卦，是兵家的象征。假定有人身负军事重任，面对战事，便可以选出相应的《师》卦，观象玩辞，观变玩占，从中汲取周易所提供的指南，这里

八卦图，出自宋·朱熹《周易启蒙》

就存在一个四面八方多角思维的辩证方法。

首先是观象。

《师》卦的卦象是上《坤》下《坎》。《坤》为地，为众为顺，《坎》为险为水，合起来看，是地中蓄水，象征众人聚集，内险外顺，险道而以顺行，正是军队与战争的影像。六爻当中，九二一阳统领五阴，呈现主将率师之象。六五柔居尊位，与九二阴阳相应，有君命将受，上下和谐之象。

其次是玩辞。

《师》卦辞"师贞，丈人吉，无咎"是说，行军作战要基于正道。老成持重者为主帅，吉利无咎。初六"师出以律，否臧，凶"，是说行军要讲纪律，否则虽胜亦凶。九二"在师中吉，无咎，王三锡命"，是说九二主帅以刚居中，刚柔相济，上应六五柔居尊位者的信任，多蒙嘉奖。六三"师或舆尸，凶"，是说政出多门，号令不一，必至大败。六四"师左次，无咎"，是说当退则退，无咎。六五"田有禽，利执言，无咎。长子帅师，弟子舆尸，贞凶"，是说执政者为反侵略而兴师，不为兵端，无咎。但任将必专，倘若任长子而又使弟子分权，虽正亦凶。上六"大君有命，开国承家，小人勿用"，是说战胜而论功行赏之际，对有功的小人只可重赏，而不可委以权柄。

总起来说，全卦文辞是讲兴兵作战的基本法则。古今中外，概莫能外。详解已见另文，兹不复赘。

一般说来，通过上述观象玩辞之后，对《师》卦的内涵的了解已经差不多了，但依照周易的思路来说，身居指挥地位的统帅，仅仅想到这里还不够，还应扩大眼界，围绕《师》卦展开多方面的思考，以便从其象变中加深对战争的认识。

（一）要从卦序上想一想

《师》卦从哪里来？往哪里去？按《序卦》说，"《讼》的卦象是，上天下水，天气上升，水性下沉，双方相背而行，象征人事违和，发生重大矛盾，因而兴起争讼。而且《讼》卦继以《师》卦，卦象骤变,外卦由《乾》变《坤》,改天换地,象征争讼激化,暴力相加。故而,就国际关系来讲,争讼不已往往会发生战争。从战争来说,作为国之大事,不会无缘无故自天而降,在它爆发之前,必有个争讼的量变过程。所以主战者在战前、战中乃至战后,都应把战争起因的矛盾问题(争讼)放在心上,不可忘却。这对于指挥战争的分寸和处理战后事宜上,都有一定的作用。另一方面,反过来还要看看《师》卦之后跟着什么卦,以便高瞻远瞩,看到战后的未来。继《师》卦而来的是《比》卦。卦象为上《坎》下《坤》,水在地上,有相亲相附之义。这表明,战无常战,战久必和。战争继之以和平,是天经地义。国与国之间,仇转为亲,亲转为仇,是家常便饭。俗语说"不打不成交",便揭示出《师》继之以《比》的一种涵义。

如此这般,周易教诲庙堂之上的元首与指挥战争的统帅,不仅要切实掌握《师》卦本身所表达的各项战争规律,还要瞻前顾后,想到兴《师》之前的《讼》因,以及《师》止之后的《比》情。这样,才能做到从阴阳互交互变的《易》理上,把战争作为一个在时间空间的情节中发展演变的过程,来全面认识和正确对待。

(二)要从错卦上想一想,寻求有益的启示

与《师》卦象相错的是《同人》卦。卦象☰☲,《乾》天在上,《离》火在下。天与火当然不同,但天气上升,火焰也上升,在趋上一点又有共同性。基于此,名此卦象为《同人》,即求同于人之义,主旨是要以《乾》天《离》火的正大光明去求同于天下人,亦即广泛团结天下人,越多越好。对《师》卦来说,所谓《同人》涵有双重意义:一是与天下人广泛地求同存异,团结起来,增强力量,以克敌制胜,类似今天的统一战线策略。二是对敌作战,也不能悖乎天理人情,也要遵守共同的战争法规,如"不斩来使""投诚免死"和"不虐杀战俘"之类，对交战双方来讲，是异中之同，作为正义之师，理应求同而遵行。如果异中求异，背理趋极，则独阳无阴，失道寡助，必败无疑。故此，在大是大非，势不两立的战争情况下，也不要忽略一切事物都是同中有异，异中有同，同异相反相成，不可或缺的辩证规律。兴师作战的场合也不例外。虽然《师》义在战争，《同人》义在团结，相反相异，但异中有同，求同有助于制异，所以《易》象显示的这个道理，也是统帅者不可忽视的重要法则。

（三）再深入一步，看看互卦里蕴藏着什么道理

看过本卦、前卦、后卦（综卦）和错卦之后，观变玩占尚未完结。为了尽量挖掘《师》卦的奥义，还要深入分析其卦象所含的互体结构，从中发现相关的有用思想。

《师》卦䷆所含的卦是《复》卦。即：二、三、四爻交互成《震》，三、四、五爻交互成《坤》，合为地雷《复》卦。而《复》卦翻过来（综）又成为《剥》卦。所以，《师》卦内部蕴涵着《复》《剥》两卦。这两卦表现阴阳互为消长互相转化的规律，可以从《师》的角度合起来参看。这对用兵之道来说，可以悟出如下两个道理：

——阳代表胜利、顺利，阴代表失败、困难。如同阳不能永长常消，阴也不会常盈久虚，而是消长盈虚，转化不已一样，战斗既不会常胜常顺，也不会永败永困。作统帅的应认识到事物发展的这一阴阳互为消长的原理，胜而不骄，败而不馁。即使不幸而屡遭败绩，也要坚定正义之战最后必胜的信心，善于保持被剥殆尽的硕果（《剥》上九"硕果不食"）而争取"一阳独复"（《复》初九为阳复之象）的胜机。这样对于主帅来说，《剥》《复》两卦阴阳互为消长而阳无剥尽之理的规律。便成为破除畏难、坚定胜利信心的理论依据。

——《复》卦有返本还原的思想，用于人事，意味着走错了路而

返回原处，重新进发，所谓知过必改，就体现《复》的思想。《复》卦主张及时改过，以免铸成大错，导致悔恨。所以初九说"不远复，无祇（不至于）悔，元吉"。而上六则谓"迷复，凶，有灾眚"，指出迷路而不知复返于正途，必遭凶险、灾难。尤其是，用这种有过不改的昏庸态度去打仗，终必大败亏输（用行师，终有大败）。这样，《复》卦所指示的知过速改，切勿"迷复"的人生指南，对于指挥战争的主帅来说，是克敌制胜、免于覆败的永恒准则。

这样，从讲求军事学的《师》卦所内含的《复》《剥》两卦中，至少能发掘出这样两条主帅所必备的指导思想。

以上，以《师》卦为例，试作"观变玩占"的结果，可以清晰地看到，作为思维展开的对象，以《师》之原卦为本，旁及所自之《讼》、后继之《比》（综），所错之《同人》，所互之《复》《剥》，总共六卦。这表明，思考一个对象，不像形式思维那样，只想到一个侧面，也不像一般辩证法那样，只讲究两点论，而是遵循阴阳之道，随卦象的演变，在对本卦观象玩辞的基础上，对本卦的前面、后面、反面、里面以及里面的覆面等，有关的卦象、爻象，都作出有机的思索与分析。当然，相关的卦爻象还可以扩大，这里出于示范之意，暂且到此为止。南怀瑾先生强调周易为"十面思维"，那是一点也不夸张的。

基于上述分析，可以设想，假定人们在立身行事的道路上遇到某个重大问题，难以解决，如果能像上述那样，运用周易四面八方的思维方法，那就必然能认清难题的全貌，从中找出打开难题的钥匙。周易辩证法所提供的多面思维，同其他思维方法相比有它独特的优越性。绝不能因为它的占筮外貌和素朴性而加以忽视。

附带补充：所谓周易的多面思维，是周易体系的有机运行的思维，是以卦爻象数辞的演变为外壳而展开的思维，主要地不是以语言或符号为外壳而活动的思维，周易的辩证思维及其多面思维都具有这一与众不同的特点。

模糊不清

周易的辩证思维还有一个明显的特色，就是它的模糊性。产生模糊性的根本原因在于，周易的辩证思维不是通过论述的语言直接运行和展开的，而是通过象数卦爻辞间接地运行和展开的。所以，其意义蕴涵于内，而其表达则模糊不清。

首先是取象的灵活多变。

如《乾》象天，象君，象父，象良马，象老马，象玉象金，象寒象冰……。忽为天，忽为人，忽为物，忽为性，等等。必要时，也可以借《震》之龙象以为天象。随时变易，灵活多样，以义取象，并无绝对限制。其他诸象，例皆如此，前文多有述说，不必再赘。因此，泥象取义，则义不可解，而随义解象，则往往见仁见智，难以为准。这是周易思维的象数外衣所决定的，其模糊性来自先天"基因"，不能克服。

其次是卦爻辞的假象喻理

周易的卦辞爻是对卦象爻象的解释，是象义的语言表达，它不是独立的文辞，而是卦爻象的注释。离象解辞，则辞多不可解，能解也不深切。故而解辞先要明象，象义明则解辞顺理成章，志趣自明。但象义本身灵活多变，辞义也难以通晓，一词一句究竟何义，往往难以确定。在卦辞方面，《复》卦辞之"反复其道，七日来复"就是明显的例子。

按字面解释，大意为阳气依阴阳互相消长的规律反转回复，过不了七日。但以卦象为准加以体会，就出现分歧。下例四说，可见争讼之情。

1，王弼之说："阳气始剥尽，至来复时凡七日——反复不过七日。" 2，侯果之说：五月《姤》至十一月《复》共七月，七日即指七月而言。3，孔颖达《周易正义》说："褚氏庄氏并云五月一阴生至十一月一阳生凡七月，而云七日不云月者，欲见阳长欲速，故变月言日。"4，王夫之《周易稗疏》说："来复者自《坤》而言也，《坤》一变而即得《复》，故曰'不远复'。不远则非厉七卦明矣。盖七者，少阳之数，《坤》为老阴，《乾》为老阳，故《乾》曰'用九'《坤》曰'用六'，不用七、八。数至于纯《坤》而无可消矣，于是其复速疾而七起焉。言日者，一昼一夜数极则反之谓。"

此外还有些异说，为免于啰唆，不再例举。总之，由此可见，辞义之所以含糊难解，主要不在于辞语本身，而在于其所表达的象义模糊多歧。亦即：阴阳二气互为消长的运行与季节时序的关系，从象义来说并不明确，以致诸家注释，出现分歧。关于《临》卦辞"至于八月有凶"，也是其说不一。其情仿佛，可以想见。另文已有详叙，勿须复赘。

此外，周易的文辞，多采取比喻的手段，以辞象喻理，尤其是爻辞，几乎都是这样。

首先，卦名也有些辞象。如《屯》卦为草木幼芽在地下萌动，即将破土而出之象，虽有困难，但前途光明。用以名卦，是喻示《乾》《坤》始交，万物初生，雷雨满盈，混沌而艰险。但新生事物，必将破除险阻而大有发展。《蛊》卦的蛊字，是食器生虫或庄稼生虫之象，用以表示山下有风，风受阻于山，不得畅发，以致事物郁积而蛊坏的涵义，如此等等，卦名以象喻理而不直说。此种思维

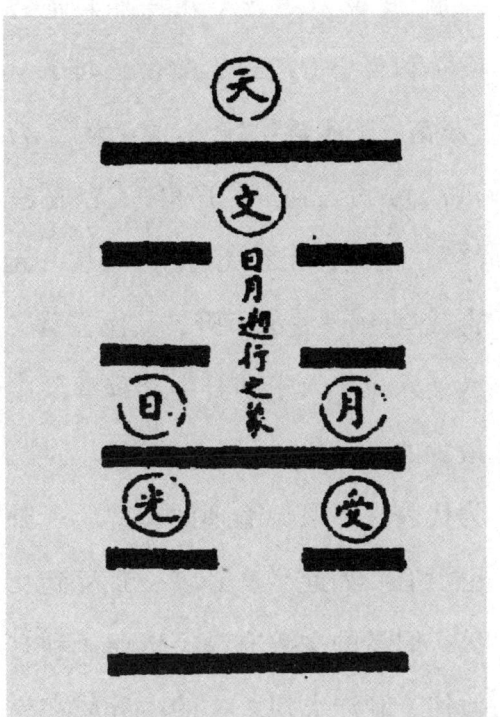

贲天文图，出自宋·佚名《周易图》

方式，卦辞比卦名更多。《坤》之"利牝马之贞"，《屯》之"勿用有攸往，利建侯"，《蒙》之"匪我求童蒙，童蒙求我"，《师》之"丈人吉"，《小畜》之"密云不雨，自我西郊"，《履》之"履虎尾，不咥人"，等等，皆以辞象喻示卦象之义。六十四卦，大多如此。至于爻辞，则以象喻理者，也比比皆是。故而称之为辞，不如名之为"辞象"，更贴近实情。从《乾》《坤》看起，《乾》是龙（九三外其他各爻）和君子（九三）二象，《坤》从"履霜，坚冰至""直、方、大""含章，可贞。或从王事，无成有终""括囊，无咎无誉""黄裳，元吉"，直到"龙战于野，其血玄黄"，六爻六象。六十四卦中爻辞辞象中最少的是《乾》，最多的当以《坤》为代表。不取象喻理的爻辞，一卦也没有。如此，从卦名、卦辞到爻辞，周易的文辞充满了形象（利有攸往、利涉大川之类的占辞应视为行为的辞象），再加上辞象所本的卦象，周易通体处处是象，孔子所谓"《易》者象也，"可谓一言中的。如上所述，假象喻意，是周易思维的特色。

但是，周易这一特色（包括象数和辞象两个方面），有其便于蕴蓄义理而耐人玩味的优点，也有其寓意多歧，模糊不清的缺点。从思维的角度来说，这是一种借助形象的模糊性来含蓄而曲折地表露微言深意的思维方式。依孔子的体会，周易蕴涵圣人对衰世的忧患意识，故而"其旨远，其辞文，其言曲而中，其事肆而隐"，这一体会，正确地抓住了周易假象喻意的根本原因。而周易之难读多解，同象义的模糊性，有密切的关系。在爻辞的形象方面，表现得尤为明显。

例一：《随》六二"系小子，失丈夫。"

系是随而不舍之意。六二所系的小子，所失的丈夫指何而言，辞象的表现并不清楚，以致注解产生分歧。王弼、孔颖达、程颐、朱熹等认为，六二阴柔，乘初九之阳，初九在下，是小子；九五居上卦尊位，是丈夫。但俞琰，龚焕，查慎行，金景芳却另有解释。他们认为，《随》卦与他卦不同，专取相随相比，不取相应。周易以阳为大，以阴为小，六三与六二相比，六三阴爻，故称小子。六二下比初九，初九阳爻，故称丈夫。六二既系于六三小子，当然就失去初九丈夫。同是针对《随》六二，却有如此分歧的解释。原因端在于"系小子，失丈夫"这一辞象，并未将所系所失的关系表达清楚。

例二：《贲》六五"贲于丘园，束帛戋戋，吝，终吉"。这一辞象中的丘园（丘墟园林，质素之处），指何而言？贲于丘园，是谁施贲（加以文饰），谁受贲（接受文饰）？这两点，诸说纷纭，令人莫衷一是。大体情况是，郑玄，荀爽，王弼，苏轼，程颐，何楷，来知德，陈梦雷诸家，认为丘园指上九，阳刚在外，高尚其事，多数学者采取这种看法。但也有不同的体会。如王肃则认为六五"失位无应，隐处丘园"（孙星衍《周易集解》引《文选》注），视丘园为六五。李道平另作主张，说："愚案：五下应二，贲于者，贲二也。二互体《坎》，《坎》为隐伏，隐士之象也……二以一阴居两阳之间，亦外高中下之象。"《九家说卦》曰"'坎为丛棘'，园有树木，丘园之象也"（《周易集解纂疏》卷四），以六二为丘园。更有甚者，杨诚斋别出心裁，以初九为隐居丘园的高士。他说："初九（贲其趾，舍车而徒）义不乘六二之车，舍之而徒行者也。六二不能致初九，而六五之君乃能致之。"（《诚斋易传》）意为：初九之阳虽比近六二之阴，但于义当远应于六四之阴，故而舍易就难，舍车而徒步。虽六二不能招致初九，但六五却能，因为它是君主，能召贤起隐。这样一来，丘园又变成了初九。当然，王肃之六五说，李道平之六二说以及杨诚斋之初九说，虽属于少数派，但都有象数义理的根据，均可备一说。

此外，关于施贲、受贲问题，也是其说不一。程颐，苏轼，金景芳等认为六五受贲于上九。程之言曰："六五以阴柔之质，密比于上九阳刚之贤，阴比于阳，复无所系应，从之者也，受贲于上九者也。"（《易传》）。但有些《易》家则认为六五贲于上九，荀爽，王弼，孔颖达，来知德，陈梦雷等便是这样。陈氏说得最明白，他说："六五柔中，为《贲》之主。——五比上以成贲者，人君虚己以求山林隐逸之贤，故有不贲于朝市而贲于丘园之象。"（《周易浅述》）持这种观点的人，似乎较多。上述这些，是传统的分歧之见。而今人的见解，尤有异军突起者。如《周易必读》的作者房松令的新解是，"六五居《艮》之中，为丘园。与三四为《震》，故有车奔丘园之象。六五爻动，《艮》化为《巽》，《巽》为入，为进退，为进门之象。之卦《家人》，故为成亲之象。虞翻曰：'《巽》为帛为绳，艮手持，故束帛。'风入于山为有事，故曰'吝'。终成家人，自然吉利。"房说把六五辞象解为迎亲成家之象。这是他把《贲》卦视为表现婚事的观点所派生的必然的解说，和传统的各种说法，迥乎不同。以上这些分歧的见解，孰是孰非，这里暂不作评论。本文引述这些东西的意图是，从这里可以具体看出，周易同一爻的辞象，会产生如此纷纭的歧见，并且进一步认识到这些歧说产生的原因。

上述诸例表明，周易文辞所以难以解读，所以产生歧解的原因，一是它叙事说理不是使用交际语言，而是借用形象语言。二是在于形象语言（即辞象）与卦爻象的关系灵活多变，含糊不明。统而言之，就在于"象"（卦象爻象辞象）的多义性产生了多解性。追本溯源，应该说,周易的作者在创作时故意采用这种以象喻理的手法:一则借以表现其渊奥的义理,二则借以表现其不满衰世乱政的忧患意识,以致产生如此难解的后果(除文字的古奥外)。换言之,就创作思维的角度来说,利用模糊思维来表达辩证思维,就造成义理表达上模糊不清的特点。也许,这既是表现周易思维独创性的优点,也是它含混不明的缺点。

尾 声

周易辩证思维的内涵十分广阔,前面所述,只是其概略情况。作为结束语,必须指出,周易的辩证思维,虽然以阴阳之道为本,有一定的自觉性,并且在原理的运用上内容比较充实,有一定的实用价值,但是它毕竟是中国上古时代的精神产品,避免不了早期文化历史的局限,带着浓厚的素朴性,除了寓理于占筮的象数文辞,在表达上零零散散,模模糊糊,缺乏条理性、系统性以外,较之现代的辩证思维方法,内容亦不全面。如表现事物发展螺旋上升的否定之否定律,在周易就不见踪迹。但许多人认为周易的发展是循环论,却未必全对。以十三消息卦的阴阳互为消长规律来看,可以说是循环论(也许符合气象运动的实际),但以六十四卦整体来看,始于《乾·坤》终于《既济·未济》,乃是表现事物生生不已的无限大,并无返回《乾·坤》,循环不已的思想,在这些方面,周易的借象喻理,并无清晰的表达,需要深入探索,以明究竟。但不管怎么说,三千年前创作的周易,其思维的内容不及后代全面,是无待细说,可想而知的。这一缺陷,无须苛责,因为周易辩证思维的素朴性,是历史局限性的表现。应该看到,周易作为六经之首,它所蕴涵的辩证思维,具有前述种种独特性、优越性,值得后人深入挖掘、层层探索,取其精华,以充实自己的思维世界。

从总体来说，周易的思维是综合思维。周易的思想中心是阴阳之道，在展开阴阳之道的思维时，是以阴即阴阳即阳，阴阳与其自身同一这样的形式逻辑为思维基础；而以阴阳相反相成，互相转化这样的辩证逻辑为思维主体；并以假象喻理的象数思维所造成的模糊思维，作为表现的手段。总而言之，周易是集形式思维、辩证思维、象数思维、模糊思维于一体的综合思维。这一综合思维的哲学实体，古今中外只有周易一例，未见其他。

周易智慧

第一篇　周易智慧与释例

《周易》这部书，不但是我国最古老的经典，而且自古以来，就被推崇备至，尊为"群经之首"。

《周易》仰观天文，俯察地理，中通万物之情；究天人之际，探索宇宙、人生必变、所变、不变的大原理；通古今之变，阐明人生知变、应变、适变的大法则，以为人类行为的规范，这一天理即人道的天人合一的哲学思想，称作"天人之学"，为我国传统文化的基础，一切学术思想的根源，我国传统文化的最大特色。

天尊地卑，天在上，地在下，乾坤的位置就这样定下来了。

天地间万事万物由卑下微小到高尚壮大，杂然纷呈，又共居于天地之间。

天地万物从小到大，从卑到尊自然排列。

动与静有常理：动极必静，静极生阳，阳刚阴柔，自有分别。

到这里，我们有必要说到精神，说到智能，说到有无。

精神智能之有无在于人。人有精神，人有智能在于人在想人在动，精神、智能又从无中来。正因为无，人们便可凭精神智能去创造成功，也可能失败。而无则无所不在，则所在皆有成功与失败，或者吉凶祸福。人要知此结局，应该细细了解《周易》道理。

人各有道，物各有理；人以类聚，物以群分。此一方和彼一方，必然地有矛盾冲突，也必然地和平共处。这就是吉凶产生的原因，变化发生的内在动力。

道在中国人的智能中，真是至高无上。

什么是道，阴阳结合，相反相成、相克相生而已。它是规律，它是路线，它是方向。它并不存在，但它又与人与事与物同在，并且无所不在。所以，它又是发生、发展、变化，它是过去，是现在，更是未来。

玩味道理是一种乐趣，行动中观察它的应验与事理变化，物象变幻，证吉凶，算未来，上得天，下得地，中得人，趋吉避凶，一切吉祥如意，无往不利。这又如何不其乐无穷。

道理是虚的，人的行动却是实在的。

君子立身处世，言语、行动是关键。

成功的路上，吉利的路上，人总是越聚越多；失败的路上，祸患的路上到底也有人走，虽然不是愿意的，这不愿意只是在事后才后悔不及，永以为戒。所谓一朝被蛇咬，十年怕草绳。

然而成败本无道路，只在众人一心愿往。

按道去做，那就是事件、事业。

运用道，神妙莫测；与道共舞，那就出神入化了。

吉凶善恶见卦爻，利害得失在明察。卦爻是死的，人是活的。人活得聪明有精神便看得出卦爻风起云涌，或日月光明。所以，人活卦活万事活，成败祸福全在君子一心。

《周易》，真是造物主失落在大地上的神奇的戏法。

生命在于运动

乾卦，为全阳之卦，阳中之极，为刚健，表示天体运行，四时更替不止。

一、健康的标志在于心动

"人生是否有价值，应该依其间各种行为而定，不是依其生命的长短。"

自古以来，人们就相信长寿代表福气，随着医学的发达，平均年龄延长的新闻更是层出不穷。可是生命如果变成长尾鸟的尾巴，累赘而又无用时，反倒精简短小更好。

对上些年纪的人，有句常用的祝词：健康长寿。然而健康就等于长寿？长寿一定健康？请看下面故事。

有个七十来岁的人去医院检查身体。医生告之：什么病也没有。他很高兴："我能不能活到百岁？""爱吸烟么？"医生问。"不，从不吸一口。""喜欢喝酒么？""不喜欢，一滴不沾。""那么，对夫妻生活还有兴趣么？""早戒绝多少年了。""您可有别的嗜好？譬如著书立说、养花下棋、书法绘画、老友漫谈之类？""没有。我什么嗜好也没有！"医生不解了："那，您活一百岁干什么呢？！"

医生最后一句，问得实在绝妙。这样如同一潭死水的生命，即使永不干枯也会变臭，意义何在？

二、生命的意义在于运动

生命在于运动。在不断的运动中，我们能轻松地保持我们的体力和活力；在不断的运动中，我们能长久拥有自然赋予我们的聪明和才智。刀不磨要生锈，一把生了锈的刀还能谈得上"锋利"？"战马推磨"的故事，给我们的就是这样一种启示。

有个国王养着成群优良的战马，一匹匹膘肥体壮，训练有素。邻国几次来侵犯，都被他们骁勇善战的骑兵杀得落花流水，只好屈膝求和。战火平息了，国王心想："如今天下太平，我还要养这么多战马干什么？既费饲料，又花人工。"思来想去决定：把战马下放到民间，去帮助老百姓推磨拉碾，既能节约国库开支，又可为百姓服务，需要时再重新召集起来。公告一下，各地的百姓都来宫中牵马。从此，这些战马就在磨坊里和碾场上忙碌起来。几年过去了，邻国养精蓄锐，元气恢复，突然调集重兵，向这个大国进攻。国王急忙召回战马，列阵迎战。三声金炮响过，谁想到这些马都低着头，在原地转起圆圈来。一匹马都不会朝前奔跑了——原来它们已经拉惯了石磨。

千里始于足下

坤卦，为全阴之卦，阴中之极，为柔顺，表示万物之母的大地，能吸收和储存一切能量。

我们常常用"千里之行始于足下"，来形容大业初创的艰难和重要性。大地之所以能成为万物之母，依赖它能吸收和储存能量。对于伟大的事业来说，这种能量就是人才和人心的拥有；对于个人而言，这能量就是才智和信念。

我们强调"人才重要",并非当领导或什么领袖才需要懂得它,有哪位成功者是仅仅靠他自身,而没有得到妻子、孩子、朋友的帮助呢?坤为大地、为众多,坤卦提示我们:拥有亲友们的更多理解和支持,对我们每个普通人也都很重要。

一、欲获得先付出——管仲计谋成功

大地富有,在于它的无私奉献;我们要想拥有更多,就必须首先付出。"钱能买心,也能买命"的故事,讲述的就是这个道理。

齐国宰相管仲向主君桓公说:"去年的租税收入多达四万二千金。在下有个请求,请把这笔钱拨给将士,作为预付奖金,凡是答应立下战功的人,统统有奖。""好的。"桓公说。管仲连忙把全军将士集合起来,高声宣布道:"迟早要打仗了,到时候勇敢杀敌人,现在就有奖金可拿。"将士交头接耳,最后一名士兵走上来说:"要杀几个才行呢?""一百人。"管仲说。"好,我试试看。"管仲给了那名士兵百金。此例一开,将士们纷纷上前报名,结果凡是杀敌将首级的人赏千金,杀敌兵十金……四万二千金一下子就花光了,将士们高高兴兴地离去。桓公说:"那笔钱会白费吗?"管仲说:"不必担心,领到奖金的士兵,在出阵前,他们会用那笔钱让双亲、妻子高兴;上战场时,他们为了维护荣誉,报答恩惠,一定会拼命作战。如果由于他们的卖力作战而击溃敌人的话,这笔费用算是便宜的。"果然,士兵的双亲、兄弟、妻子都向士兵说:"得到那样的恩惠,你身为男子汉答应人家的就要做到,到时不可以怯懦无能。"不久,齐与他国开启战端,诚如管仲所预料,齐兵奋勇作战,大获全胜。

二、山川使大地俊秀——关键人才是势力的象征

大地的俊俏秀美,在于它将山川置身怀抱;大业的成就,在于领袖善于或注重延揽舞台后的"军师"或"导演"。"用好三杰"的故事,提示我们的就是这些寓意。

汉高祖刘邦平定天下不久,赐宴群臣,提出这样的问题:

"我与对手楚王项羽比，无论勇气、军备、武勇我都远远不及他，然而项羽却得不到天下，天下却落在我手里，这是什么原因呢？"高起和王陵回答说："陛下攻城略地，把所得的城与地都分给了有功之人，利害与部下一致。相反，项羽虽然勇猛过人，但他却嫉妒贤能之士，厌恶有功的人；同时他不把得到的胜利品分给有功的部下。这是两者得失的分野。"高祖听后一笑，道："你们只知其一而不知其二。要知道，运筹帷幄、决胜千里，我不如张良；平定国家，安抚人民，做好完全准备，我不如萧何；率领百万大军，百战百胜，我不如韩信。这三个人我无不佩服，他们是天下的人杰。但我能够合理的运用这三杰，让他们发挥本领，这就是我得到天下的原因。而项羽连唯一的能臣范增都无法运用，这是他失去天下的原因。"

春雷一声震天响

震卦，为雷、为动、为突破，有由内向外突破、爆炸之象。

一声春雷，给人以兴奋和激励，于是我们就知道大雨即将来临，万物将要复苏。因此，我们常常用"春雷一声震天响"来形容某一事件给我们内心带来的震撼和激励。

一、善于造势——诚聘四皓出山，吕后击败对手

我们看见那从万丈高山跌落而下的瀑布，在那震耳欲聋的水击声中，我们感到了一种无法言状的力量。这种势感效果来自落差，我们在物理学中学过"动能"和"势能"的概念，只要是所居位置足够高，其具有的"势能"并不比"动能"小。故而，成功的策划者，非常善于"造势"。这就是震卦给我们的提示，"请四皓出山"的故事，就是汉代著名谋士张良为吕后击败对手，运用"造势"原理进行的一次成功策划。

据《史记》记载：太子盈的母亲是吕后，吕后是汉高祖刘邦在贫贱时所取之妻。高祖建立帝业后，吕后年纪较大，经常留守关中，与高祖日渐疏远。高祖认为太子盈过于柔弱，不像自己，常想废掉他。如意的母亲是戚夫人，戚夫人是高祖在任汉王时，于定陶获得，生下

可爱的如意之后，更加深得高祖宠爱，常随高祖到关东，她日夜啼哭，想立如意为太子。高祖也认为，如意的个性像自己，也有废盈而立如意的打算。对比之下，情势对如意和戚夫人这边明显有利。吕后想尽了办法要保住其子盈的太子之位，也为了报戚夫人夺走丈夫之爱的仇恨，但所有的办法都无济于事，于是她去找谋臣张良。经不住吕后的再三略带威胁的拜托，只好献上一计："皇上一直想聘请四个在野的贤人出山，只是他们始终不肯，若将他们迎为宾客，太子经常请此四人赴宴，必会被皇上看见，而询问原因。到那时……"于是，吕后和太子设法终于请出了这四个人。有一次太子正在家请这四人时，被高祖看到了。"这不正是历经数载所寻觅的东园公、角里先生、绮里季、夏黄公吗？"高祖想，"他们怎么会在这里？我请你们，你们总是躲着我。现在你们怎么愿意跟我儿子来往呢？"高祖不解地问。四人齐声回答说："皇上一向看不起儒生，经常骂不绝口，我们不愿受人侮辱，所以才远远地躲起来。现在听说太子仁德，恭敬仁孝，尊敬贤者，善待儒生，爱惜有才德之士，天下有才德之人都想为太子效力，所以我们自愿前来拜见太子！"高祖心想，我原来以为太子声望不佳，没想到天下有才德之士竟慕名而来。他目送四人离去后说："太子羽翼已成。"于是，高祖便召来戚夫人，告诉她死了立如意为太子之心："虽然你我都想改立太子，但太子如今已有四位贤人辅佐，羽翼渐丰，甚至凌驾于我之上，所以无法轻言废立太子之事，你就忍一忍吧。"

二、勇于突破——毛遂自荐，齐国合纵成功

震卦，一阳在下而两阴爻在上，有"突破"之象征。就像埋在地下的炸药，需要一根导火索去引爆一样，新的突破需要我们勇敢地挺身而出，去做"第一个吃螃蟹的人"。"毛遂自荐"的故事，提醒我们：突破性的爆炸，需要我们具有将引燃的导火索暴露外面的勇气。

公元前260年，秦军重重包围邯郸，赵国危在旦夕。赵孝成王急忙委派他的弟弟平原君为特使,到楚国去商讨救兵。事关重大,平原君准备从门下食客中挑出二十名勇识、才略兼备的人物与他同往。经过一番精心挑选,只选出十九位,这时有个名叫毛遂的人自我推荐,要求加入。

平原君对这张面孔很是陌生,就问他来这里几年了,毛遂回答说:"三年了。"平原君大为惊讶,就对毛遂说:"一个有才能的人处在世上,就好比锥子在袋子里而,若是锐利的话.尖端很快就会戳穿袋子,露在外面。可是,你来到我门下三年,从未听过有人称赞你,可见你没有什么本事,你不能去。"毛遂申辩说:"不对!那是因为我从来没有能够像锥子那样放进您的口袋里,今天就是求您把我放进袋子里去。若是我早有被放在袋子里的机会,将不只是锥尖露出口袋而已,就连整个锥子都会像禾穗一般挺出来。"平原君觉得毛遂的话有道理,就说:"好吧,就给你这个机会。"于是毛遂即跟随平原君等人到楚国请求救兵。到了楚国,平原君和楚王商量联合抗秦的事,一再说明两国的利害关系,但谈论了半天,仍无结果。从早上谈到中午,仍没有说动楚王。于是毛遂前往助阵,对楚王说:"有关合纵的利害,是两句话就可解决的事,为什么淡了这么久呢?"楚王不屑一顾地对毛遂说:"我跟你主人谈正事,你打什么岔呀?还不快给我下去。"毛遂冒着生命危险,手持宝剑挺身而上,对盛气凌人的楚王针锋相对:"大王您之所以呵斥我毛遂,是仗势楚国强大的威势。现在十步之内,您再也没法仗恃楚国的威势了,您的生命就操在我毛遂手中。"接着又说:"商汤以七十里的地方,便统治了天下;周文王以百里之地,号令诸侯。这难道是他们士卒众多的关系?实在是他们能够依据已有的情势,振作他们的威武罢了。目前楚国拥有五千里地,加上百万雄师,这是称霸天下的大好时机啊!白起,只是一名小将,但他率领几万秦兵来跟楚国作战,一战就攻下鄢、郢两地;再战,焚毁楚国的夷陵;三战,污辱了您的祖先——这是百代不解之仇,连赵国都替楚国感到羞耻。你身为楚国国君却不引以为耻啊！你要搞清楚，合纵是为了楚并非为赵国的。"楚王被他的凛然正气所惊慑，也被他深刻的分析所叹服，惊惶之下连连点头："是是是……你说得对极了！对极了！我愿以整个楚国跟赵国联合抗秦。"毛遂又追补道："合纵的事就这样决定了吗？"楚王回答："对，就这样定了。"于是，毛遂让人快拿鸡狗马血来，说："大王您应先歃血表示合纵的诚意，其次是我的主人，再其次是我。"就这样，在楚殿上完成了合纵的大事。不久楚国和魏国的援军两路进击，终于解了邯郸之围。故事中的毛遂，是一个不愿或不懂拍马屁而又满腹经纶，却总没有纳入袋中的锋芒人物，最后就只能采取"白朴"的方式了。要知道，自荐是需要勇气的。因为"自荐"这条路实在不好走通，否则古今中外，就不可能有那么多人感叹"英雄无用武之地"了。

野火烧不尽，春风吹又生

巽卦，为木、为风、为进退，此皆有"柔弱坚强"之寓意，故而巽卦有"野火烧不尽，春风吹又生"之象。

二、弱者最强——主动示弱，仲达胜曹爽

草木柔弱，但最坚强。风吹来甘心示弱，弯曲身子或牺牲身子保全根部，只要根部存在就能再生，这就是巽卦告我们"柔弱者坚强"的启示。"主动示弱，仲达胜曹爽"的故事，讲的就是这个道理。

三国时候，魏吴蜀对立最紧张的时期，魏明帝去世，由年仅八岁的曹芳即位，他就是顺帝，遗诏由太尉司马仲达与大将军曹爽担任辅佐。司马仲达年长老练，而曹爽年少气锐，他们两人一开始就注定要成为冤家。曹爽血气方刚，索性用计使司马失势以便独揽政权，曹爽向幼弟进言，让仲达担任太子的教育工作。曹爽虽然握有政权，但心中依然感到不安，于是利用与自己同派系的李胜前往故乡荆州当刺史的机会，到仲达那儿假借临行前问候的名义探一探仲达的虚实。当时的仲达已经七十岁了。李胜探问司马仲达的时候，仲达是在两名侍女的搀扶下一跛一跛地走出来的。他衣着不整，嘴角流着口水。仲达指着自己的嘴巴说:"口好干。"侍女捧一碗米汤让仲达喝,仲达却喝得七零八落,似乎是个完全不能自理的人。

李胜看到这样的情景就说:"听说你中风了,但没想到有这么利害。"过了一会儿,李胜又道:"实在太惨了。""对了,你要到并州吗?""不是的,我要到本州(即出生之州,故乡的意思)的荆州。"李胜回答。"本"与"并"发音相似。李胜认为仲达老迈听错,便当即断定仲达再也没有昔日的那种叱咤三军的气概了。李胜辞别仲达府邸,马上去见曹爽,将所见所闻一五一十向曹爽报告,两人都认为仲达已经老迈而大为安心。李胜离开仲达之后,仲达甩开两个侍女,挺起胸膛,理好衣服,喃喃自语道:"那个傻瓜完完全全被我瞒过去了。"仲达随即着手进行搞垮曹爽的策略。后来打倒曹爽,将其诛杀,独专政权。再往后,仲达的孙子代魏称帝,建立晋朝,因他为子孙统一霸业打下的基础,追尊他为"宣帝"。

二、无孔不入者坚——见风使舵,县令巧断案

巽为风,风因无孔不入而无所不至,也因善于随机应变而遍及四方,这就是"柔弱者坚强"的另一种表现形式。

《西游记》第七回"八卦炉中逃大圣,五行山下定心猿"中讲道:"那老君到兜率宫,将大圣解去绳索,放了穿琵琶骨之器,推入八卦炉中,命看炉的道人、架火的童子,将火扇起锻炼。原来那炉是乾、坎、艮、震、巽、离、坤、兑八卦。他即将身钻在巽宫位下。巽乃风也,有风则无火。只是风搅得烟来,把一双眼熏红了,弄做个老害病眼,故唤作'火眼金睛'。真是光阴迅速,不觉七七四十九日,老君的火候俱全。忽一日,开炉取丹,那大圣双手捂着眼,正自揉搓流涕,只听得炉头声响。猛睁眼看见光明,他就忍不住,将身一纵,跳出丹炉,呼啦一声,蹬倒八卦炉,往外就走……"

由此可见,孙悟空练就"火眼金睛"是他"见风使舵"的结果,而下面故事中的孙知县,从原告想自杀想到令其假死巧断奇案,也属"见风转舵"的一种特殊应用,很值

得我们借鉴、学习。

清朝时，合肥县刘某之女小娇先后许给三家：一个武官的儿子、一个商人、一个小财主。三家人为娶小娇，互不相让，告到了县衙。孙知县受理"争妻"案后，思索再三方才理出一个头绪，于是宣布开庭审案。武官的儿子申诉说："小娇是自幼由父母做主许配给我的，理应我娶。"商人说："你一走十多年，没有音讯，小娇的父亲死了，小娇的母亲才把小娇许配给我，理应我娶。"小财主说："你去经商，一走二年，连个话也没捎回来，小娇已一十八岁，不能在家久等，我已送了聘礼，理应我娶小娇。"

于是，孙知县就让小娇从中挑选一个。小娇含羞低头，一言不发。孙知县连连逼问，小娇又羞又恨，一气之下喊道："我想死！"孙知县一拍惊堂木道："一女嫁三夫，古来未有，看来此案只有如此，方可了结！来人！拿毒酒来！"一个差役应声走到孙知县面前，孙知县写下一张字据，命差役去库房中取毒酒。差役将"毒酒"取来，小娇捧起毒酒喝下肚去，不一会儿直挺挺地躺倒在地上。孙知县对堂下的三个男人说："你们谁要此女，就把她拉走！"三个男人你看我，我看你，都不开口。最后还是武官的儿子走上前去背起地上的"死尸"，大步走出公堂。

武官的儿子背着小娇回到客店，忽然发现小娇还有一口气，于是把小娇放到床上，守候在床边，当天晚上，小娇醒来，恢复如初，两人遂结为夫妻。原来，孙知县在字据上写的几个字是：取麻药酒。孙知县见风转舵或曰见缝插针，以此"迂回"之计，终于使这一棘手的"争妻"案得以完美解决。

万物生长靠太阳

离卦，为日、为火、为燃烧之象。

太阳能够给予我们光和热，因为太阳内部有产生核反应的物质，和外部拥有让它核裂变的空间。同理，物体燃烧能放出光和热，也需要内部物质（木柴、煤炭等燃料）和外部空间（空气、氧气等）。任何成就都是连续奋斗的结果，奋斗的过程需要能量的不断补充，这种类似光和热的能量之来源，需要通过内部（物质）和外部（环境）两种方式来解决。

一、内部（物质）——需要是动力的源泉，信心是胜利的保障

四川边境有两个和尚，一个穷，一个富。穷和尚对富和尚说："我想到南海去，你看，怎么样？"富和尚说："那么，你依靠什么去呀！"穷和尚说："我有一个水瓶、一只饭碗就足够了。"富和尚说："我多年来就想买条船下南海去，至今尚未如愿，你仅靠这些能去得了吗？"过了一年，穷和尚从南海回来了，告诉了富和尚，富和尚听后，颇感惭愧。从西蜀到南海，不知有几千里远，富和尚不能去，而穷和尚却去了。（清·彭端淑《白鹤堂诗又集·为学》）

环境的好坏不是事业成功与否的决定因素。意志坚定、不怕任何艰难险阻的精神力量，即内在因素才是取胜的根本。然而，毅力和信心不是我们说有就有的，有时候我们对一件事情却怎么也产生不了完成的信心，更无法坚持多久；而换一件事却信心百倍，且很容易坚持做下去，这就与我们是否想（适合）做这件事有关。假如穷和尚不是"想去南海看看"，他又怎么能信心百倍，坚持到最后胜利吗？

二、外部（环境）——目标是毅力的来源，激励是成功的风帆

1952年7月4日清晨，加利福尼亚海岸笼罩在浓雾中。在海岸以西21英里的卡塔林纳岛上，一个34岁的查德威克涉水下到太平洋中，开始向加州海岸游来。15个钟头之后，她又累，又冻得发麻。她知道自己不能再游了，就叫人拉她上船。她的母亲和教练在另一条船上，他们都告诉她海岸很近了，叫她不要放弃。但她朝加州海岸望去，除了浓雾什么也看不到。她又游了几十分钟，实在感觉无法再坚持了，人们这才把她拉上船。她渐渐地觉得暖和多了，开始感到失败的打击，于是不假思索地对记者说："说实在的，我不是为自己找借口，如果当时能看到陆地，也许我能坚持下来。"她说得没错，令她这次半途而废的不是疲劳，也不是寒冷，而是在浓雾中看不见目标，因为拉她上船的地点离加州海岸只有半英里。两个月后，她成功地游过了这一海峡，成为游过这一海峡的第一个女性，且比男子的纪录还快大约两个

钟头。

在艰难中跋涉，有无信心克服困难至关重要，而要战胜困难，彼岸（目标）的作用不可忽视，目标不只是界定追求的最后结果，也是催人奋进的强大动力，查德威克小姐横渡卡塔林纳海峡的失败与成功，就是最好的例证。

大江东去浪淘尽

坎卦，为水、为江河，象征危险和陷阱。

世间处处多陷阱，没有不历尽坎坷的成功，大江东去，浪涛尽、千古风流人物。自古，"危""机"并存，只有那些善于保全自己的英雄，才会笑到最后，这就是坎卦给我们的启示。

一、保全自己——多挖洞，孟尝君不败的奥秘

战国时代，有一次，齐国的孟尝君派他的食客冯谖（一说为冯獾）到封地薛收取租金、贷放的贷款。冯谖临行出发时问孟尝君："收完帐之后，究竟买些什么东西回来比较合适呢？""怎么都可以，只要是我们没有的东西都可以买。"孟尝君说。冯谖抵达薛地，付得起的人就收，付不起的人就免掉租金，并将契据全部烧毁。人们高呼"孟尝君万岁"，发誓效忠到底。冯谖办完事回来对孟尝君回报说："我买了我们没有的东西——'义'回来了。"然后把经过的情形一一叙述一遍。孟尝君先是吃惊，继而则发怒，但已无可挽回，也就罢了。一年后，孟尝君被齐王免掉宰相的职位，失意地返回封地，令他吃惊的是，封地的老百姓都在道路两旁列队欢迎他归来。"如今我总算明白冯谖所谓买'义'回来的苦心了"，并向冯谖表示感谢和歉意。冯谖说："聪明的兔子拥有三个洞，以确保自己的安全。你现在只有一个洞，还得赶快再挖两个。"

冯谖连忙去游说秦昭襄王（一说为魏惠王），阐明聘请孟尝君的时机和利害。于是秦王随即派出使者带着重礼打算聘请孟尝君，这个消息也被齐王耳闻到了，齐王就连忙派出特使把孟尝君请回去，再度让他担任宰相之职。

冯谖这时又向孟尝君进言道："请你要求齐王把先王的宗庙建于薛（因为有先王的宗庙在此，君王就

不敢来进攻以便背上破坏宗庙的罪名)。"齐王答应了这一要求。冯谖便对孟尝君说："这样一来就有齐、秦、薛三个洞了。你今后就可以高枕无忧了。"由于这个原因，孟尝君到死都安泰无事。

有"三个洞"，就等于拥有三个实力据点，其中任何两个据点的实力对于上司都存在一种威胁力量，这是多挖洞的奥秘之一；其二是，天有不测风云，人有旦夕祸福，万一有什么突变事故，就不会惊惶失措。

二、柔克刚——不把事情做绝，司马仲达笑在最后

三国时，蜀国的诸葛亮与魏国司马仲达在五丈原对峙时，无论孔明如何诱战，仲达就是不肯出战。当时孔明赠送女用服饰品羞辱仲达"不是男子汉"，甚至连仲达的部下也说"公甚恐孔明"，他还是不应战。后来孔明死在军中，蜀军无奈回撤。仲达得知孔明已死，就命将兵追击撤退的蜀军，但看见蜀军车上的孔明木像，仲达连忙下令退兵。这件事被后人嘲笑说："死孔明吓走活仲达"。其实，他知道孔明已死，车上的孔明只是木像而已，但他假装误认孔明在世而退兵。他之所以没有追击孔明并歼灭蜀军，乃是为了保身的缘故，也是人生仕途经验的心得。

他打仗时不可得到压倒性的胜利，只打小赢的仗，尽量使朝廷对他的警戒之心有所放松，不把他看作是"那么可怕的人物"；另一方面，打仗时他总是留下一些敌人，既然有敌人，那么军人地位就安稳了，如果没有敌人，那等待他的将是汉朝的韩信的命运："狡兔死，走狗烹"。班师回国时，他不回都城洛阳而留在途中的长安，这也是为了保身，因为他认为拥有大军进京将会给自己带来不利。

俗话说，"看谁笑到最后"。虽然司马仲达一时为天下人嘲笑，但到最后，他反过来笑天下的人。三国时期的风云人物：曹操、孙权、刘备，包括诸葛亮在内，虽名噪天下，但都没有如愿以偿地统一天下。出乎人们的意料，却也是情理之中的，统一大业却落在司马仲达之手，这很值得欲成大业者深思。

无限风光在险峰

艮卦，艮为山、为止，象征攀登

的要领。

"山重水复疑无路，柳暗花明又一村"，是说攀登高山要有信心。人生就是不断攀登的过程，因为我们相信"无限风光在险峰"；成就事业犹如跳高运动，最后必然以失败而告终。学会另辟新径，同时趁天黑之前下山，这就是艮卦给有志攀登者的提醒。

一、世上无难事，只要肯登攀——另辟新径，苏秦合纵成功

据《战国策》记载：苏秦用连横的主张去游说秦惠王，他的奏章上了十次都没有被秦王采纳，身上的黑貂皮袍子穿破了，带的费用都花光了，资材用品没有来源，只有一副惭愧、憔悴的模样，怏怏而归老家洛阳。回到家里，妻子不迎接他，嫂子不给他做饭，父母不同他说话，那境地十分凄惨。但是，苏秦并不因连秦失败及其亲人对他的冷漠而气馁，他发奋读书，找到了姜太公所著的《阴符》兵法书，发奋攻读起来。他每天诵读《阴符》，用心研究揣摩其中的谋略。大约花了一年的功夫，终于得其要领，于是放弃连横而采取合纵的主张去游说六国联合抗秦。他先是步入燕、韩之地，又游说赵王、赵王十分高兴，授予宰相印，兵车一百辆，锦绣一千捆，白色玉璧一百对，金币二十万两，车队尾随他后面，到各国去约定合纵，拆散连横，以此压制强秦。于是，他先后游说了赵、燕、韩、魏、齐、楚等六国。

……苏秦游说六国后，达成了六国南北联合，他便成了合纵盟约的领导人，同时成为六国的宰相。苏秦回到赵国后，赵肃侯封他为武安君。自此，广大的天下，众多的百姓，威严的王侯，掌权的谋臣，都要取决于苏秦的谋划。于是，他将六国合纵的事向秦国宣布。秦兵十五年之久，不敢窥视函谷关。

二、上山容易，下山难——趁天黑之前下山，李夫人将芳华永驻武帝心田

汉武帝时，有一个宦官叫李延年，特别擅长舞伎音乐，深得武帝宠爱。后来他借机将自己的漂亮妹妹介绍给汉武帝，武帝被李女的美艳征服，立她为李夫人，深得宠爱，生有一男，从此以后，李氏家族接

二连三地出现在朝政上，而这个结果在下面一场表演之后，更为显赫。

李夫人明白自己是以女人的美貌博得武帝的宠爱，此后家族能否继续这样显赫，取决于武帝是否能不忘她的故情。故而在其病危期间，无论武帝如何恳求，李夫人执意不肯与他正式相见，武帝无可奈何地离开了。事后，李夫人的姐姐责怪李夫人道："为了和皇上约定家人的未来，怎能以这样冷漠的态度对待皇上呢？"李夫人说："我是故意这样做的，我是以美貌服侍皇上的。如今皇上若看到我的病容，一定因色衰而爱弛，爱弛则恩绝。皇上之所以对我依然念念不忘，凭的就是我的昔日的美丽、现在我因病久寝，容貌憔悴，不再有过去的美艳了，皇上见后一定会嫌弃，进而抛弃我，怎么还可能对我的家人加以照顾呢？"

李夫人就本着这种信念死也不见武帝，死后她的兄弟都获得了高官显爵。而始终思念李夫人不已的武帝，将她的容貌画在屏风上，在甘泉宫不断思念着她。武帝死后，大将军霍光体谅武帝的心意，将他们合葬，并追溢李夫人为孝武皇后。

李夫人不愧为一位实用唯上的心理学家，她的这种爱情心理战术，表演得何等出色。花容月貌总有衰朽的时候，濒临衰朽之际，也就是红灯显示之时，赶紧刹车，以免被撞翻的危险。

气蒸云梦泽，波撼岳阳城

兑卦，兑为喜悦，又为毁折；既寓意着享受，又象征着失败。气蒸云梦泽，波撼岳阳城。犹如湖泽带给我们万千气象时，也将忧患带给我们一样。成功的喜悦与失败的遗憾，总是交互出现在我们的人生旅途。

"人生追求的目的有二：一是得到想要的，一是享受拥有的。可惜往往只有最聪明的人才能达到第二个目的。"（史密斯）

追求想要的东西和享受拥有的，是两件截然不同的事，但我们经常把二者搞混。很多人不但追求想要的东西，更把追求的过程视为一种享受。也就是说，人们把目的和手段混为一谈。当然，只为目的而不择手段，会使人破产。随着年龄的增长，使我们懂得后者才具有人生的大智慧。

一、享受现在——渔民优哉游哉

碧绿的大海边，金黄色沙滩上，躺着一个衣着寒碜的渔民，在晒太阳、闭目养神。一个旅游者走来，很为渔民惋惜。在得知渔夫身体没病、天气又非常适合打鱼之后，便问："那么，您为什么不出海呢？""早上，我已经出过海了。""捕得鱼多吗？""不少。起码够我今天吃的了。"游客十分冲动："想想看，如果您今天第二次、第三次甚至第四次出海，您就可以捕到多得多的鱼！那么，一年后，您就可以买一台发动机！两年后您将买一条机动渔船！您可以建冷藏库、熏鱼厂、海鱼腌制厂！……您将能驾驶直升飞机追踪鱼群，用无线电指挥您的船队！您就会捕到更多的鱼！""然后，怎么样呢？"渔夫问。"然后，您就可以优哉游哉地坐在码头上，在温暖的阳光下闭目养神，要不就轻松愉快地眺望那碧绿的大海！"游客兴高采烈地说。"可是，现在我已经这样了——我本来就在这儿闭目养神、眺望大海、优哉游哉——只是因为你的打扰，才……"渔夫打了个哈欠，把头转向了另一边。

二、《老人与海》的成功——失败者的快乐

《老人与海》是一部相当精彩的小说，搬上银幕之后，老人的形象更加栩栩如生。主人公桑提亚哥是个辛勤劳苦、饱经沧桑的贫苦渔民，是生活中不幸的失败者。他出海捕鱼八十四天仍一无所获。经过三天三夜的奋斗终于捕得了一条大鱼，又在回来的途中被鲨鱼吃得精光，返港时只剩下了一副骨架。在同大自然的斗争中，桑提亚哥是失败了，但是，他在精神上却始终是个强者，尽管连遭失败仍不气馁，从不抱怨生活对他的残酷和不公正，更不乞求别人的怜悯和同情。他具有顽强不屈的意志、坚忍不拔的毅力和勇于拼杀、蔑视痛苦、死亡的非凡品质。桑提亚哥是坚强和勇气的化身，他总是一个人在茫茫无际的大海上孤零零地战斗。他虽然战败了，但他很快就振作起来，准备投入新的战斗。他渴望战斗，甚至在梦里也梦见"狮子"，充分显示了他对胜利与未来的热烈向往。他作为老人，深知自己失败的必然，但仍能保持乐观主义精神。在同大自然的搏斗中，他深感一个人孤军奋战是势单力薄的，也很想呼唤着同伴的支援，然而，他始终未能得到这种援助，这在老人来说，又是可悲的。他虽然是个普通的渔民，但他的形象却是勇敢和坚毅的精神力量的象征。

故事中的"老人"与大自然搏斗，这是一场没有胜负的战斗。在他与大海和怪鱼搏斗中，很难分辨谁胜谁负。老人获得的只有疲倦，他回到海边上屋里大睡一觉。所以海明威说"人不是为失败而活"。但是，人也不是为胜利而活，人是为了全力战斗而活。

第二篇　做人智慧

《周易》是圣人神与物游，神交天地的学问。正因为幽深，所以可以解释天下人的心志；正因为玄妙，所以可以成就一切事务；正因为神奇，所以没有效率却有无往而不达的效率。

《明贤集》有句话："但行好事莫问前程"，易学有句话："善筮者不占"，孔子认为善学易的人是不必去用它占筮的，言外之意是用它来指导自己加强个人道德修养。占卜是为了掌握客观规律，在主观上如何努力，变不利为有利，不是要你凭侥幸抱幻想，十年学易终于使我懂得了这个道理。

易经六十四卦，是人生处世哲学精辟论述。《风火家人》是女人卦，上九爻辞吉，以诚信治家终归吉利；《雷水解》，上六爻辞吉，冤仇宜解不宜结；《山泽损》上九爻辞吉，牺牲自己成全他人，终会有满意收获；《地山谦》上六爻辞吉，谦虚和蔼处处受人尊敬，正义之师战无不胜。坏的东西可引出好的结果，坏卦到上六爻而变好。

所以君子将有所作为则必问易，于是他便得到一个说法，有一个指引，于是安然无恙地走近未来。也有事与愿违。这里错误的只是人的判断、决策，而不是易中的智能。因为，易只指方向，只指道路，但道路、方向本身不是成功。一切都在时空中，路还得靠自己走，走快走慢，和谁一起走，路也要开岔，取舍即有吉凶成败，易不能告诉人所有，全在自己把握。

所以，应当这样说，阴阳交错变化，数字错综推演，正如世事如棋，人心似海，这就是变化。知道变化，便可读易经，便可用易经，也便知人事，亦可于此世界安身立命。

胸怀有多大成就就有多大

原文：地势坤，君子以厚德载物。

释义：大地的气势厚实和顺，君子应增厚美德，容载万物。

释例：《周易》的坤卦里说："象曰：地势坤，君子以厚德载物。"

有一个电视栏目，好像叫"成功人士谈成功"吧，一位台湾来上海做生意的女士，曾谈到成功的"三本"：本钱、本事和本人到场。

这"三本"是指生意而言。所以，第一本就是本钱，然后才是本事和本人到场。

这是个人的生活体验。但从《周易》的层面上理解，这"三本"确实也谈到了一些人生成功的要素。

一个人，无论他从事什么样的职业或工作，这本钱是不可缺少的。

本钱对于不同的工作，不同的环境，不同的对象，有不同的理解和要求。老板需要一些雇员下河捞沙，雇员最大的本钱是身体强壮，适合在水里长时间浸泡。老板需要一位柜台收银员，这位收银员最大的本钱应该是诚实、厚道，而不在于会算、小心。会算、小心也重要，但它仅仅是基本本钱，而不是最大本钱。老板如果需要推销员的话，那么勤快，能说会道，是最大的本钱。

如果人生是一场拼搏，是一场"生意"，那么，你有什么样的本钱，就应该做什么样的生意。这是成功的第一要诀。

《周易》全书六十四卦，几乎都在强调人的"本钱"的积累。这个本钱，是指道德与精神。

《周易》是一本说"变"的书。变是天道，变是永远。不变是暂时。所以，《周易》认为，什么事都可以变化，并且可以预测（或者说预知）。如果有不能预知（预测）的，那么就是客观太强大，事情太糟糕。这样的情势，就是我们一般人常说的"想都没有办法想"。另外一种情形就是，你这个人用心太坏，太险恶，所以事情不能预测。即使能预测结果，也是不准的，因为你有悖天理人情。《周易》讲究因果关系，讲究"正"。如果你不中不正，老天也帮不上你的忙。

《周易》中有一个著名的故事，说明假如你不中不正，占卜有结果也没有用处。一位王母与奸夫一起，为了窃国陷害天子，结果事情败露。她去占卜，得了一卦，卦师告诉她：可以走。还是吉。但王母自己都知道死期已到，不会脱身走得了的。她说：像我这样不忠不贞的人，做了这样不中不正的事，即使得了好卦，有了指点，也不会逃脱得了。此事不可占也！

由此，君子应当效法大地，以宽厚的德行，负载万物。做人首先要宽厚为怀。这是基础。

坤卦的第二爻辞说："直、方、大，不习无不利。"古代有一个说法：天圆地方。所以《周易》教导人，只要你像大地一样坦荡，一样笔直，又极为广大，如果你具有了"直""方""大"这样的德行（或者说底蕴），不需要学习，也不会不利。

这里强调了厚德的基本原则是，直率、方正、宽大。正直、端正、广大，具备这样的品质，即使不学习也不会有什么不利。

直，是公正无私的正直；方，是处世果断有方的才干；大，是宽大为怀的气量。这是每一个人处世必须具备的人格魅力。

拿破仑手下一位将军在一次军官会议上说：

在很短的期间内，你们之中的每一个人都将控制另外某些人的生命。你们将领导一些忠于国家但未经训练的公民，他们将接受你的指挥与领导。你所说的话就是他们的法律。你随口说出的每一句话都被他们铭记在心。你的态度将被模仿。你的服装、你的举止、你的言谈、你的指挥态度，都将被模仿。

当你加入你的部队时，你将发现，有这么一群人，他们对你并无所求，只希望你能表现出一些才能，获得他们的尊敬、效忠与服从。他们已准备妥当，急于追随你，只要你能使他们相信你具有这些才能。当他们认为你并未拥有这些才能时，你最好自己挥手道别吧。你在那个部队中已经没有任何用处了。

从社会观点来看，这个世界也许可分为领袖与追随者两部分。各行各业有他们的领袖，金融世界有他们的领袖，在所有这些领导阶层中，很难（如果不是不可能的话）分辨出纯粹的领导才能以及个人成就的自私因素，没有了这些，任何领导能力都失去了它的价值。

只有在军队方面，我们才能盼望领导者表现出最高尚、最公正的态度，因为，在军中，人们愿意为了信仰而毫不犹豫地牺牲生命，为了正义或阻止错误而愿意受苦或死亡。因此，当我说到领导才能时，我是指军事领导才能而言。

几天之后，你们之中的大多数人都将接受委任，出任军官。这些委任令不会使你成为领袖，它们只能让你当一名军官。它们将把你安置在一个位置上，只要你拥有正确的品行，你将在这个位置上成为一名领袖。但你一定要善待他人，而且要多多善待你属下的人，而不是去巴结你的上司。

我们在读这段演讲时，也许不以为然，因为这是一位早已过时的、不知名的将军的演讲，是与现代社会有着很大距离的文化背景和时代背景下的即兴表述。

可是我们要知道一位正直、有才干、有心量的人，实际上就要具备指挥将士们冲锋陷阵的大将处世风度。这种风度正是"直、方、大"综合品质的凝结和发散。有了这种处世风度，不需要你亲自上前线，仗一定能打赢的，这就是"不习，无不利"的秘诀。

广大，必然存在了包容。

像大地一样，容得下千奇百怪，容得下万事万物。

大地既容得下天丽日艳，也容得下狂风大作；既容得下百花争艳，也容得下秋风萧瑟；既容得下春风得意，也容得下人生三九……

宽容，就会博大，就会丰富，就会轮回，就会长久。

宽容，也必定包含着正直。一个人自己不正直，无法做到宽容。

没有正直和正义之心、之行，就不会高屋建瓴；不高屋建瓴，就不能有大的胸襟和胸怀，去包容万物万事。

《左传》说了一个故事。有一个叫南蒯的人，羽翼丰满了就想谋反。你说这种人能宽容人么？他想起事，还占了一卦，刚好是坤卦的"六五"爻。爻辞说："黄裳，元吉。"春秋战国时期，盛行"东、南、中、西、北"的说法，中代表黄色。

皇帝的衣服为什么要用黄色就是从这里来的，黄色代表"中"，代表"中心"。那"黄裳，元吉"就是说，有成功的可能，有取代中心的意象，爻辞又明显说"元吉"，于是他就非常高兴，摩拳擦掌。但子服惠伯规劝他说："忠信的事，则可；不然必败。"接着，给他解释：黄是中色，裳是下饰。你要得到元吉，必须谦逊，藏好自己的文韬武略。什么叫黄裳呢？最初的说法是，士以上身份的人穿黄色的裤子，上身穿黑色的礼服，礼服很长，罩着黄裤子，只露出一点文采，象征着一个人的美德。

只要你能够宽容，一般来说，会成功。

按照《周易》的说法，直即正，方指义。如果一个人能够以敬畏和谨惧的态度，使内心正直，又能以正义的准则作为自己外在的行为规范，他的德行就不会孤立。如果不孤立，得到大家的拥护，离成功还远吗？

宽容的表现，有一大特色就是温和，温柔。

《周易》的作用，完全在阴阳。阴阳生八卦。孔子说：进入《周易》，有一个门。这个门就是阴和阳。

《周易》里所指的"温柔"，有三层意思。温柔是一种美德，但首先要储蓄隐藏，这温柔是天成自然，不是做给别人看的，不是表面功夫；第二层意思是有功不自恃，好比大地生育万物却归功于天，归功于太阳（过去常说"万物生长靠太阳"，其实首先靠地，没有太阳可以用灯光照耀代替，但那个说法是一个传统的说法，一个谦恭的说法）；第三层意思是服从，因为按照《周易》的说法，温柔属阴，阴指地，指臣，指妻（相反，阳指天，指王，指夫），温柔就要有大地的原则，为臣的原则，为妻的原则。

针尖对麦芒，不是温柔。绵里藏针，也不是温柔。

温柔，不仅仅是一种态度，还包括人生价值的取向。

有天地，然后有万物；有万物，然后有男女；有男女，然后有夫妇；有夫妇，然后有父子；有父子，然后有君臣；有君臣，然后有上下；有上下，然后礼仪有所错。

知天地、万物、男女、夫妇、父子、君臣、上下，然后懂礼仪。有了礼仪，才知宽容。

宽容既是立身之本，也是创业的艺术。

每个人都会有不如意，每个人都会有失败，当你的面前遇到了倾全力但仍难以逾越的屏障时，请别忘了：生活需要宽容。

宽容意味着给予，给予别人能使自己变得更加丰富。刻薄意味着摄取，摄取得再多也容易干涸。宽容是有力量的表现，而刻薄却是力量不足的流露。

宽容是人类情感中最重要的一部分，这种情感能融化心头的冰霜，驱散眉宇的荫翳，焕发出重整旗鼓的力量，使你留得青山，可图再起。

宽容是一种无声的教育，"惟宽可以得人"，宽容最终将使伤害你的人情愿或不情愿地走向道德法庭的被告席位，或者受到这宽容的巨大感召，放弃伤害，归顺于美好的人际中来。

宽容是人类性情的空间，这个空间愈大，你的情绪就会有转折的余地，就愈加不会大动肝火，纠缠于鸡虫之争；宽容别人，给别人留条后路，别人才会报之以宽容，这也为自己留下了余地；从某种意义上说，宽容别人也是宽容自己，保护自己。给别人留一些空间，你自己将得到一片蓝天；一个宽容的人，到处可以契机应缘，和谐圆满，微笑着对待人生。正所谓："退一步海阔天空。"

宽容是心境，是涵养，是境界；它是处世的经验，待人的艺术，为人的胸怀。

失败时，多一分宽容，停止对自己的申诉，驱散"一朝被蛇咬，十年怕井绳"的阴影，心中就会少一分懊悔，少一分沮丧，就有了"胜败乃兵家常事"和"尽心焉而已"的自慰，就能在心底扶起一个坚强的我。

人人多一分宽容，人类就会多一分理解，多一分真善，多一分珍重与美好，生活中的酸甜苦辣也将化作五彩的乐章。

触摸一脉黄土，就感受到整个中国地气的淳淳；脚踩一方空间，就感受到所有炎黄子孙的宽容。人生应厚似黄土，深似空间，屡历苦难而不萎，荣宠而不惊，那是人得境界的。

无论何时都要站得正，行得正

原文：辨吉凶者存乎辞。

释义："辨吉凶者存乎辞"，什么是吉凶悔吝？"存乎辞"，吉凶悔吝在于各人的观念，各人的看法。"忧悔吝者存乎介"，这是说卜到悔吝卦的时候，忧虞到悔吝，就要独立而不移，下定决心，绝对要站得稳，端端正正。即使到了倒霉的时候，自己能站得正，行得正，一切都可以改变。

释例：有个人非常贫穷，无以自立，但志行高洁，从不做非法、非礼的事。因家里实在太穷，无法生活，他就去给一些商人当仆人。

这些商人带着这个穷人，一齐入海采宝。他们采到了不少宝贝便张帆返航但是到半路不知怎么船停了下来无论怎么划桨也无法让船前进半步。

所有商人无不惊恐万状，知道是因为采宝而得罪了海神，海神来惩罚自己了。于是连忙跪下祈祷，请海神放他们一条生路。

而那个穷人，因为自己平生不做亏心事，所以没有参与他们的祈祷。

船之所以开不动，果然是因为海神作怪。海神有心想惩罚这些亵渎了自己的商人，但船上的这个穷人可是好人，不应连累他。他想来想去整整想了七天，终于想出一条妙计。

海神想："让我考验一下这些商人吧！如果他们经得起考验我就饶恕他们；如果他们经不起考验，那我施行惩罚时，也不会连累了那个穷人。"

船在海上整整停了七天，一动也不能动，商人们都急坏了。

第七天夜里，一个商人做了个梦，梦见海神对他说：只要你们把船上的这个穷人送给我当牺牲品我就放你们走。

他醒来之后，把这个梦告诉了其他人。

他们正秘密商议如何处置时，穷人知道了这件事。

穷人慨然说："好吧！就让我做海神的牺牲品吧！不要因为我一人，而连累你们大家。"

商人们一听穷人自愿牺牲，高兴极了，因为这样便少了许多麻烦。他们扎了小木筏，在木筏上放了些水和粮食，让穷人上了木筏之后，就扬长而去。

海神见到这情况便卷起一股大浪把商人们的船打翻使他们个个葬身鱼腹。同时，又吹起一股顺风，把穷人的木筏直送到岸边。

穷人就这样安全地回到家乡，与妻儿团聚。

你有你爱做的事，才能使你更有魅力，你爱做的事和做事的风格能体现你的个性，你个性决定了你的创造力。随波逐流的人仅能制造与别人重复的东西。所以，你要创造，就要选择你爱的事做。你爱做的事也许不会带给你很多钱，但你依然会得到幸福和自由。人生有两条路，一是为了大富大贵而不择手段，一是做你爱做的事。前者可遇不可求，后者是你无悔的选择。

人有本能、聪明和直觉。在学会聪明之前，本能得到充分的发挥。本能不需清醒。读书学习是一种教育，目的是让人聪明，遏制或控制本能。聪明需要清醒。直觉是不经思考的判断力，是一种超越聪明的本能反应。直觉是在本能得到充分清醒地发挥，又在完全清醒的丧失后的聪明。

得到所求是你个性的实现，你所实现的也仅有你潜力的极少部分，而且你的人生经历显现出的又只有其中的极少部分。不求尽善尽美，只图人格的完整。让人接受你的风格，而非让人根据你一时的失误来评价和判断你的价值。展现你的亮点并不断地提高你技艺，使你做得更好。

富贵从来都是梦，未有圣贤不读书。一生有太多的是不能控制和改变，但你可以控制和改变自己。改变不良习惯，培养良好性格，坚持学习新鲜事物，顺境节制，逆境坚韧，必能达到穷则善己达则济世的人生理想。

现代化高节奏所伴生的优胜劣汰、适者生存以及随之而来的工作、生活、事业、爱情……的压力已使都市的人们不堪重负。人与人之间关系的复杂化却更似一道无形的精神锁链，扼杀与噬咬着那原本纯朴、善良、闪耀着自然人性光辉的心。

于是乎，一种种圆滑的处世技巧，一本本阐述人际关系的书便如蝇返臭，应运而生，成为人们街谈巷议追求模仿的对象。这个城市也因此多了一份尔虞我诈与勾心斗角，人们生活在一个岌岌可危、四面楚歌、人情冷漠的氛围中。久违了那人间的真善美，久违了那失却的伊甸园，久违了那份纯真与朴素。

人，似乎总要有失去的那一天才知道去珍惜，似乎总要在自我的麻烦、自设的障碍中撞得头破血流、遍体鳞伤，才懂得去珍藏那份至真主纯的感情——纯朴。

纯朴，是一种人生涵养的高境界，是一道亮丽的风景线，是一种超脱和对生命本质的最好诠释。曾几何时，当这个时代的一夜情、包二奶……等病态的潮流使城市变得不再纯洁时，纯朴，就像一支空气清新剂，一味良药，净化和医治着这个创伤的城市与人群。纯朴，又如一道生命的丰碑，永远镌刻着大海般宽容博大的胸襟。

纯朴，就是永远远离矫揉造作与虚情假意。它是一个人涵养与人品的体现，是一份善良与率直的无私的心，天真而不受物欲所蒙蔽。坦坦荡荡、光明磊落，宽容地去接纳所有的人和事。置身这陌生的都市，伴随着霓虹灯动荡闪烁的光影，纯朴，是人生旅途上一声温暖热情的问候，是一份无私的帮助。它，让心灵的沙漠变成水草肥美的绿洲，让人间充满关爱。这纯真的爱，将伴随着善良的我们走过一个又一个阳光明媚的日子，一个又一个春花烂漫的美好年华……

纯朴，不是叫我们一味地专逃避与躲藏现实，而是一种处变不惊与对人生的不懈追求与挑战。当命运之神不再垂青，当噩运像那频繁造访的不速之客时时光临，纯朴，就是坦然地去面对，不做无谓的逃避，勇敢地去直视生，不卑不亢处世；春风得意之时，能洁身自好，虽身居闹市，而能不迷失于纸醉金迷，保持纯真率直的个性。到"富贵不淫贫贱不移"。纯朴，更是一座大山，教人信赖，让人依靠。

如果说处世真有什么技巧可言的话，那么，纯朴，则是最高的人生智能，是一种大写的人生。

懂得谨慎反省与改正错误

原文：震无咎者存乎悔。

释义："震无咎者存乎悔"，无咎就是善补过也。人生没有绝对自己不错的，只要知道忏悔，忏悔的结果就是要补过。

释例："吉凶者，言乎其失得也。悔吝者，言乎其小疵也。无咎者，善补过也。"无咎，就是"没有毛病"，但并不等于"好"，而是在进退之间要注意。换言之，"无咎"是没有大错误。从这里可以看到《周易》的哲学，一个人到了平安无事的时候，这情形又怎样？

孔子说"善补过也"，要特别小心，人不会没有错，随时有错，善于反省自己的错误，加以改正，就是真正到了无咎的时候。因此我们做事业要尽量地谦虚，倘自认绝对没有毛病，这是靠不住的，天下事没有这么好的。"善补过也"还是好好的，懂得小心谨慎反省与改正错误，这是最高的哲学。

益（风雷益），卦辞讲：风雷，益；君子见善则迁，有过则改。

改正错误、修理缺点要坚决果断，雷厉风行。这也是检验人有没有修道的诚心的方法。有了错误不立即去改正，反而借故拖延，找借口掩饰，那一定不是道心高强的人。

孔子云："见贤思齐，见不贤而内自省也。"不断地向比自己德行高的人学习才能增益道德，提高道德水平。故曰：益，德之裕也。

同时一定要有自省的精神，要有改过的精神。《论语学而篇》中孔子的门徒曾参讲："吾日三省吾身：为人谋而不忠乎？与朋友交而不信乎？传不习乎？"

有过则改才可以增益道德，提

高修行水平。故曰：益，以兴利？

古人讲："人非草木，孰能无过，过而改之，善莫大焉。"这就是说，人生活在社会当中，会有各种各样的过错，但知错能改不是很好吗！

记得有一位学生问过我，他说，古人一日三省，请教我可曾一日三省？我回答他说，现在是速度革命时代，一天只有早上、中午、晚上才反省一次怎么够，而是要具有高敏感度，时时刻刻都要能自我反省才对。

曾经有座宝藏，非常隐蔽，谁能得到它，就能得到永久的幸福，许多的英雄好汉都为去寻找它而付出了惨痛的代价。终有一天，有位绝世高手击败所有的人而寻到它，当它打开华丽的锦盒，看到里面躺着的却是一面镜子，顿时大彻大悟才真正理解幸福的涵义。每个爱美的人都喜欢照镜子，而照镜子的目的是为了找出不足之处，从而加以修正，来完善自己。反之，如果只看见自己的长处和优点，也就失去了照镜子的意义。生活亦如此，当人生得意之时，沾沾自喜，孤芳自赏，沉浸在自我陶醉之中，忘却了自己的不足，此时，自己的缺点，展露无遗，毫无知觉，快乐和幸福会长久吗？

给自己一面心灵的镜子，时时为自己照一照，提醒自己，让自己有先知先觉，及时发现自己的短处。人难免会有过失，但只要及时发现，从而下定决心及时改正，亡羊补牢，为时不晚，人生的道路才会走得踏实，一帆风顺。

出错是经常有的，一个人从幼稚到成熟，从一个未经风雨、不谙世事的孩子到一个饱经风霜、目光深邃的老人，他要出几千次几万次的错。出错的精神就在于不故步自封，敢于尝试，就在于不懈地努力探索，寻求正确的目标。

很多人对他人的出错都持一种嘲笑的态度，对先于自己出错的事持一种侥幸心理。有些人害怕出错，有些人厌恶出错。其实想想，出错何尝不是一种人生积极的探索？能常常出错何尝不是一种经常性的收获？敢于出错的人何尝不是一个积极求索的人？

人的一生是由无数个错误装点着的瑕玉，虽不完美但很真实。无数个错误是我们无数个走向成功的起点。错误使我们品格坚毅，性情坚韧，我们在无数次的出错中得到升华，又在无数次改正错误的路上学会执着。

反省是改过的前提，如果我们不知道反省，只会把责任推给别人，然后怨天尤人，觉得自己怀才不遇，或者没有被公平对待，拥有这样的态度，绝对不可能成就任何事情的。有句话说，当你一个手指头指着别人的时候，别忘了！还有四根指头是指着自己。当我们在诉说别人不是的时候，是不是能转换不同的角度想想，我有没有能力把事情处理的更好。

事实上，许多成功人士，他们之所以成功的关键就在于"态度"，他们能够勇于去承担别人不愿意承担的问题，他们总是能解决别人不能解决的问题，更重要的是，没有人愿意做的事，他们总能主动地去做，而且不求任何的回报，许多人以为这些人是傻瓜，这就是短视的想法。

多做事情绝对不会吃亏的，天底下最吃亏的事情应该是，你对事挑三拣四什么也不愿意做，最后自然什么也做不了！

"人非圣贤，孰能无过。过而改之，善莫大焉。"古人在面对错误时就知道没有谁可以一生都不犯错误。所谓"智者千虑，必有一失"。更何况我们平凡之人呢？

自助者天助

原文：是以自天佑之，吉无不利。

释义：这句是说人助天助，要靠自己。就是说，懂了《周易》这些道理，上天就会保佑你。上天怎么个保佑法？就需要你自己照《周易》的道理，做得合情合理，天人合一，要你的修养到达这个境界，就可以天人合一。

再严格说，这个"天"并不是另外一种力量，只是自己的心。懂了《周易》的道理，以此道理做人，动静都看准了，一定是一切都大吉大利，没有坏的，一切都看自己的学问修养如何，所以《周易》是经典中的经典，智能中的智能，包括了科学、哲学、宗教，一切都涵盖了。

释例：拿破仑年轻的时候，一次到郊外打猎，突然听见有人喊救命，他快步走到河边一看，见一男子正在水中挣扎。这河水并不宽，拿破仑端起猎枪，对准落水者，大声喊道：你若不自己游上来，我就把你打死在水里！那人见求救无用，反而添了一层危险，便只好奋力自救，终于游上岸来。

拿破仑拿枪逼迫落水者自救，是想告诉他，自己的生命本应该由自己负责的，惟有负责的生命才是真正有救的生命，所以西方谚语有："自助者天助。"

其实，许多时候我们不是到了不可救药的地步，而是自己先把自己打败，自己认为自己不行了。假如现在你正处在一个不利的位置，那么，请丢掉幻想，自己解救自己吧，这个世界锦上添花的总比雪中送炭的多，如果你表现得坚强，别人都来鼓励；如果你软弱，就很少有人会来扶助你了。

生命的战场不是没有同盟，只是这些盟友只能做我们精神上的"啦啦队"，帮你加油，使你自信。而一切赛程却还是要靠你自己的力量去完成，不能完全依赖别人。许多从艰苦环境中奋斗出来的人们，他们并不比我们多一些天赋，所多的也只是战胜自己、坚强独立、自求多福。即使我们最终没能达到彼岸，但只要我们努力了，用自己的力量征服痛苦，渡过难关，也是一种快乐。

日益激烈的竞争环境和社会生活的紧张节奏，逼迫人们走出了日出而作、日落而息的"田园生活"。

为了"站得住""立得起"，人人都像一只不停旋转的陀螺，不敢也不许稍有懈怠。

由是人们懂得，不懈努力才可立住脚跟，保持状态并进而实现人生价值；于是人们不再怨天、怨地、怨鬼神，始觉"要创造人类的幸福，全靠我们自己"的至理。

俗话说，靠别人的火取不了暖，看人家吃饭填不饱肚子。自助也是如此。离开了自助或说个人的不懈奋斗和努力，终将一事无成。

自助者天助之。为人，一生下来，就先天地提供给你一个或优或劣的起步环境。客观地说，这是没办法的事。但有一点定需入心，即表针常走、山河常转。不论境况如何艰苦，地位如何低下，生存如何困难，也不能放弃，不可丧失生活信念；恰恰需要自助、努力和不辞劳苦的奋斗。"自助"就是不放弃努力；"天"就是机遇和成功的好运。只有自助，天才可助之；人不自助，天将弃之。

自助者人助之。"不虚心、不知事；不实心，不成事。"自助者大多是实心干事的人；自助者的人生约略是热心待人的人生。对社会、对事业、对人生持有热心的人，可以战胜痛苦，增加能力，减轻艰难；缺少热心的人，永远不能做事，做成事，做成大事。

社会好像竞技场，市场犹如足球赛。个人的"迎门一脚"自然可喜，但离开他人的热心传助决无成功。自助需人助，人助促成自助；只有热心地助人，才会赢得人助。面对天地、社会、事业、人生，个人的对垒力量实在是非常有限的。个人的"自助价值"也只有融合在"人助价值"之中，才能够得以发挥和实现。

正视困难是自助的前提，平和心态是自助的基础，增强信心是自助的保证，不懈努力是自助的途径。

不贪图享受的人会赢得大享受

原文： 困于酒食。

释义："困"，被围困。"困于酒食"指人反被酒食吃掉了，昏庸而污浊。贪于酒食享受的人很难有前途，必会从享受走向困窘。

释例：《周易》里有一个故事，说一个官按照他的官阶只能乘坐两马的马车，但为了满足自己的虚荣，为了显摆，他去借了一辆四马的马车。谁知走到了半路，被强盗误杀了。这伙强盗专抢四马拉的马车，因为乘四马车的官才是大官，级别高，钱财多。

《周易》最后说：享受不应该享受的福，是祸。

人应该有所节制。欲望如果没有节制，最终会像泛滥的洪水将自己淹没。

《周易》里有一卦，专门论述"节制、节约"的卦，叫"节卦"。水流进泽中，过度就会溢出，应该加以节制。节卦形成的理由就是这么简单，这么有道理！节制是美德，因而亨通。

《周易》认为，首先我们人类赖以生存的宇宙，需要节制。"天地因为节制，四季才能井然有序，循环不已。圣贤也要效法天地，建立制度，以节制人的无穷欲望，这样不浪费物质，不伤害人民。"

所以，自古以来，历朝历代，都有自己的礼节与制度，以节制人的欲望；还以这种礼节与制度，来评论官员的德行，以节制其为官为人之行为，使其不逾规范。在这方面，以战国末期的荀子呼吁与主张最为激烈。

但为什么一代又一代过去，中

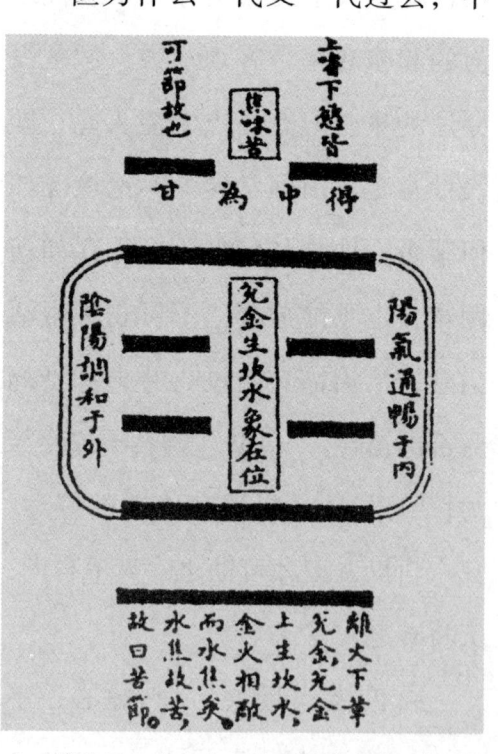

节气图，出自宋人佚名辑《周易图》

国还是没有很好地解决这个问题呢？关键是两个字，"天子"。所有的人都是民间所生，自然要遵守各种各样的规矩，而有一个"天子"，这个人可以制定各种各样的规矩，唯独他可以不遵守。而中国是一个揣测与模仿最盛的国家，一个人不遵守，就会有一批人为他说出许多可以不遵守的理由；一个人不遵守，就会有一大批人不遵守。于是，就有了"刑不上大夫"的说法。

规矩犹如一个装水的羊皮袋，只要有一个小孔，皮囊装水的功能就会丧失殆尽！

美国不一样，人家知道：你这个总统当得不错，但你连任了两届，对不起，拜拜！你不能再做。人民知道你假如再做，会比新上来的总统做得好，但还是不能让你来做。因为你太了解总统应该怎么做了！万一，你有个私心野心什么的，人民会吃不了兜着走。因为美国人懂得，制度是最可相信，而人是最不可相信的。美国宪法的核心，是相信制度，用制度管人，不是人管制度。

欲望太盛，伤心伤身伤事。

重温中国文化，你会感悟至深：有心栽花花不发，无心插柳柳成荫。希望越大，失望会越大。

人有内外两部分，身体健康、快乐态度和智能为内，金钱、名声和地位为外。人们都知道内在比外在重要，但依然有一部分人是要财不要命的。快乐态度有益于身体健康，吸引贵人和机会，有助于事业的成功。智能是知识和经历的综合，对人和事情的判断、决定取舍以及未来的预见都是关键性的。

任何以牺牲身体健康为代价的作为都是不可取的。身体健康问题有先天和后天原因，良好的习惯，能使你恢复和保持身体健康。包括平衡的营养（指饮食健康），休闲和娱乐（睡眠和调剂），适当的锻炼（指健身运动），不过度放纵自己（指戒烟酒嫖赌）。

态度决定一切。不管你是否相

信，有很多奇迹是因为态度的改变而发生的，但你可尝试一下。譬如，保持一个星期时间不生气，对你的同事、朋友、家人，都别让他们看到你不高兴的面孔。首先你会听到什么，感觉到什么，又看到什么。

在人们心目中，一个智能的人一般应是一个老者，这是因为智能是人对感性经历的理性思考得到的感悟。随年龄的增长，你会逐渐发现智者是平和快乐的人。

人们习惯把金钱名声和地位叫做身外之物，但又都是世人追逐的目标。如果你不贪图这些，就不会有大麻烦。"君子爱财，取之有方"，你有缘发财，何乐不为。但有钱不要显摆，别以为有钱了就脱胎换骨了。

人的品位毕竟不是以钱多钱少界定的。如果你是一个土暴发户，也不妨以钱济贫，回报社会，求得好名声。如果你才高八斗，官运亨通，也就不妨以权扶正祛邪造福人民了。如果你以权谋私，贪财贪色，你也就别想过太平日子了。

是的，经常看到听到一些人谈论生命的意义是什么？什么样的生活才有意义，也许一百个人会有一百种答案，对于那些有成就的人，有名望的人，有学识的人，有影响的人，也许生命的意义很大，生命的价值很高，相对于无数的平凡大众来说，也许生命的意义就是平平安安地活着，一日三餐不饿肚皮，身边来来往往的都是芸芸众生，结识的也都是平凡的老百姓。他们没有辉煌的事业，骄人的成就，渊博的学说，绚丽的头衔，他们只是普普通通的人，他们勤勤恳恳地劳动，实实在在地生活，只为了能养家糊口，平安度日。

他们也许缺乏远大的理想，宏伟的目标，他们的要求也许很小，只希望孩子健健康康地长大，一家老小无病无灾，他们的奢望不多，只希望在风雨来临的时候有一间避雨的小屋，辘辘饥肠的时候有一碗填饱肚子的热饭，也许他们是弱小的，卑微的，是甘于平淡和平凡的。

可是如果没有凡人的碌碌无为就显示不出伟人的高大，如果没有平川的低矮就衬托不出高山的雄伟，如果没有绿叶的默默无闻就突出不了鲜花的娇艳，也许小草很平凡很常见但人类离不开它，大地少不了它。

人活于世，匆匆地来，匆匆地去，不过短短几十载，在这屈指可数的日子里，有多少是值得计较的，有多少是值得回忆的，有多少是值得铭刻的，这花花世界纸醉金迷，有多少不甘于寂寞的人们梦想着成名，梦想着荣华，梦想着出人头地，满怀激情地去追逐所谓的幸福生活，去捕捉虚幻的梦境，而最终的结果是一场虚空。

生命的意义也许很简单，简单得让你怀疑它存在的意义，也许就是脚踏实地的生活、努力、奋斗，人生的目标永无止境，不放弃梦想，不甘于平庸，是一种积极向上的追求，可是千万别贪图奢华的享受，毁了青春，毁了前途。

也许在当今这个飞速发展的时代里，你不甘于流与俗套，不想平庸地生活，不愿意被时代的洪流抛却，也许你会嘲笑父辈们的平凡，也许你会不屑普通人安于现状的满足，可是，告诉我生命的意义是什么？是奢侈的豪华享受吗？是为了安逸而甘心失去自由吗，是为了金钱可以毁灭一切，是没有道德的出卖，没有廉耻的占有，没有尊严的屈辱，如果是这样那么人生还有什么意义？

其实生命的意义，也许很简单，犹如一杯清茶淡泊、透明、实用，也许它过于简单了，让你骇异它的单调、无味、枯燥，因为我们是凡人，所以我们也许甘于平淡，如果可以在平淡中寻求一种宁静致远的意境，去丰富生命的色彩，时而如高山流水，时而似小桥人家，生活的情趣需要丰富，生命的意义在于创造。

该进则进，该退则退

原文：变化者，进退之象也。刚柔者，昼夜之象也。

释义：为人处世，当进则进，当退则退；当高则高，当低则低。所谓进退有据，高低有时也。

释例：这是两个观念，古时的文字很简单也很美，它的文学境界，往往骗住了我们的思想。这两句话，包含的意义很多。"变化"，《周易》告诉我们宇宙间任何事情、任何物理，随时随地都在变化，没有不变的东西。八八六十四个卦，只是两种爻——阴与阳在变，每一变动，产生一个卦象，每个现象就不同了。变化是代表什么？"进退之象也"。"进退"，或者是阳多了一个，阳长阴退了，或者是阴多了一个，阴长阳退了，就在这个进退之间，产生变化。为什么不用"多少"而用"进退"呢？

我们研究古书就要注意这一类地方，这是思想问题。假使用"多少"意义就不同了，没有"进退"深刻。"进退"是大原则，是动态，

陶渊明像，出自明·天然撰《历代古人像赞》。陶渊明，字元亮，别号五柳先生，晋宋时期诗人，辞赋家，散文家

尤其是站在人文文化的立场看，都是一进一退之间的现象，所以变化是进退的现象，非进则退。

在哲学中，常常谈到一个问题，就是一般人常说"时代在进步"或"历史在进步"，但纯粹以哲学的立场来讨论，就不敢这样说了，究竟这个时代是不是在进步？要看用的标准是什么。以东方文化，以人文文化来讲，以古今的书籍、大家的著作比较，就觉得人文在堕落、在腐化。

所以我们中国人动辄称道上古如何，认为越到后来，人越堕落、越腐化，历史并没有进步而是在退化。但单以物质文明来说，时代真的又在进步，所以说时代历史到底是在进步或退步，这是很难讲、很难推定的问题。所以进退之间，要看在哪一个范围，用哪一个标准，站在哪一个角度上说话。

一个人处世，或者进一步，或者退一步，也没有办法固定，但是始终不是为个人，只为社会，为国家，要有贡献，并不是滑头，但为什么要这样？因为这样站在中间，是等待时机，所以这是无咎的。当然人生做到第四爻，那是最舒服的。

历史上有些人可以做到这样，举例来说，道家所标榜南北朝时候的陶弘景，有名的所谓山中宰相，南北朝几个皇帝，大事都要请教他，但他永远不出来，不做谁的官。像这一类人，所谓上下无常，进退无恒的人，中国历史上蛮多，可是他的情感，对于社会、国家的贡献，并没有忘记，并不是专门为私。

所以，人生是需要好好把握的。

一日，龙虎寺禅院中的学僧正在寺前的围墙上画一幅龙争虎斗图。图中龙在云端盘旋将下，虎踞山头，作势欲扑，虽然修改了很多次，学僧们总认为图中缺少点什么，正巧，无德禅师从外面回来，学僧就请他代为评鉴一下。

无德禅师看后说道："龙和虎的外形画得不错，但龙与虎的特性你们知道多少呢？既然是龙争虎斗图，你们就应该明白，龙在攻击之前，头必须向后仰；虎要上扑时，头必然向下压低。龙颈向后的屈度越大，虎头越贴近地面，它们也就能冲得更快、跳得更高。"

学僧们听后恍然大悟道："老师真是一语中的，难怪我们总觉得太过僵硬，原来我们不仅将龙头画得太低，虎头也画得太高了。"

无德禅师借机引申道："为人处事、参禅修道的道理也一样。退一步准备之后，才能冲得更远；谦卑反省之后，才能爬得更高。"

学僧不解地问："退步的人怎能向前？谦卑的人怎能更高？"

无德禅师严肃地说："你们听听这首诗——

"手把青秧插野田，

"低头便见水中天，

"六根清净方为道，

后退需知是向前。"

学僧听后，终于大悟。

正如人的性格多变，既有自尊之时，顶天立地，孤傲不群，有如龙抬头、虎相扑；也有自谦之时，犹如龙缩首、虎低头。为人处世，当进则进，当退则退；当高则高，当低则低。所谓进退有据，高低有时也。

世界千姿百态，丰富多彩，人生遭遇和贫富贵贱各不相同，有的平安富足一生，有的坎坷贫贱一世。为什么会有如此差异？怎样预知未来，趋吉避凶？预测人生把握机遇。

当你了解人生之后，则人生就掌握在你手中，行好运时宜把握良机，努力奋斗，开创美好前程。行坏运时，应宜守为安，勿踏危机，减少灾害。若是吉凶参半时，得意须防失意，往来知节要稳步，进退谨慎要三思。

只有知命，才能改善自身在宇宙之间的处境，避开不利的时间和空间，在有利的时间和方位去求得发展，以便在这个大千世界上创造一个辉煌的人生。

太极为有为之道，有为之道总

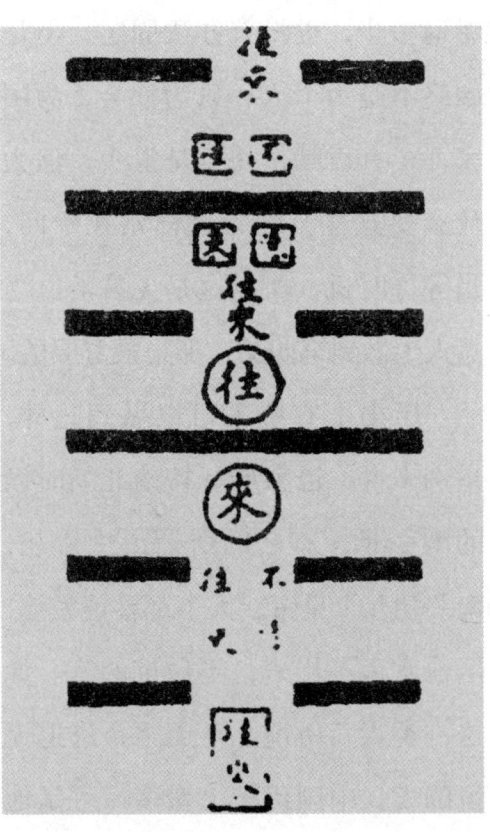

寒往来图，出自宋·佚名《周易图》

有不测之时。《易》曰：阴阳不之测之谓神。不测之神如何得之。唯由有为入无为方是神之道。故，太极化为无极为神道。

得太极无极则易道易神皆得。是故，见象知类之谓人，由象得理之谓智，由理得道之谓圣，得无极者之谓神。此为易道之全部精华，亦为易道人学易十五年的全部精华。得此精华则成圣成神，用以预测则如神开口，用以治病则药到病除，用以改命则命皆由我，用以安邦则国泰民安，小用小成，大用大成，自由自在，超然物外。

宣尼有云："'用之则行，舍之则藏。'又云：'进退存亡不失其正者，其惟圣人乎。'斯亦名教之内昭昭可考者也。何责渊明之深也！余常谓否则卷而怀之，以简易之道治一心；达则扩而充之，以仁义之道治四海，实古今之通谊也。"

正如林语堂在《爱好人生者：陶渊明》一篇里所讲："也许有人以为陶渊明是'逃避主义者'，但事实上他绝对不是。他要逃的是政治，而不是生活本身。……他是爱好人生的。在他的眼中，他的妻儿是太真实了，他的花园，那伸到他庭院里的树丫枝，他所抚摸的孤松，这许多太可爱了；他仅是一个近情近理的人，他不是逻辑家，所以他要周旋于周遭的景物之间。所以，结果是和谐，不是叛逆。"

苦难使人奋发向上

原文： 往蹇来誉。

释义： "蹇"，晦运。"往蹇来誉"意思是苦尽甘来，苦难会给人荣誉。当然，只有战胜了苦难才会赢得荣誉。

释例： 中国有句成语说，苦尽甘来。另一句又说，吃得苦中苦，方为人上人。这些都是鼓励人在面对苦难的时候要忍耐，要有个盼望。

是否每一个人都会苦尽甘来，吃得苦中苦的，是否必然成为人上人呢？事实上也不一定。苦难有的是人生必须面对的经历，苦后不一定甘来。

人世间有许多苦难，大致可分为两类：天灾和人祸。天灾：如水灾、旱灾、虫灾、地震等，给人带来许多苦难。当面对这些天灾时，人不能喊出人定胜天的口号，人的力量可以避免、预防天灾，但不能抗拒天灾。人祸：则出自人为，人对事情处理不当就有灾祸。现代战争、车祸、死亡等等都构成人祸。当苦难临头的时候，我们要不是想躲避它，就是想找人帮助，靠人力来解决，到最后没有办法就只能听天由命了。

最近认识一个朋友，是个农民，做过木匠，干过泥瓦工，收过破烂，卖过煤球，在感情上受过致命的欺骗，还打过一场三年之久的麻烦官司。现在他独自闯荡在一个又一个城市，做着各种各样的活计，居无定所，四处飘荡，经济上也没有任何保障，看起来仍然像个农民，但是他与其他乡村里的农民不同的是，他虽然也日出而作，但是他不日落而息，他热爱文学，写下了许多清澈纯净的诗歌。每每读到他的诗歌，都让我觉得感动，同时惊奇。

"你这么复杂的经历怎么就会写出这么柔情的作品呢？"我曾经问他，"有时候我们读你的作品总有一种感觉，觉得只有初恋的人才能写得出。"

"那你认为我该写什么样的作品呢？《罪与罚》吗？"他笑。

"起码应当比这些作品沉重和暗淡些。"

他笑了说："我是在农村长大的，农村人家家都储粪。小时候，每当碰到别人往地里运粪时，我觉得很奇怪，这么臭这么脏的东西，怎么就能使庄稼长得更壮实呢？后来，经历了这么多事，我都发现自己并没有学坏，也没有堕落，甚至连麻木也没有，就完全明白了粪和庄稼的关系。"

我看着他，他想做一个怎样的比喻呢？

"粪便是脏臭的，如果你把它一直储在粪池里，它就会一直脏臭下去，但是一旦它遇到土地，情况就不一样了，它和深厚的土地结合，就成了一种有益的肥料。对于一个人，苦难也是这样，如果把苦难只视为苦难，那它真的就是苦难，但是如果你让它与你未来世界里最广阔的那片土地去结合，它就变会成为一种宝贵的营养，让你在苦难中如凤凰涅槃，体会到特别的甘甜和美好。"

这个苦难的人，他是对的。土地转化了粪便的的性质，他的心灵转化了苦难的流向。在这转化中，每一场沧桑都成了他唇间的冽酒，每一道沟都成了他诗句的花瓣。它文字里那些明亮的妩媚原来是那么深情隽永，因为其间的一笔一画都是他踏破苦难的履痕。

他让苦难芬芳，他让苦难想醉透。能够这样生活的人，多么让人钦羡。

从前看过一则关于鉴真和尚的故事。

话说鉴真和尚刚刚剃度入空门的时候，寺里的住持安排他做了谁都不愿做的行脚僧。每天风里来雨里去，吃苦受累不说，化缘时还常常吃白眼，遭人讥讽挖苦，成绩一点也显现不出来。为此鉴真感到愤愤不平，产生了对抗情绪。

一天，日已三竿，鉴真仍旧睡着不起，住持感到纳闷，于是亲自去了他的房间。推开门，一股臭味顿时扑鼻而来，住持向里面看了看，原来在鉴真睡的床边堆了一大堆破破烂烂的芒鞋。住持叫醒鉴真问道："你今天不外出化缘，堆这么一大堆芒鞋在房间做什么？"

鉴真打了个哈欠，满怀怨言地说："别人一年一双芒鞋都穿不破，可我刚刚剃度一年多，就穿烂了这么多鞋子，我是不是该为庙里节省些鞋了？"

住持听了鉴真的话，马上就明白他的心思，微微一笑，说："昨晚寺里下了一场大雨，你随我去看看吧。"

鉴真虽然不知道住持要干什么，但还是跟着住持到了寺前的大路上，由于是黄泥路，路面经过一夜雨水的冲刷，变得坑坑洼洼，泥泞不堪。这时住持开口问鉴真："你是愿意做一天和尚撞一天钟呢？还是想做一个能光大佛法的名僧？"

鉴真说："我当然希望能光大佛法，做一代名僧，可我一个人人都瞧不起的苦行僧，凭着一双脚和一大堆烂鞋，如何去光大佛法？"

主持捻须一问："你昨天是否也在这条路上走过？"鉴真说："当然！"

主持问："你能找到自己的脚印吗？"

鉴真摸着脑袋不知所然地说："昨天这路又坦又硬，小僧哪能找到自己的脚印？"

主持反问道："那今天我俩来此走一趟，你能找到自己的脚印吗？"

主持的反问一下子便让聪明的鉴真领悟了其中的禅机：那些一生碌碌无为的人，不经风不淋雨，没有起也没有落，不正就像是一双脚步踩在又坦又硬的大路上吗？脚步抬起，什么也不会留下。而那些经风淋雨的人，他们在苦难中跋涉不停，不正像一双脚行走在泥泞里吗？脚印印证着生活的坎坷磨难，也印证着人生的价值。

从此，鉴真和尚端正了自己的态度，凭着自己坚定的信念，踏遍了弥漫着樱花醇香的扶桑泥土，最后终于成了一名令世人景仰的佛教名僧。

我想人生大抵如此：只有在泥泞里行走，生命才能留下深刻的印痕。苦难，可以丰满我们的人生！

苦难是人认识社会、理解人生的主动教材；苦难是人成熟的机会；苦难是竞争社会中，人面临的必然挑战。苦难中最需要的是坚定的人格和不屈的斗志……

大凡成功者，大多走过的是一道曲折充满血汗的苦难历程。而对生活最需大的挑战就来源越贫越能使人在磨难中脱颖而出。幼时的贫困对有志者能培养一种先天竞争意识，在生活的最底层努力挣扎向上，不断进取、不断攀登，以至到达成功的巅峰。一路的艰辛，一路的苦难，终而培养出超越常人的坚强斗志。

苦难是一所学校，斗志坚强的人在这所学校优秀地毕业，坦荡走向世界未来，克服了人生道路上一个又一个的困难；而斗志薄弱者则过早辍学，在苦难面前，在逆境面前倒下了。

古往今来，有多少豪杰人士出自贫困的家庭，吃尽生活中的苦难。寒门生贵子，白屋出公卿；穷且益坚，不坠青云之志。贝利之子出身于球王之家，而贝利却认为儿子一定不如老子？是因为他的儿子一出身就拥有了别人在苦难中苦苦挣扎，经过万险才得到的东西，缺乏先天竞争意识。

所以说，苦难是一所学校，只有你在这所学校毕了业，就能毫不畏惧地昂首走你的人生路。

没有恒心会很快失败

原文：立心勿恒，凶。

释义："勿恒"即"无恒"，"立心勿恒"指没有恒心，这样会面临凶险。

释例："先有非常之人，才有非常之事"。这话应该再补充一句：先有非常之心，才有非常之人。有什么样的心，决定了有什么样的人；什么样的人，决定了做什么样的事；什么样的事，决定了取得什么样的结果。

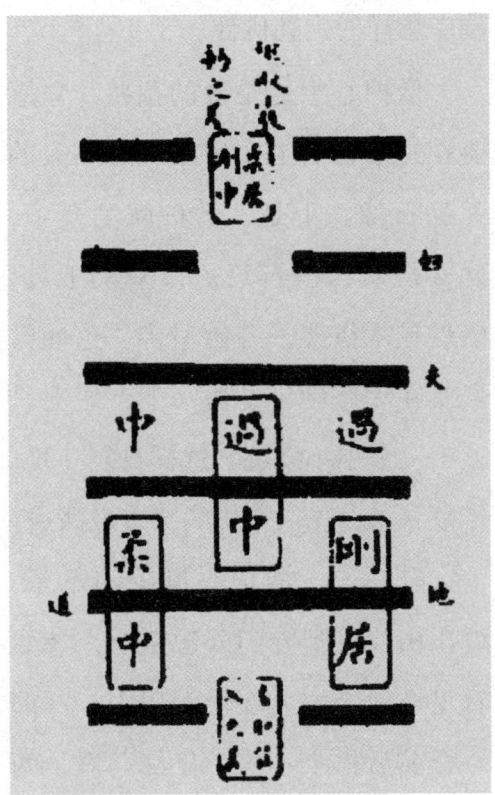

恒久图，出自宋·佚名《周易图》。恒，象征恒久不变，也有坚持不懈之意

南齐永明年间，有个法名叫僧护的僧人来到石城山，做了隐岳寺的住持。

一天早晨在隐岳寺东侧传来一曲美妙动听的乐曲，由远至近，十分动听，他感到奇怪，就步出庙门，循声音向前走去。登上仙髻岩，果然这凤鸣龙吟的音乐听得更清晰了。

当他蓦然回首，却意外地发现，仙髻岩的千尺岩壁之下，在那平静如镜的龙潭之中，仿佛倒映着一尊端庄慈祥的弥勒佛像。

僧护心想这是佛的预兆，立愿要在这仙髻岩上，凿出一尊高大的弥勒石像。于是，僧护就忙开了，砍柴烧炭，垒石筑炉，采集工具，然后伐木搭架，开始凿佛。这仙髻岩实在太坚硬了，凿一下，岩上只显出一个小小痕迹，这样日复一日，年复一年，连一个佛的头也没凿成。

有一天，僧护心里闷闷不乐，踱出山门，到寺门外散散心，忽然看见有两个妇人在烂泥田中，一仰一合前后摇个不停，仔细一看，两个妇人手里捏着一根绳，中间系着一个石杵，这石杵随着两个妇人的俯仰，在烂田中来回移动，这石杵已磨得精光铮亮，这田也被磨得凹下去变成一口池塘，即今日的放生池。

僧护从石杵磨成针的过程，从中得到了"功夫不负有心人"的启示，返回寺里继续凿佛。僧护终其一生，仅仅凿了一个面嶫，临终时，对寺里的僧众说："再生当就吾志。"

僧护死后，过了一些年月，又有一个叫僧淑的和尚到隐岳寺，继续凿弥勒佛像。僧淑率领众人凿呀凿呀，冬去春来，也不知凿了多少年，一尊巨大的弥勒石像已经有点眉目了，但肤浅得很。再继续凿吧，炉子塌了，铁凿磨平了，脚手架踢了，资金也短缺。产生了停凿的念头。

僧淑忧心忡忡地踱出山门，走到象鼻山下，看见有两个小孩用一根稻草芯在一块大岩石上来回牵动，岩石下已堆满了草粉。僧淑看到觉得奇怪，就问两个小孩："你们是在磨草粉，还是在锯岩石？"两个小孩齐声回答："锯岩石！"又问："能锯开吗？"两个小孩"虎"地站起来脱去上衣，笑嘻嘻地说："只要有恒心，锯岩何愁稻草芯？！"僧淑猛地据住两个小孩的手，说："对阿！只要有恒心，万事能做成！"于是僧淑返回寺院，不分白天黑夜，专心致志地雕琢着弥勒石佛，一直到死。

两个小孩用稻草芯锯岩石的地方，叫它"锯解岩"。

不知过了多少年，隐岳寺又来了一位和尚，名叫僧右。僧右是受建安王萧伟的派遣，来隐岳寺主持雕琢石佛工程。僧右一到隐岳寺，铺开了比僧护、僧淑更加庞大的雕琢佛场面。把仙髻岩凿进五丈深，十丈高的大石窟，在窟中雕琢弥勒石像。在公元516年终于雕琢成功了。

有人说，弥勒佛像雕琢成功，是终身雕琢佛的僧护、僧淑、僧右三个和尚，都是大佛寺的开山祖师昙光法师转世的，这仅是传说，不足为信，可是后人对三个和尚以毕生的精力完成这一巨大的艺术杰作表示赞叹："名山入刹昔贤风，文士高僧托迹同。最是石城大佛寺，三生哲匠奇天工。"

这则故事给后一点启示，做任何工作，只要具有锲而不舍的精神，胜利一定属于坚持者。

胜利贵在坚持，要取得胜利就要坚持不懈地努力，饱尝了许多次的失败之后才能成功，即所谓的失败乃成功之母，成功也就是胜利的标志，也可以这样说，坚持就是胜利。古往今来，许许多多的名人不都是依靠坚持而取得胜利的吗？荀子说："骐骥一跃，不能十步；驽马十驾，功在不舍。"这也正充分地说明了坚持的重要性，骏马虽然比较强壮，腿力比较强健，然而它只跳一下，最多也不能超过十步，这就是不坚持所造成的后果；相反，一匹劣马虽然不如骏马强壮，然而若它能坚持不懈地拉车走十天，照样也能走得很远，它的成功在于走个不停，也就是坚持不懈。

这也就像似龟兔赛跑：兔子腿长跑起来比乌龟快得多，照理说，也应该是兔子赢得这场比赛，然而结果恰恰相反，乌龟却赢了这场比赛，这是什么缘故呢？

这正是因为兔子不坚持到底，它恃自己腿长，跑得快，跑了一会儿就在路边睡大觉，似乎是稳操胜券，然而乌龟则不同了，他没有因为自己的腿短，爬得慢而气馁，反而，它却更加锲而不舍地坚持爬到底。坚持就是胜利，它胜利了，最终赢得了比赛。"水滴石穿，绳锯木断"，这个道理我们每个人都懂得，然而为什么对石头来说微不足道的水能把石头滴穿？柔软的绳子能把硬邦邦的木头锯断？说透了，这还是坚持。一滴水的力量是微不足道的，然而许多滴的水坚持不断地冲击石头，就能形成巨大的力量，最终把石头冲穿。同样道理，绳子才能把木锯断。功到自然成，成功之前难免有失败，然而只要能克服困难，坚持不懈地努力，那么，成功就在眼前。

古语云："先有非常之人，才有非常之事。"这话应该再补充一句：先有非常之心，才有非常之人。有什么样的心，决定了有什么样的人；什么样的人，决定了做什么样的事；什么样的事，决定了取得什么样的结果。

归根到底，在于有什么样的心。有时一个念头就可以决定你的一切。谁都会有这样的经验：做一件事，如果你抱定非做成不可的决心，在做的过程中就会竭尽全力动用你的一切力量，不怕困难，坚持到底，结果多半都会成功；如果一开始心里就是动摇的，可做可不做，或者认定做不成，做的过程中就会缺乏劲头，并容易懈气，容易半途而废，多半事情就做不成。

所以托尔斯泰才会说："决心即力量，信心即成功。"

所以奥斯丁才会说："这世界除了心理上的失败，实际上并不存在什么失败。"

在做一件事上如此，整个人生也是如此。只有认为自己行的人才能赢，只有认为自己能够成为伟人才能如愿以偿。

乐天知命者无忧

原文： 旁行而不流，乐天知命，故不忧。

释义： 乐天知命，知道自己，也知道天命，永远是乐观的人生。

释例： 友人说，一切宗教都是悲观的，尤其佛家的大慈大悲是讲悲的，只有中国儒家讲乐。像《论语》上几乎没有悲字，都是乐。

有一本明朝的笔记,曾经统计过《论语》上都是乐字,而不谈悲,这也是中国文化不同的地方。

谈生命只谈生的这一头,不谈死的那一头。人多半是悲观的,本来生命是很可怜的,以另一个角度看是很令人悲观,但以《周易》的角度看生命,是乐天知命,很乐观的,没有忧愁。

在《列子·仲尼篇》中的开头,有一则近于寓言式的故事,内容是孔子和弟子颜回关于"乐天知命故无忧"还是"乐天知命有忧甚大"的对话:

孔子闲居,子贡进去侍候,见老师面露忧愁。子贡不敢问,出来告诉了颜回。颜回却取琴而弹,唱起歌来。孔子听见了,把颜回叫进来,问:"你为什么独自快乐?"颜回说:"你为什么独自忧愁?"孔子说:"先说说你的意思。"颜回答道:"我过去听老师说,'乐天知命故不忧'。这就是我快乐的原因。"

孔子愀然动容了一会,说:"这不过是我从前的言论罢了,现在我对你说实话罢。你只知道乐天知命无忧,还不知道乐天知命有很大的忧虑呢。……从前,我修订《诗》《书》,删正礼乐,准备用它来治理天下,遗留后世,并不仅仅为了个人的修身,治理鲁国而已。

"但鲁国的君臣一天比一天丧失

子贡像,选自清·陈洪绶《博古叶子》。子贡,孔子的弟子,复姓端木,名赐,据帛记载:孔子"老而好《易》",子贡等子不解,问孔子为什么,孔子说《周易》一书产生于"纣乃无道,文王作"的年代,是周文王"讳而避咎"之作,反映了文王的仁义主张和忧国忧民的思想。孔子是"乐其知",赏识蕴藏在《周易》一书里的文王才智才"好易"的

等级秩序，仁义越来越衰落，人情越来越浇薄。我的道在我活着的时候都无法在一个国家推行，更何况施于天下后世呢？于是，我才明白《诗》《书》、礼乐无救于治乱，但又不知道改革它的方法。这就是乐天知命有很大忧虑的原因啊。"

《列子·仲尼篇》中的这则故事，被用来论证道家的"无知无为，方能无所不知，无所不为"的主张，但从另一角度看，何尝不是孔子悲天悯人伟大情怀的生动写照呢？

孔子可能真说过"乐天知命故无忧"的话，但学生只理解"无忧"的一面，而不理解"有忧甚大"的另一面。如果说，"无忧"只着眼于个人的超脱自在，那么，"有忧甚大"则始终关注当世及未来社会的不幸。后者之"忧"比前者之"乐"所体现的情怀更深沉博大。

孔子既然已早知天命——很清楚凝结着他全部心血和理想的《诗》《书》、礼乐无救于当世，也难施于天下后世，这自然使他产生巨大的悲哀和忧虑。那种"乐天知命有忧之大"的凄伤，始终盘踞在心头，到临终之时化为不断的叹息和最后的歌唱，伤感明王不兴，天下无道，空怀治世之道却无所施用。这正是孔子之所以成为"圣人"的原因。

享受人生，须善待生命。人生与浩瀚的历史长河相比，可谓短暂的一瞬。权势是过眼云烟，金钱乃身外之物。珍惜生命，保重身体宁要一生清贫，不贪图一时富贵，这才是做人之悟性。

人身在世也是一种幸运，珍惜生命，享受人身则是最大的幸福，不必为昨天的失意而悔恨，也不必为今天的失落而烦恼，更不必为明朝的得失而忧愁。看山神静，观海心阔，心理平衡，知足常乐，达到善待人生的最高境界，才能真正快乐的享受每一天。

易经讲到，"知周乎万物而道济天下，故不过。"

这是说，为什么我们要懂得

《周易》这个学问？因为懂了以后，才能"知周万物"。知即智——智能充满了，对万事万物的大原理无有不懂，然后"道济天下"，做人也好，做事也好，做官也好，随便做哪一行职业，都可以达到救世救人的目的，因此不会有错误了。

在《论语》上看到孔子的感叹，他在四十九、五十岁的时候，才开始读《周易》，而说"假我数年，五十以学易，可以无大过矣！"假如上天多给我活长久一点去学《周易》，可能达到没有错误。故以他的立场来说，人生的修养必须要学《周易》，才能智能周乎万物，不致发生错误，也和无违的道理一样。

诚信而又有心智的人注重过程，并不太看重结果。相信滴水穿石，来得容易走得快。结果容易变化，太多因素会影响结果的稳定性。你有一个梦，是你想要的结果，可不知道你能否实现它，但你还是要执着地为梦想而奋斗。

你很幸运，有一天，你的梦变成了现实，也就是你得到了你想要的结果。在当天或者第二天，你发现那结果给你带来了很多麻烦，你需要花费更多的精力也许你的余生去处理那些后果。

人生追求的应是幸福快乐，这也是你可为世人做些贡献、尽些责任的基础。追求是一个过程，在这个过程中，你保持快乐的心情面对每一天。不把尽责看作是一个结果，而把它看作是一个过程。

有人说我现在没能力为自己以外的人负责，要等我完善了自己后吧，其实不然。自我的完善是一个过程，如果你把它作为一个结果，你就会失去大部分人生的意义。

"独善其身，兼济世人"是一个相互渗透的过程，"苟意地为我，随意地为他"已经是人生不可多求的境界，其结果收获最大的还是你自己。

爱是人的基本需要，求爱是一个过程，得到爱是结果。如果你想得到爱后不珍惜，爱就会丢失。爱的丢失作为过程，可以弥补，也就是说，当你在感到将要失去之时，在没有裂痕形成之前，在你爱的人还没有感到你的粗心之前，你的努力挽救还会有效。失去的爱不能挽回，即使找回来，也不那么可心了。

所以，在爱的失去还没成为结果之前，你一定要精心经营，除非你是一个不想对任何人负责的人。

生命是一个学习和成长的过程。肉体的寿命从出生开始，发育和成长，到死亡结束。你所追求的也许是永生，可肉体的死亡，已经是有史以来证明无法逃避的。心智精神的发育和成长是无止境的。

对心智和精神来讲，生命是一个机会，让你全面知道你是谁，让你有机会感受到爱并无限快乐地让你展现在生活和工作中。

生命的结果并不可怕，因为很短暂。生命的过程的辉煌在于，健康的身体和愉快的精神和谐统一。相信你是在不断地追求一种适合你而又越来越接近你的梦想的生活。

乐天知命，就要有整体和谐意识，就是追求和保持人与自然、人与社会的和谐统一。"变"是为了求"通""通"则以各种势力的和谐统一为前提。《周易》讲"三才"之道，就是为了凸显人与自然、人与社会的和谐统一。

《说卦传》中说："立天之道曰阴与阳，立地之道曰柔与刚，立人之道曰仁与义。""道"虽分为三，但核心则是阴阳变易法则。《系辞传》中说："刚柔相推而生变化。"又说："生生之谓易。"这是认为事物变化乃阴阳相互推移的过程。

《系辞传》中又说："神无方而易无体""阴阳不测之谓神"。这是认为阴阳相互推移的过程没有穷尽，也没有一成不变的模式。

但《周易》同时也指出，此不测之"神"恰恰是由于阴阳相反性能之间相资相济，相互补充的结果。也只有阴阳相反性能之间的相资相济，相互补充，才能维系事物的健康发展。此所谓"阴阳合德而刚柔有体"（《系辞传》）。

这表明，天、地、人各有其遵循的法则，天道曰阴阳，地道曰刚柔，人道曰仁义。但由于三者均由性质相反的两个方面共同成就，所以又有共同遵循的规律。《周易》追求天人、即自然、人与社会之间的和谐统一，也正是基于此种"共同遵循的规律"。

《周易》所谓的自然、人与社会之间的和谐统一，主要包含两方面内容：一是天人之间具有内在同一性；一是天人之间具有相成、互补性。就前者说，《易传》特别强调人对天道的效法，而主张推天道以明人事。

《大象传》对六十四卦卦义的解释，充分体现了这一特征。如其释《乾》卦曰："天行健，君子以自强不息。"释《坤》卦曰："地势坤，君子以厚德载物。"释《屯》卦曰："云雷，屯，君子以经纶。"释《蒙》卦曰："山下出泉，蒙，君子以果行育德。"释《大畜》卦曰："天在山中，大畜，君子以多识前言往行。"释《益》卦曰："风雷益，君子以见善则迁，有过则改。"等等。

这些话表明，在"天之道"与"民之故"之间是存在着内在同一性的，人们通过认识和效法天道，就可以从中汲取教益，引申出人事所遵循的原则。

就后者说，《易传》又特别重视天人之间的差别性，而主张发挥人的主观能动作用。如《系辞传》说："天地设位，圣人成能。""成能"就是成就天地化生万物的功能。又如《泰·象传》说："天地交泰，后以裁成天地之道，辅相天地之宜，以左右民。"

"裁成"即裁节成就；"辅相"即辅助赞勉。（黄寿祺等：《周易译注》第106页，上海古籍出版社，1989年）一句话，就是驾驭自然界的法则，参与自然界的变化过程（朱伯崑：《〈易传〉的天人观与中国哲学传统》，载《中国传统文化的再诠释》北京大学出版社，1993年）。这些都是分别人道与天道的不同，强调人在自然面前应积极主动，参赞天地的大化流行。

正因为天人之间的和谐统一不

以消解人的主观能动性为前提，而以发挥人的主观能动作用为基础，所以《周易》特别强调，只要人们努力把握天人之间共同遵循的本质规律，探讨阴阳变易的法则，发挥自我的仁义之性，就能安身立命。

此即《易传》所谓的"穷理尽性以至于命"。做到了这一点，就能"与天地合其德，与日月合其明，与四时合其序，与鬼神合其吉凶。先天而天弗违，后天而奉天时"（《周易·系辞传》）。"先天"即先于天时的变化而行事；"后天"即天时变化之后行事。

这是说只要掌握了道，其德行就能与天地日月鬼神的变化相一致，也就能预测天时，顺时而动，从而达到天、地、人三者之间的整体和谐。

《周易》的这种整体和谐意识，站在天道的立场说，是人与自然的和谐共处与合规律运动。站在人道的立场说，是"顺乎天而应乎人"的道德理想与"保合太和"的精神境界。在这样的"和谐"中，天与人，自然与人，便可以超越分别，达到合一。而达到了这种"合一"，也就是真正达到了《易传》所谓的"乐天知命故不忧"。

"乐天知命"，即参合天地的化育，知晓主体自我的定分，并在万物与我为一的氛围中超越一切忧患，而其乐融融。

这是天与人，自然与社会的整体和谐。此种和谐既是一种美的境界，更是一种善的境界。但它又不仅仅表现为一种境界，还体现为"化成天下"的事功，所谓"天地感而万物化生，圣人感人心而天下和平"（《周易·象传》），即天地交感带来万物化育生长，圣人感化人心带来天下的昌顺和平。如是，则"保合太和"而"万国咸宁"。

人在得意时，就怕忘形

原文：升而不已，必困。

释义：这是人平时立身处世应当遵循心安理得的原则。日有升降，月有盈亏，人有祸福。要做到盈余时不要沾沾自喜；亏损时不要垂头丧气；吉祥时不要得意忘形;凶险时不要惊慌怨恨。一切都是时间、时序的使然。

释例:现代人的格言"顺利时夹着尾巴做人,逆境时挺起胸膛做人",也就是上面的道理。

"得意忘形者败",最经典的例子,恐怕就是庄子的《螳螂捕蝉》了。

庄子像,选自清·顾沅辑《古圣贤像传略》。战国著名思想家、哲学家、文学家,是道家学派的代表人物,老子思想的继承和发展者。有学者认为《庄子》的"道数"源于《周易》的象数模式,并由此推论庄子的道论和哲学体系是建立在《周》易象数模式的基础上

庄子有一天,看到一只大鸟,但飞得很低。他感觉奇异,拿着弓箭追到林子里。看到一只蝉正在树叶上自鸣得意,引起了螳螂的注意,螳螂正准备引出长长的螳臂捕吃蝉的时候,一只黄雀已经等在后面了。庄子看到这触目惊心的一幕,把弓箭扔掉了,跑回家去!他想,在这个世界上,为了眼前的利益,一己的利益,物物相害,何时了得?可守园的人还以为庄子偷了果子,大声喊:"喂!你跑什么?"

看见了眼前的利益,就得意,而忘形,这会有生命之虞!而不是失败的问题了。

蝉是得意而忘记收敛,导致生命危险;螳螂为了利益而张扬,把自己推到危险的境地;而黄雀在静观这一幕,等待着自己的胜利,满以为自己是最好的胜算;可惜,在上还有瞄准它的弓箭!

忘形者险。忘形者败!

这不是昭然若揭了吗?

有时候的"得意忘形",是由于大意,或者一时情急,忘记了

收敛。

有一部电影，说有一批士兵化装到敌后，都已经完成了任务，坐车撤退了。但在途中，遇到问话，不小心说了母语，结果西洋镜被戳穿，伤亡巨大。

还有一部电视剧，反走私的，敌我双方在海上火并了。英雄上船追杀走私犯，一位士兵越过一个躺倒在甲板上的敌人，他用枪瞄准了一下，但以为他死了再没有开枪。士兵越过去瞄准敌方的头人，正要开枪，后边装死的敌人开枪把士兵射杀了！士兵成了被追悼的英雄。

要防止得意忘形，得处处小心，不能大意，更不能得意，因为一得意就忘乎所以，忘乎所以，就会惨败。这似乎都成了公理。

往深层的意义想，得意忘形，是一种短暂，是一种更替的象征。

《周易》里，这方面的论述颇为深入。它说，花盛开，这是多么得意的事呀！尽情。可是，得意和尽情之后，便是凋零。含苞欲放，才是长久的美。

寒冬。它肆意地冷，多么威风呀！万物都在它面前颤抖。但它冷不长了，天要回暖了。物极必反，到了一定的极限，事物就会出现反复。

任何的浪骸放形，都是把自己推到极限。会把眼前毁掉，从头再来。

《周易》的一个思想，就是抑制自我，不可放肆。

它从第一卦"乾卦"开始，到第六十四卦"未济卦"，每一卦都有这样的意思，只是有一些卦不明说罢了。

乾卦里的"初九：潜龙，勿用"，也是这个意思。你还处在一个成长期，力量还不够强大，你还是先抑制一下自己吧，不能显示你自己的力量。

当你幼稚的时候，显形都不可以，更别说忘形了。

后来，孔子评说这一句爻辞时说："这是龙，也就是有作为的人，隐藏看不到德行，意志不因世俗改变，也不争虚名；隐退而没有闷闷不乐，主张没有人接纳，也不愤愤不平；主张能够实现则行，不能实现则罢。坚定信念，而不动摇，这就是潜龙的德行。"

人是可以得意的。但《周易》认为，人没有什么时候能够得意。

月不圆的时候，可以慢慢圆起来；月圆了，月就要亏了。日还没到中天，它可以到达中天，但到达中天以后，就要西斜了。你得意什么呢？

比方说，你哪天上台了，当官了，但你哪天就要下台，不当官了。因为《周易》说，有始就有终，不可避免。

《周易》的丰卦，是最风光的卦象。丰，表示盛大，高杯盛物。但它的卦辞说，盛大，本身就亨通。王者当天下最丰盛的时候，拥有巨大的财富，无数的人民，不必忧虑，应当像日照中天，普照天下；让人民普遍分享盛大的成果。然而，日当正中，无法持久，不久就偏斜了。因而这一卦虽然亨通，但也隐藏着危机。

像丰卦这样的情形，也不能得意，那人生有什么时候可以得意的呢？

没有。

既然没有，那你还得意什么？还有什么得意忘形呢？

得意忘形，其实是对社会、对人生缺乏一种深入的了解。高兴和得意，是肤浅和无知。

既然你是对社会和人生表现出你的无知和浅薄，那么，社会和人生惩罚你就是当然的事了。

有一个人，打了一个比方。他是这样说的：如果一个人的仇恨，在心中只占据一半，那么他表现得很激烈；如果一个人的仇恨，在他的心中占据了全部，那么他表现得格外冷静。

由此可见，得意忘形或者失意忘形，都是由于"度数"不够，浅薄或者无知。

半桶水荡得很。得意忘形者败！

易经讲：君子终日乾乾，就是说人一天到晚，都要保持本分，保持常态，永远这样；不但如此，到了晚上，还要警惕自己，不可放松，就像白天一样的小心。就是说到了中年做事得意的时候，做人做事随时随地都要小心，乃至到了晚年都不能放松。

《大学》《中庸》的思想，都是从这里来的，这就是所谓的"夕惕若厉"。"厉"，是精神的贯注与专精，磨磨自己，就没有毛病。不过要小心，因为命运还有重重危机，一不小心随时随地会有问题，对自己要有那么严格的要求，才不会出毛病。一切在于自己，不在于别人，也不在于环境。人在得意时，就怕忘形。

升而不已，必困。

泽而无水，穷困。

一个是难而有困，一个是好而有困，一个是穷而有困。

由此可见，困的原因是多种多样的。但它的根子是什么？

困卦中有一段话是很有趣的。说人的困难，就像走进了昏暗的深谷中三年也走不出来，见不到光亮，以象征困难到了极点。出现这种情况，《周易》指出，兼有智能不明、本身昏庸的意思。

所以说，出现困难，其根本还是自己的大意与糊涂。

明智与慎辨，是走出困境的两只脚。

无路的时候，也许就有路了。只要我们用心。

有路的时候，也许顷刻无路。如果我们大意。

古人大意失荆州，我们大意可能失去一切，甚至生命。

"物不可以终通，故受之以否。"中国有两句老话："人无千日好，花无百日红。"两个好朋友，尤其两夫妻，很难得一千天里不吵架，没有一朵花开到一百天不凋谢的。我们古人看历史看得多么通，最好的时候就是坏的开始，所以泰卦下面，就是否卦。

我们看中国历史的汉朝、唐朝，看西方历史的罗马时代，鼎盛的时候，就衰败下去。家庭也是一样，兴旺的时候，儿女媳妇都娇贵起来了，太娇贵就是泰到极点，否就来了，否到极点泰来了。不但人是如此，历史也是一样，社会发展也是一样，看通了人生，如此而已。

人到无求品自高

原文：用九，见群龙无首，吉。

释义：我们知道九是代表阳爻，从初九到上九，都有解释，用九又是什么意思？再看下面见群龙无首，吉。乾卦到这里，才大吉大利。这是怎么说法呢？

这句话在后人研究《周易》的有关书籍里，各有各的讲法，都各有一套理论、一套说辞。可是研究通了以后，非常简单。我现在告诉大家一句话，用九就是不被九所用，而是你能够用九。那么用九是用哪一爻的九呢？哪一爻都不是，又哪一爻都有关系，这就高明了。只有拿中国文化历史来代表说明这件事情。就是我在以前讲《论语》的时候，说过中国文化注重道家的隐士们。

释例：历代的隐士们和当时历史时代的开创，有绝对的关系，可是在历史的记载上都找不到他们，如三国时代的诸葛亮，是谁培养出来的呢？是他的老丈人黄承彦和老师庞德这些隐士。像他们就是用九，改变了历史的时代，而自己又不受环境的影响，所以要用九。

见群龙无首，不从那里开始，永远没有开始，也永远没有一个结束。既不上台，当然也不会有下台。用九最高明，用九者不被九所用。换句话说就是告诉了我们做事的道理，以现代话来说，就是做事要绝对的客观，不是与时代没有关系，而是处处有关系，这是真正领导历史时代的做法。

"群龙无首"，是一个圆圈，完整的，所以大吉大利。以做人来说，人到无求品自高。曾子也说："求于人者畏于人。"越是有求于人家就越怕人家，无求就是用九的道理，用九是元亨利贞，并不是潜龙勿用，潜龙勿用有待价而沽的意思存在，用九则已经忘我了。以现代话来讲，用九是中国文化最高的哲学精神。

近读一则寓言，颇有几分感受，故事说的是有位书生准备进京赶考，路过鱼塘时正巧渔夫钓了一条大鱼。便问渔夫是如何钓到大鱼的。渔夫得意地说，这当然需要一些技巧。当我发现它时，我就决心要钓到它。但刚开始，因鱼饵太小，它根本不理我。于是，我就把鱼饵换成一只小乳猪，没想到这方法果然奏效，没一会儿，大鱼就上钩了。

书生听后，感叹地说，鱼啊，鱼啊，塘里小鱼小虾这么多，让你一辈子都吃不完，你却挡不住诱惑，偏要去吃渔夫送上门的大饵，可说是因贪欲而死啊！

欲望与生俱来。生命开始之时，欲望随之诞生。饿了要吃饭，冷了要穿衣，这是人的本能。仅从生命科学而言，人类绵延生息不绝，可以说欲望是生命的动力。生命停止，欲望则消失。同时，人的欲望的满足，又是生命消耗的过程。

从某种意义上讲，有效地节制欲望，是构建和升华生命，延伸和拓展生命长度的必由之路。

在现实生活中，功名利禄在一些人的心目中是颇有吸引力的。从古至今，有多少人为此追逐争斗。得势者固然有之。但也有不少人因此寻尽了烦恼。有的甚至饮恨身亡，临死前才感到名利的可畏。中华几千年，名缰利锁束缚了人们几千年。

在人类的进程中，充满了真善美与假恶丑的斗争。每经过一次较量，人们便增长一层见识，明辨一些是非。然而，阻碍历史前进的残余势力往往与社会的进步力量形成矛盾的统一体，顽强地存在于社会之中。

如今，在对待名与利的问题上，也同样存在两种不同观念的激烈冲突。有人对名利不感兴趣。各条战线涌现出不少不图名利、勤勤恳恳为人民服务的"老黄牛"。

但是，追名逐利现象也还相当严重。有的为了弄到一顶乌纱，弄虚作假、自欺欺人，以"群众"的名义给上级组织写信推举自己；有的公开跑官、买官卖官。

有的为了捞取一笔私利，哪怕是骗子廉价的贿赂，也要绞尽脑汁，使出浑身解数，唯恐到嘴边的肥肉让别人抢走，见钱眼开，唯利是图。这些人对名与利的追求，已到了赤裸裸的地步，胡长清、成克杰之流便是最好的例证。

老子说得好"见欲而止为德"。邪生于无禁，欲生于无度。当官掌权忘记了世界观改造，忘记了清正廉洁，忘记了立党为公，执政为民，难免产生邪心恶念，而"疾小不加诊，浸淫将遍身"，到头来必然出大事，栽大跟头，为人民所唾弃。

清代陈伯崖写的对联中有这样一句"人到无求品自高"。笔者很赞成这一观点。这里说的"无求"，不是对学问的漫不经心和对事业的不求进取，而告诫人们要摆脱功名利禄的羁绊和低级趣味的困扰，去迎接新的、高尚的事业。

有所不求才能有所求，无求与自强是不可分割的。这正是这句对联所反映的辩证法思想。人生在世，不能离开名利等。但对这些身外之物，必须有一个清醒的认识，保持一定的警觉。一个人只有抛开私心杂念，砸掉套在脚上的镣铐，心地才能宽阔，步履才能轻松，才能卓有成效地干一番事业。

提倡"人到无求品自高"，不是让人们去过那种清贫的生活，而是为了清除社会上的腐败现象，以使那些追名逐利者保持政治上的清醒和思想道德上的纯洁。

内心的踏实来自于长久努力奋斗的沉淀。欲望是无止境的，人们为满足欲望想出了许多手段，打工、做生意、赌博、诈骗、抢劫，还有出卖灵魂肉体。欲望满足的结果并非能心静。

无欲则静，多数人不能做到出家高僧。在这样一个商品经济社会里，清心寡欲也变得很难。付出不图回报，但必有回报，尽管并非得如所付。尽心尽力的劳动也许不能暴富，总比出卖灵魂肉体来的踏实。

无欲则刚，有谁能做黑脸包公。贪污、贿赂的动机是求速得、速报，不仅失德违法，结果是心虚身肿，故怕风吹草动。目的原本是图一劳永逸，可结果是总盼天下大乱，哪还有刚正不阿。贪官多与娼为伍，向往一种笑贫不笑娼的境界。

无欲无动，无欲无求。社会的发展需要人的进步，欲望是人们进步的动力。欲望的满足并非必然导致心烦意乱。得多施少，得少舍多，心静是相对的。过度纵欲和禁欲的结局都会把你的心理平衡打破。

良心的意义无非是健康和善良，知恩图报。良心坏了，还不是因为做了一些急于求成的事。当然，良心的好坏不能决定心的平安，但自然的一颗心应是良好的，她的跳动是有规律的。爬上楼和踩下人是两个给心增加负担的行为。

经常保持心身的均衡

原文：是故刚柔相摩，八卦相荡，鼓之以雷霆，润之以风雨，日月运行，一寒一暑……

释义：所谓"刚柔相摩"，是说这个物理世界的刚柔相摩，用现代语勉强解释为坚硬的和柔软的互相摩擦。譬如物理世界最柔软的东西，老子常说是水。

释例：老子的思想，孔子的思想，诸子百家的思想，没有不是从《周易》里出来的，如"塞翁失马，焉知非福"等这一套观念，也都是从《周易》里面出来的。所以老子也说，"福者祸之所倚，祸者福之所伏。"都是来自《周易》的思想。

《周易》的道理告诉我们，像一架天秤一样，那一头重，这一头就高起来；这一头重，那一头就高起来，不能均衡，几乎没有一个时间是均衡的。均衡是最好的状态，但是很少，就以我们自己的心身来说也是如此。我们心理方面的思想，没有一个时候是均衡的，不是心里不舒服，就是思想在混乱。

一般人说打坐修道，什么叫作"道"？能经常保持心身的均衡就是道。那么打坐，又何必闭起眼睛、盘起两条腿装模作样呢？我们知道打坐的目的，也是求得身心的均衡，如果身心不是均衡，打坐也没有用。

大家都有几十年的经验，每天不是情绪不好，就是身体不舒服，过分高兴也不是均衡，身体绝对没有一点毛病，心理绝对平和的状态，生活一百年也难得有十天到达这种境界。

这些都说明了，刚柔时刻都在相摩，因此就产生了大宇宙间八卦相荡的道理。

这个道理，推于人事，我们也可了解，人与人之相处，不管是在一个团体或一个家庭，不可能永远没有摩擦，因为"刚柔相摩，八卦相荡"这个宇宙的法则，都是两个彼此不同的现象在矛盾、在摩擦，才产生那么许许多多不同的现象。

一切人事也都不能离开这个道理。我们学了《周易》的好处，就是对于人事的处理会有更好的原则，例如对方发了脾气，就会劝他不要动怒，等一等再说，等他的这一爻变了，变卦了，他不气了，

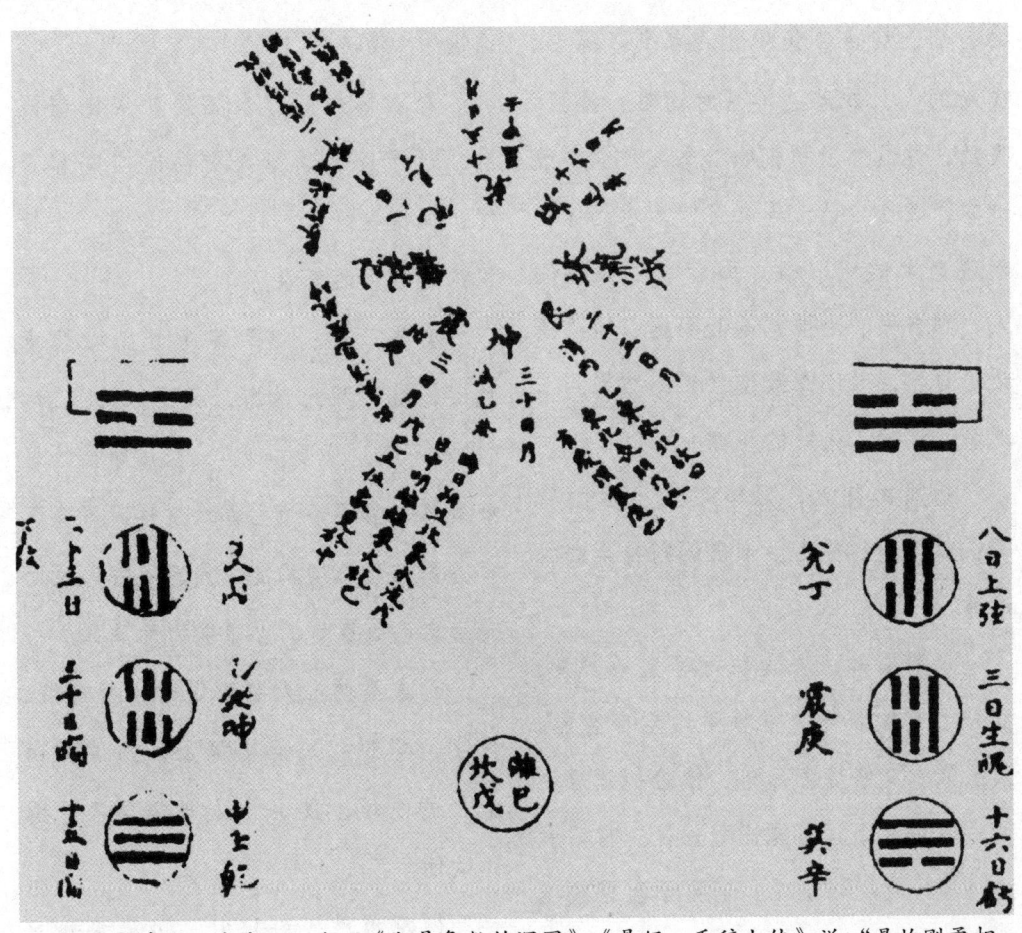

刚柔相摩图,出自元·张理《大易象数钩深图》。《易经·系辞上传》说:"是故刚柔相摩,八卦相荡……"

再谈下去,又是另一卦的现象了。

学通了《周易》的人,对别人在发脾气,自己觉得没有什么,他火发得天大,那是"火天大有",让他发去,发过了以后,反过来"天火同人",两人还是好兄弟,算了,不要吵了,学通了《周易》,用之于人事,便无往不适了。

其实就是教人要有颗平常心,要经常保持心身的均衡,你想生活得健康、快乐、幸福、成功吗?那么你就必须学会生存的技巧和方法。要想让自己真正无怨无悔地度过一生,就要懂得并掌握博大的生存智能,学会心态平衡的技巧与方法。

芸芸众生谁不想出类拔萃?谁不想成功卓越?然而,失败平庸者多,成功卓越者少,为什么?

仔细观察、比较,成功者和失败者

的差别，均是自我观念的差别。强者、成功的人，知道怎样面对困难、挫折、失败，并设法用积极的心态突破它，改造它，改造自己，建立自信，永远保持乐观向上的进取心。而弱者、失败的人，则自卑、恐惧、逃避问题，即不想改造自己，又不想改造世界，结果陷入迷惘、浮躁、失败的深渊。

物质的贫乏，只能带来生活的穷苦；而哲学的贫困，带来的则是生命的浅薄。

众所周知，衣食住行等生活要素，靠外力都能获得，惟哲学的生存智能，只能靠自身修炼去品味、体验和领悟。

富甲天下，可能忧心忡忡；昭昭大才，不一定心怀坦荡；而富于生存智能的人，临终也能含笑离开人间。

生存智能的富有者是懂得调整心态的人。

心态平衡是金！

明代崔铣曾撰《听松堂语镜》一书。其中的"六然训"，实为身心健康的"妙方良药"，可资学习借鉴：

自处超然：当一人独处时，应保持宁静致远的心境，忘掉烦心事，种花草，听鸟啼，望远方，看天空彩云变幻，或想想令人开心的往事，保持轻松愉快的心境。

处人蔼然：与人相处时应谦虚诚恳，乐于助人。与人交往时应宽容大度，保持良好的人际关系，创造一个轻松愉快的生活气氛。

有事斩然：遇到事务繁杂心烦意乱时，既要深思熟虑，又要坚决果断。"当断不断，反受其乱"，应按事情的轻重缓急有条不紊地去办。这样就不会因事务繁杂而心烦意乱或焦虑不安，反而会为自己有良好的办事能力而高兴。

无事澄然：无事可做时，可吟诗、练字，想想"采菊东篱下，悠然见南山"的意境，便会令人神清气爽，飘飘欲仙。

得意淡然：得意时，仍需谦和身平，不可狂妄自大，忘乎所以，应学会控制与善于驾驭情绪。

失意泰然：失意时，应泰然处之。人生在世不会事事如意，常是失多于得。在逆境中切不可自暴自弃，应学会知足，主动寻找乐趣，这样才能避免患得患失的不利情绪，以坦荡的胸怀，通利的心境，良好的身心状态迎接种种挑战。快乐，是一种由衷的幸福感，就是"享受一切"。快乐，人人需要，有一句广告词这样说:"让我快乐似神仙!"快乐,来自内心的一种平衡,因为只要活着,快乐就会在前方等你。你自己和蔼可亲,将会使其他人感到快乐,你也会得到快乐,而这种快乐是无法以其他任何一种方式获得的。

心情和智力决定你的命运。如果你认为你在挣扎,你就觉得无奈和不快乐;如果你感觉到你在贡献而且实现自我价值,你就不觉得累。

你是个体又是全部,就像你是汪洋大海中的一个波,个体和全部是统一体,人的痛苦是由把个体与全部分离而造成的。

精神和物质是不可分割的,如果不是物质来自于精神,那么物质也是来源于看不见的出处。

把工作视为玩乐,也是你对生活有所贡献、实现自我潜能的唯一途径。有人是快乐的,有人是郁闷的;有人是幸福的,有人是痛苦的。

由此,我们必须正确划分理想主义者与现实主义者的最大区别。

理想主义者追求的是自然和完美,表现出的是热情、天真和无拘无束,其所作所为多是大手笔。现实主义者追求的实用和控制,表现出的是谨慎、老练和我行我素,关键时候还是以庸俗代替性情。

理想主义者凭心、情、义、仁和道德来处世,宁缺毋滥。实用主义着凭脑、利、霸、安和征服来处世,不择手段。小到个人、家庭,大到社会、国家、地球、宇宙。道义和霸权是体现理想和现实的两种力量。暴力是实现霸权的手段。如果暴力有时也被用作实现道义的途径,就不再是理想主义者所期望的了。

人是理想与现实的统一体。作为平民布衣,理想主义者多清闲、幽雅、飘逸,有时会游离逃避;现实主义者多富足、强壮、计较,有时会施舍得多一些来换取更多的实惠。作为王侯将相,理想主义者多清廉、根基不深,现实主义者更能从实惠中建立基础,大权在握、呼风唤雨。理想主义者独裁的天下多安贫,现实主义者掌管的国度多乱富。

一艘船由理想主义者掌舵,由现实主义者辅助,也许会歌舞声平,国泰民安。如果反之,也许会国富民强,但要有更强大的武装来保障。

不妨读一读下面这则宽心谣:

日出东山落西山，
愁也一天，喜也一天。
遇事莫钻牛角尖，
人也舒坦，心也舒坦。
每月领取养老钱，
多也喜欢，少也喜欢。
少荤多素日三餐，
粗也香甜，细也香甜。
新旧衣服不挑拣，
好也御寒，赖也御寒。
常与知己聊聊天，
古也谈谈，今也谈谈。
内孙外孙同样看，
儿也心欢，女也心欢。
全家老小互慰勉，
贫也相安，富也相安。
早晚操劳勤锻炼，
忙也乐观，闲也乐观。
心宽体健养天年，
不是神仙，胜似神仙。

事情一开始，就应想到后果

原文： 初六，履霜，坚冰至。象曰：履霜坚冰，阴始凝也，驯致其道，至坚冰也。

释义： 当早上打开大门，踏到地上有霜的时候，就知道跟着天气要冷，准备衣服过冬了。跟着来是立冬、小雪、大雪，就要下雪了，黄河要冰冻了。这句话就是告诉人，如果讲哲学，一个学过《周易》的人，就会知道前因后果。一件事情一做的时候，一定晓得后果，对这件事结论如何，自己的智能应该知道，因为履霜坚冰至，任何事情都有它的前因和后果。

履霜坚冰，是冬天阴气开始凝结起来，开始是前因，至于后果，则"驯致其道，至坚冰也"。顺着这个时间下去，就天寒地冻，地下要结冰的。但是假如作战，在北方碰到这情形，就知黄河要结冰了，不需几天就可渡河而过。

释例： 在抗战期间，我们国运昌隆，连续八年黄河没有结冰，假使结了冰，的确有问题，日本人的马队一下子就过来了，日本人一直在等这个机会，可是上天保佑，抗战八年中黄河就没有结过冰。举这个例子，就是说明同一个卦，看情形如何？可有利也可不利，运用之妙存乎一心，不要迷信，这是智能的事情，全靠心灵偶然的判断，如果加上主观就不行了。

以前有一位善卜的人，占卜到他自己的一只宝瓶在某月某日正午时会破碎得四分五裂，他就不信，在这一天把这只宝瓶，安安稳稳放在桌子中间，自己则坐在桌旁守着，看这只宝瓶如何破法。到了中午他的太太把饭做好了，叫他吃饭，叫了几次他都不理，太太见他不声不响不动，老盯着一个瓶子发呆，就故意开玩笑，欲惊醒他，拿了一条鸡毛掸子向瓶上一敲："你看这宝瓶干什么？"不小心把这宝瓶敲破了，于是他哦了一声悟了，悟了什么？忘记把自己算进去，就是没有把主观算进去，这是关于算卦的有名故事。但这故事中含有很高深的哲理，人处理任何事情，往往不是忘记了自己，就是把自己看得太高，这是做人的修养、事情的处理要千万注意的道理。

人生要时刻警醒。它要求人们在做每一件事之前，要有一种警惕、戒惧的心理，要重视事物的结果。如果有好的结果，就努力去做；如果明知没有什么好结局，就应该慎重或者推延。这样就减少许多不必要的牺牲和浪费。

当然，这种慎重与戒惧不能过了头，因考虑结果而不敢开头。所以现在有理论家批评中国人的思维与现状，说西方人只重视过程，而东方人只重视结果，只是看到警醒人生消极的一面，只是说了事情的一面，并非全部。

但我们必须明确的是，有因就有果，世事大都不外乎这一点。

天地鬼神都说谦逊好

原文： 有大者不可以衣，故受之以《谦》。

释义： 《序卦》的说法更加单刀直截："有大者不可以衣，故受之以《谦》。"——"天"有大而亏其盈，益其谦；"地"有大而变其盈，流其谦；"鬼神"有大而害其盈，福其谦；人类有大而恶其盈，好其谦。君子有大，天下安危系于一身，所以他理应把天、地、鬼神浩然之谦统统都包含在自身里，以期吉祥利达。

释例： 作为一种政治投资，既然"谦"道能够给人们赢得这么大的回报，那就不妨"牵着胡子过河"——先谦虚（牵须）一把再说！

人的第一大美德，就是第一大本

版画"煮酒论英雄"图,选自《三国志通俗演义》,描绘了曹操、刘备青梅煮酒论英雄的场景,讲述刘备以畏雷声掩饰心惊,解除了曹操的疑心。这是罗贯中借用《马王堆周易帛书》《震为雷》卦辞的写法,演绎出闻雷失箸的精彩故事

事。翻遍《周易》六十四卦,如果说一点瑕疵都没有的,只有一卦——谦卦。即使乾、坤两大卦,都是有它不足的地方的,唯有"谦虚"和"谦逊",连鬼都喜欢。《周易》说,谦逊,通行无阻。因为天的法则,是阳气下降,救济万物,而且光明,普照天下;地的法则,是阴气上升,使阴阳沟通,所以亨通。

天的法则,使满盈亏损,使谦虚增益;

地的法则,改变满盈,使其流入谦卑;

鬼神的法则,加害满盈,降福谦卑;

人的法则,厌恶满盈,喜好谦虚。

这些,并非我杜撰。它的原文是"谦亨,天道下济而光明,地道卑而上行。天道亏盈而益谦,地道变盈而流谦,鬼神害盈而福谦,人道恶盈而好谦。谦,尊而光,卑而不可逾,君子之终也。"

如果你是一座山,你不畏惧,你不怕一切。好!风来吹你,雨来淋你,终有一天,要把你损为平地。

如果你是一个坑,你把山隐藏起来,你说你是平地,甚至是洼地,这样,风会刮来许多尘土,雨会流来许多沙泥,终有一天,你要出人头地。

谦虚,是最大的本事。

有伟大成就的人,不可自满,必须谦虚;

想成就伟业的人,必须谦虚,不可自满。

古人有一句名言:"卑让,德之甚。"所谓卑让是压低自己的地位去屈就对方，这就是"处世"的根本。刘备本身所具备的德就是这种卑让的态度，其中又可分为两个方面，即谦虚和信赖。

《三国演义》中把刘备描写成一个大好人，评价与曹操完全相反。不过，若从个人能力上来观察，刘备是一个无能之辈。曹操参战的获胜率为八成，而刘备只有两成，可以说是败多胜少。结果曹操顺利地扩充势力，而刘备却时沉时浮，举兵二十年后仍毫无建树。这种结果实属必然，因为刘备不仅作战能力低下，而且政治手腕同样拙劣，故难有成就。

既然如此，曹操为什么会将能力远不如自己的刘备视为最强的对手呢？根本原因在于刘备拥有一种足以弥补个人能力不足的秘密武器。这种武器不是别的，是用人，如果把"善于"作为一种"德"，那么，刘备便是靠这仅有的一德而显其贤能。

譬如有名的"三顾茅庐"的故事，刘备为了聘请诸葛亮为军师，不惜三次亲自到诸葛亮的茅屋去请他。

当时两个人地位相差悬殊，刘备虽然在争霸的过程中不太顺利，但是也颇有名望。而且刘备当时已年近五十，而孔明却是个二十岁出头的无名小卒。刘备竟然会特地三次造访孔明，以最崇敬的态度请求孔明做他的军师。以至在孔明应允之后，又马上将全部作战计划等国家大事都委任于他，这实在是最彻底的谦虚态度以及深切的信赖。

"六四，樽酒簋贰，用缶，纳约自牖，终无咎。"（坎卦）

一樽酒两簋饭，是说在艰险困难的情况下能够推心置腹、相互信任地交往，刚柔相济，所以最终免遭灾祸。

孔子曰："《易》先《同人》后《大有》，承之以《谦》，不亦可乎？"我们知道，所谓"先《同人》"，就是首先想方设法取得人心；"后《大有》"，就是以人心为资本顺势取得天下；"承之以《谦》"，就是继而以谦卑之道维护到手的天下长治久安——孔子半掩半藏仿佛是一个城府老辣的政治设计师在向人们嘀咕他的政治保险——你想想，这对七上八下忧患重重的当权者来说，耐着性子听一听这样良苦的巧安排，又有什么不好的呢？《尚书·大禹谟》早就说过："满招损，谦受益。"

人生苦短。要在有限的年华当中，

有所作为，有所建树，建设精神最为重要。

在上一个世纪六七十年代，盛行"破旧立新"和"先破后立"，那都是非常时期的手段。旧的框框太多，旧的局面难以打破，迫不得已，才能采取那样的手段。

那是一种气魄，是破釜沉舟，是孤注一掷。气魄有，但缺乏了一种平和的心态。

这种"先破后立"的建设精神，代价太大！

更多的时候，需要一种平和的心态，需要一种良好的建设心理与建设精神。

人的一生，事业与成就，都需要这种心理与精神。

循序渐进，不急躁。这是建设精神的第一要素。

《周易》的渐卦就十分强调这一点。按《周易》的解释，"渐"，是水浸透，有渐渐前进的意思。

柔顺的停停进进，就是渐进的意思。这对年轻人特别重要。停停进进，才符合事物的规律。一鼓作气，是人为的精神。年轻人要注重学习停停进进，而中年人则要强调一鼓作气。因人而异，这对成功可能效果更好。

良好的建设精神，表现在做事不能急，一步步来。

《周易》里有一个很好的比喻：渐，是象征出嫁女子品德纯正，当然吉祥。

什么是出嫁女子的纯正品德呢？就是一步步来，不急，不乱来。先选日子，再准备嫁妆，然后过门，再入洞房。

心焦吃不得热芋头，乱了步骤会出洋相。

这就是停停进进，而不是一鼓作气。

人生的建设，实际是人的道德的积累。

渐卦的象辞说："山上有木，渐。君子以居贤德，善俗。"

山上有木，渐渐长成，这是一种自然现象。我们应当效法这种精神，逐渐培养我们的道德，积累我们的贤惠。如果我们的高贵品质像物品那样，多得可以"奇货可居"，而且已经形成了一种人生的风范，那我们的人生建设就一日千里了！

文明礼节，是建设精神的第二要素，堪称基石。

人生的奋斗，成就的取得，要在社会的规范里进行。

《周易》的履卦是这样说的："上天下泽，履。君子以辨上下，定民志。"

上天下泽，这是一个现象。天在上，泽在下，分际清楚。人活在世上，对于人际关系也是要弄清楚的。

如果是在古代，公、卿、大夫、士，依功绩才能赐予爵位；农、工、商，则按身份限制你的财富。

——这就是古代的礼和节。

现代社会，人际关系，没有古代的那么尊卑分明，但上下左右，也是要处理得当，你才能如鱼得水。

心安才能理得。理得才能有成就。

所谓处理得当，其中有一个最重要的问题，那就是如何处置不同人群的利益。

《周易》说，后世的公、卿、大夫、士，无功无德，却想得到爵位；农、工、商，企图获得与他们的付出不相符的利益，这样，天下就会大乱。社会在多劳多得，而不是多权多得或者多说多得这样的分配原则下，才能安定，才能发展。

所以说，要想得到成就，要想成为成功的人，理解社会的分际，注重已经存在的文明礼节，也就是我们今天所说的"游戏规则"，至关重要。

人生的成功和发展，与一个国家或者一个地区，是同一个道理的。

事业成功所需要好人缘。人缘哪里来？安定的环境，和谐的人际关系哪里来？

应该说，全从谦虚中来。

《周易》的谦卦里有一句话是这样说的："对于谦虚，连鬼神都喜欢，何况人呢？"

谦卦的卦辞里有一句很重要的话："谦亨，君子有终。"

你想亨通，想有始有终，就要谦虚。

《周易》是一本充满忧患思想的书，它的爻辞都是好坏参半的。唯有谦卦的卦辞每一条都是好的，可见古人对谦虚德性的崇尚。

《周易》认为，谦逊就会通行无阻。因为它符合天地人间的法则。

它说，天的法则，是阳气下降，救济万物，而且光明，普照天下；地的法则,是阴气上升,使阴阳沟通,所以亨通。

它还说,天的法则,使满盈亏损,使谦虚增益;地的法则,改变满盈,使其流入谦卑;鬼神的法则,加害满盈,降福谦虚;人的法则,厌恶满盈,喜好谦虚。

如果我们不谦虚,那就是同天,同地,同鬼,同人作对了,还能成功吗?

不死,已经万幸!

谦虚,不仅是《周易》所倡导,儒家也特别的尊重。而老子的道德,也可以说是专门用来解说谦虚的。墨家的兼爱,也都源出谦虚的精神。

谦虚的好处,谦卦里说得明白:

如果你说你是一座山,那就风吹雨淋你,让你受损;如果你说你是一个坑,那风就会带来尘土,水就会流来泥沙,让你增益。

谦虚是成功的聚宝盆。

谦虚,或者说谦让,还是人生最锐利的武器。

古人说,以退为进,就是这个道理。退,就是进。进,就是锐利。

老子说:"大国对小国谦卑,就能取得小国的服从;小国对大国谦卑,就能取得大国的包容。"世界各国的元首、领导人都应该看看老子这段话,可惜他们都忙于倾轧、排场和野心(说得好听点是理想或者抱负)。

人生的建设,要在一种谦谦之风气中进行。

有了包容,也有了服从,什么事情都可以去做了!

善恶到头终有报

原文:积善之家,必有余庆;积不善之家,必有余殃。

释义:"余庆"、"余殃"的"余"字,余是剩下来的,余是有变化的,并不是一定本身就报,这是中国人对因果报应的定理,中国文化一切都建立在这因果报应上。

释例:由此看来,刘备在临死的时候,吩咐他儿子两句话:"毋以善小而不为,毋以恶小而为之。"以刘备这样一位枭雄,对自己的儿子作这样的教育,都是从中国旧文化来的观念。我们看历史传记,常常提到某某人的上代,做了如何如何的好事,所以某某人有此好结果。

初六爻辞说："履霜，坚冰至。"这就是说，当我们足下踏着霜的时候，就应想到阴寒已甚，阳气渐消，天气就要逐渐冷到结成坚冰了。

比喻到人事上来，就有"防微杜渐"的意思。如殷纣之宠爱妲己，咸丰之纵容慈禧，不慎之于始，以致身败国乱。

如孔子在《周易·系辞传》中说："积善之家，必有余庆；积不善之家，必有余殃。臣弑其君，子弑其父，非一朝一夕之故，其所由来者渐矣，由辩之不早辩矣。"

易曰："履霜坚冰至，盖言顺也。"这些都是表示未注意"履霜"的坏信息而加以防止，从而酿成"坚冰至"的祸患，天下之事，大多如此。

所谓千里之堤，溃于蚁穴，顺之则为祸，当防微杜渐。

佛教的精神是无我利他，利于众生的一种精神。佛教讲因果业力，善有善报，恶有恶报，佛教讲究前世、今生、来世。

我们每个人，每个众生，都有前世、今生、来世，我们每个人都有因果业力。善有善报，恶有恶报。是善因和恶因这两种因缘操纵我们的人生，比如前世造什么因，今生有这种果。前世有善因，今生有善果；前世有恶因，今生有恶果。

所以我们这种命是因果来决定的。不是什么天神来决定，上帝来决定，祖先来决定，不是这样的。跟上帝、祖先、老天爷没有任何一点关系。

"善有善报，恶有恶报"这句古老的箴言，仔细品味，的确能咀嚼出于今人生活实践有益的营养。

善有善报，恶有恶报，表达了善良人们的强烈心理期待。拉法格在《思想的起源》一书中向人们描述了原始人对善恶有报的深切渴望。其实，文明人又何尝不是如此？正义的理念无论怎样千变万化，报复的公正，即善有善报，恶有恶报始终是正义一成不变的内涵之一，文明人类早已把善恶有报嵌入正义的深层结构之中。也许正是对善恶有报的渴望，才有对善无善报、恶无恶报的一些现象的控诉，及古代社会对清官的祈盼与向往和宗教对来世报应的虚设。因此，顺乎民心，自然包括尽可能地满足老百姓善恶有报的愿望。

善恶有报也是健康社会的重要标

志。它意味着社会的正义，一个好人没有好报，坏人受不到社会惩罚的社会，无论如何与公平正义相去甚远。它意味着社会的效率，社会的发展各项事业的繁荣，从根本上仰赖人的积极性的充分调动，而要调动人的积极性，就必须对有益于社会的行为给予奖赏，对危害社会的行为给予惩罚；它意味着社会秩序，因为社会秩序的诸多要素，诸如人心的顺畅，社会凝聚力的形成，良好社会风气的营造，害群之马的铲除均与善恶有报有着因果关联。

霍尔巴赫在《神珍神学》一书中说："在每一个国家中，公民都应按照他对同胞所做之事是善是恶而得到奖励或惩罚。如果社会在这方面处理不当，嘉奖了不配的，无用和有害的人，它将自食其果。"

葛德文也说："人们所得到的待遇是要用他们的功绩和德行来衡量的。如果在一个国家里，有益于其同胞的人并不比敌人更使人觉得满意，那个国家就不会是一个智能和理智之邦。"

善恶有报也是社会道德建设的途径之一。经验表明，社会赏罚与人的行为之间存在因果关系，以善恶有报为基准的社会赏罚机制无疑是美德赖以生长的肥壤沃土。

倘使人们的善行得不到应有的奖赏，甚至不得不付出高昂的代价，比如见义勇为不但流血还得流泪，诚实经商并未因其诚实而在市场竞争中占得先机，反倒被人讥为傻子，那么，还能有多少人经受得住如此严峻的考验而义无反顾？

同理，如果恶行受不到应有的惩罚，甚至还会得到奖赏，其后果必然是造成挡不住的诱惑，使作恶者愈加有恃无恐，使原本善良者受到侵蚀。

相信世界上绝大多数人跟我一样，是希望"善有善报，恶有恶报"的，然而有时事实却常常证明这是我们的一厢情愿，自古至今，好人受冤枉，好人吃亏的，比比皆是。坏人呢，也不一定都得到惩处。不过我虽不太相信"善有善报，恶有恶报"，却极信"多行不义必自毙"这句话，不信你也看看，自古至今，那些张狂无度之人，哪个不栽跟头？那些大奸大恶之辈，哪个有好下场？这两段看似矛盾的话，其实一点也不矛盾，这是大自然"物极必反"的规律在起作用，大自然绝不允许一种力量无限制地发展，它总是让各种力量之间互相制约，以达平衡。为此，它给所有事物都设置了一个极限，超出这个极限，就向相反的方向发展，如强极则弱，盛极则衰。

行善就是有极限的事情，即使"大善"之人，也不过牺牲自己一个人的利益。牺牲一己之利益服务于大众，每个人不过得到其好处的几分之一，甚至几千几万分之一，"行善"之人自我牺牲很多，每个人得到的却不多，所以"行善"有可能"有报"，也有可能得不到回报。

但是行恶没有极限，"小恶"之人是牺牲别人一部分利益成全自己，"大恶"之人往往为了一己之利，牺牲许多人的利益，这样，他就打乱了人类社会固有的秩序。

人类社会的运行，全靠和谐的秩序，如一条公路上的滚滚车流，所有的车辆都在相规定的车道上行驶，红灯停，绿灯行，便行驶快速而安全，若有一部分车辆不顾规则，横冲直撞，必使整条路瘫痪，这辆车呢，不是自己撞坏，就是被交警拖走。

"大恶"之人就如那些横冲直撞的车辆，最后必遭惩罚，这就是人们说的"多行不义必自毙"。

和谐有序，不仅是人类社会之规则，也是整个宇宙之法则，茫茫太空，所有的星球都沿着自己的规道运行，于是星系虽以亿万计，却从未乱撞作一团。于是地球上方有日升月落，四季循环，我们在此生存、繁衍。

一个人人向善的社会，必是理想社会，因为善有极限，人人皆在其极限内活动，是个秩序社会；一个人心险恶的社会，必是危险的社会，因为恶无极限，若任其发展，必使多数人的利益难以保障。

回看历史，就会发现，越是有序社会，行善之人越得到尊重，越是无序社会，作恶之人越会猖獗。旧的秩序已经打乱，新的秩序尚未建立之时，往往就给"恶人"以可乘之机。"乱世出枭雄"的道理也在于此，枭雄虽有能力，就其品质而言，却很少是好人。

顺便说一下"好人不长寿"，这句话有一定的道理，因为好人大都忍辱负重，吃亏多。但也有许多好人心胸坦荡荡，远比一般人长寿，也有一些坏人，点滴得失放在心头，反不得长寿。

"好人不长寿"主要反映了一种社会期望值。凡坏人，大家都巴不得他早死，就是年轻丧命，大家也只有拍手称快，绝没有怜悯他短命的。若是好人，就是活到七老八十，大家也还希望他继续"长寿"下去。

几千年以来，人类社会的一切努力，一切奋斗，就是为建立一个和谐有序的社会，让"善有善报，恶有恶报"，让"好人都得长寿"。

雁过留声，人过留名

原文：无成有终。

释义：人生有两条路，一条是现在的事业成就，一个是千秋的事业，像宋朝的三个大儒，朱熹、程颐、程颢等，官做得并不大，他们在学说上留名万古，永远有地位；如韩信、张良辅助汉高祖千古留名，但是无成，自己本身不会成功的，虽然不会成功，可有结果。反之，人若有房子，有钞票财产，不见得是成功。

释例：中国俗语多。俗语是生活的象征，更是大自然的化身。"雁过留声，人过留名"就是中国千百万俗语中的一条。

于谦像。于谦，字廷益，浙江钱塘人，明朝名臣，民族英雄。他的诗《石灰吟》有句名言："粉身碎骨浑不怕，要留清白在人间。"

"雁过留声，人过留名"，在历史上留下自己的痕迹是许多人的愿望。如今，英国一所网上"传记图书馆"给小人物也提供了青史留名的机会，只要登录注册，你的生平信息就会被永久保存，成为不朽的"历史史料"。可这绝不算真的留名。

"大雁往南飞，一会儿排成一字，一会儿排成人字……"的确，在秋高气爽的日子里，我们经常能看到大雁往南飞。

我们除了能看到课文里说的情景外，还能知道，在雁群飞过的同时，"忒儿，忒儿"的声音不绝于耳。那清脆的声音是大雁父母对它们孩子的叮咛，是大雁之间的互相关心，是大雁姊妹间亲昵的聊天。

那亲切、和谐的雁声，留给人们的岂只是听觉上的波动！那是心灵的共鸣，是至高无上的亲切啊！

那声音把我拉到一部电影剧情里：一家人在吃饭，其中有一道咸菜。妈妈说合自己的口味，尽往自己的碗里夹咸菜。儿子看到后用筷子劝阻式地挡回了妈妈的筷子，说："妈，老年人不宜吃太咸的。"妈妈嘴上说："瞧瞧，还有这样不让老妈夹菜的儿子。"可是脸上却是甜蜜温馨的笑。是的，大雁的声音也是如此，只是我们听不懂而已。"人生自古谁无死，留取丹心照汗青"；"人生在世，不流芳百世就遗臭万年……"可想而知，"名"是一个人唯一能留在世上的东西。

但是，又有哪些人是专为留名而去做事的呢？伟大的发明家爱因斯坦和镭的发现者居里夫人，他们为人类做出巨大贡献却谢绝了因此而获得的巨额奖金。

伟大领袖毛泽东和改革先驱邓小平，他们是为了留名而去革命、改革的吗？我们清楚地知道，毛泽东逝世于"文革"期间，邓小平没等到香港回归就离开了人世，他们知道自己现在留名了吗？时间证明事实，历史见证一切。现在一切都一目了然——是谁的胆略创造了新中国，是谁的开明促进了中国的发展。因此，我们颂扬他们，他们的形象自然而然地树立在人们的心中。

当然，人世间还存在着少许这样的人，他们认为流芳不成，遗臭总行，也不枉来世上走一遭。"留名"的想法是积极的，但是他们歪曲了"名"的定义，太急于表现自我，太在乎是否在世上留下了"名"。他们太需要别人记住自己了，哪怕别人记住的是他的"臭"。

正因为这样，换来了多少妻离子散、家破人亡，也换来了多少眼泪和辛酸！历史在不断地刷新，遗憾却是不可改写的。所以，我们一定要弄清"名"的含义与"留名"的意义，切莫让更多的悲剧发生。

生活是美好的，我们不要介意自己

是大海里的水珠一滴，原始森林里的小草一株，大沙漠里的沙子一粒，其实只要自己认真地去做一件事，必然会有所长，必将能服务于人，造福于人，那么何愁不扬名呢？

贝多芬我们不陌生吧？李白、杜甫还记得吧？张艺谋、赵薇、宋祖英我们知道吧？……他们很平常，无非是发挥所长弹弹琴、写写诗、拍拍戏、唱唱歌，可为什么他们的名能够老幼皆知甚至流传好几个世纪呢？细想，他们的弹琴、写诗、拍戏、唱歌不正给人们带来了更多的精神养料，丰富了人们的文化生活吗？

人生无常。烦恼时抬头看看雁群，听听它们的叫声；迷茫时想想自己有何特长，看看能做点什么。多点理解，多点付出，我们的社会会更精彩，明天会更美好。

"人活一世只图留个好名声。"这话确实不错，无论古代、现代；中国、外国。但一个人怎么才能留一个好名声呢？只靠酒桌上的朋友吗？不尽然吧？这是一团迷雾，一团可以迷住心窝的雾。

明朝的于谦有这样的一首诗："粉身碎骨全不怕，要留清白在人间。"这首诗完全道出了人类崇高的思想境界。自古至今，许多仁人志士为留清白在人间，赴汤蹈火，救民于水火，这样的人永远活在人们心中，他们是永生的。而整天沉迷于酒色之间的人，终将化作泥土，被人们踩在脚下，你想这样吗？

宋代画家赵广被金人俘虏后，宁可断手也不为其作画。

国画大师徐悲鸿曾断然拒绝为蒋介石画标准像，并冷淡地对来人说："我对你们的蒋委员长不感兴趣。"

北京大学校长马寅初在为提倡"计划生育"而遭到万张大字报围攻时，愤然发表《重申我的要求》，宣布："我自知年老体弱，寡不敌众，但我仍然要单枪匹马地出来应战，直至战死为止；决不向专以力压服不以理说服的那种批判者们投降。"

他们均被誉为中华民族的脊梁。

历史表明，民意是最终的公正裁判者。尽管好人自古命运多舛，甚至惨遭毒手，但虽死犹生，精神永驻人间。

反之，一个人格低下的人，不论其生前如何荣华显贵，占尽风流，死后也不免身败名裂，被民众戳脊梁骨。

中国当代权奸康生就是一个典型例子，此公在生前权倾朝野，专以大兴冤狱而得志一时；死时犹带着"忠诚的共产主义战士"的桂冠。但他终于经受不住民心的检验，在真相大白的今天，被永远地钉在了历史的耻辱柱上。

所以，元人张养浩述怀道："无官何患，无钱何悼，休教无德人轻慢。"

以上这些都反映了人对自身人格是相当重视的。人具有动物所没有的高级"需要"，其中之一就是对人格价值的追求。古人云："人生有七尺之形，死唯一棺之土，唯立德扬名，可以不朽。"

人格的伟大之处就在于：它是超出了任何肉体需求的内在美，而唯有人的内在美才是永恒的。

一般说来，一个人在春风得意时听到种种赞誉并不困难，难的是在身处逆境时仍然为大众所怀念。这就是人最为可贵的"身后名"。

事实证明，凡追求人格高尚者都信仰"人到无求品自高"。因此他们能够按照人格的要求有所为或有所不为，"不降其志，不辱其身"。

不结交小人

原文：大君有命，开国承家，小人勿用。

释义："大君"指真做大事的人，"命"指"天命"，"大君有命，开国承家，小人勿用"指继承天命的真龙天子如果要打下江山，就不能用小人。

《小象传》说："君子得志，可以乘坐华丽的车子"，这说明老百姓所拥戴的是阳刚君子；"要是小人得志，那么连遮风避雨的草庐都会剥落殆尽"，这说明阴邪的小人无论如何是不可仰仗不可信用的。

释例：子贡问："少正卯是鲁国知名人士，老师你杀了他，做得对吗？"孔子说："人有五种罪行，而盗窃还不算在内：第一种是心达而险，第二种是行僻而坚，第三种是言伪而辩，第四种是记丑而博，第五种是顺非而泽。这五种罪行，犯了一项，就难免被君子诛杀，而少正卯犯下五项，是恶人中的杰出人物，不可以不杀。"

少正卯能煽惑孔门之弟子，直欲掩孔子而上之，不可与同朝共事，是害群之马。孔子对他痛下狠手，不但因为他一时辩言乱政故，也是为后世以学术杀人的人立下诫条。

在一个群体中，如果没有过人的才

孔子诛少卯图。讲孔子在鲁国任大寇时，诛乱政大夫少正卯事。孔子的做法符合《易经》中所倡导的"小人勿用"的原则

能，如果肯受驾驭，都不足以成为害群之马。只有下列五种人，是真正的害群之马。

第一种是拉帮结派，私结朋党，打击诽谤别人的人；

第二种是虚荣心重，用奇特的行为哗众取宠的人；

第三种是经常不切实际地夸大散布谣言，欺骗视听的人；

第四种是无视规则，专门搬弄是非，煽动众人的人；

第五种是计较自己利害得失，动辄兴师动众进行要挟，或暗中与敌人勾结以进行要挟的人。

这五种类型的人就是人们常说的奸诈、虚伪、道德败坏的小人。应疏远他们，不仅不可和他们接近，而且应当细心观察，要疏远而不能亲近，早日除掉组织内部的害群之马，来维持组织内部的团结和生命力。

姜太公吕望封于齐地。齐地有名华士的名人，自称不朝拜天子，不结交诸侯，人们都称赞他为贤人。太公派人三次征召他，他都没有来。于是太公命人诛杀了他。

周公派使者责备他："此人为齐地之高士，干什么杀了他？"太公曰："他不朝拜天子，不结交诸侯，难道还指望他能做臣子或结交他吗？不能做臣子的人是弃民；征召三次而不至是逆民。当地人把这种害群之马当作学习的榜样，全国都仿效他，难道还有人为我所用吗？"

有当代研究者认为这不是史实而是寓言，并且以武王不杀伯夷和叔齐的例子作证据。实际上这是很荒唐的推论。武王不杀拦路进谏的伯夷叔齐老哥儿俩，是因为天下未定，当务之急是争取人心。而太公就国以后，当务之急是招致天下英雄为之效劳。所谓此一时也彼一时也，形势不同，需求不同，因此做法也就不同，这本来是统治者惯常的做法，哪里是什么寓言呢？

罚的威胁可以让那些本不打算好好干的人有所忧惧，想到将会有的惩罚，也就不敢太过放肆。

另一方面，如果罚得不分明，即使赏得再周到也不会有什么大的作用。试想，如果一个人虽然拿到了与自己付出相应的报酬，甚至还多的奖励，而他却看到另一个干得很差的人并未受到任何惩罚，甚至还拿了与自己一样的报酬，那么他的骄傲与兴奋会即刻减弱，得出一个"干得好坏都一样"的结论。

闲暇无事，浏览《古文观止》，觉得三国时诸葛亮之《前出事表》颇具现实指导意义。兴行建业，似治国安邦，当"亲贤臣（君子），远小人"。否则，再好的大政方针，也会走形变样，失之初衷。

古人国家兴亡，遵从一条真理：亲贤臣，远小人，国则强；亲小人，远贤臣，国则亡。因为贤臣都主张以德、仁教化人民，以民为本。然而，这一"亲"，一"远"是何其难，有的君王就做到了，有的君王就做不到。何时"亲"，何时"远"，应该没有方法而论，但有一条结论可以看到：亲贤臣远小人的君主，都是谦虚、心胸宽广、眼光长远之人；亲小人远贤臣的君主都是骄妄自大、心胸狭窄、眼光短浅、贪恋女色之人。可见，没有好的方法来保证亲贤臣远小人，但具备了某些好的性格，身边也就自然汇聚贤臣，小人无所发挥。

凡是有人群的地方，就有"君子"，也会有"小人"。古今中外，概莫能外。"君子"执政，勤政、廉政、善政，上下一心，同心同德，工作顺心；"小人"当道，懒政、贪政、擅政，上下异心，离心离德，工作揪心。

吾本无恶意丑化领导者。即使当权者皆是谦谦君子，如若身边无君子相随，有小人相拥，则事业难成。正如《前出事表》所述："亲贤臣，远小人，其前汉所以兴隆也；亲小人，远贤臣，其后汉所以颓废也"。

何谓"贤臣"？

一是那些在大是大非面前一如既往，讲原则，有道德，重工作的德才兼备者；

二是别人提拔起来的，但在新任领导主政时，仍能听从指挥，服从分配，干好本职工作的德才兼备者；

三是那些没有人为之说话，但确在某一方面，某一领域，真抓实干，抓出实效，干出成绩的无名小卒；

四是虽遭"小人"陷害，错被领导打入"冷宫"，却听得进闲言碎语，任得住委屈冤枉，受得了非难误解，咽得下辛酸苦辣，凭满腔热血一颗红心，默默无闻，耕耘不止的老黄牛。

五是敢于为民请命，犯颜直谏者。

何谓"小人"？

一是那些口是心非，吃里爬外，看风使舵的投机者；

二是那些挑拨离间，制造矛盾，编造谎言，唯恐天下不乱的是非者；

三是做一天和尚撞一天钟甚至连钟也懒得撞，却对干事者横挑鼻子竖挑眼、指手画脚的看戏者；

四是工作小有成效，但常干出法规所不容的事，每每还"贪天之功据为己有"，揽功诿过，成事不足，败事有余的危险者。五是当着领导面极尽谄媚之能事，背后无中生有，恶语中伤的"两面"者。

"贤臣"谏忠言，忠言逆耳但于事有益；"小人"打诳语，诳语动听却于事无补。

客观讲，某个区域，某个系统，某个单位，工作抓得怎样，经营效果如何，责任主要在"一把手"。毕竟"一把手"是"掌舵人、负责人"。然而，如果"亲小人，远贤臣"，避忠言，信诳语，方向再好，路子再对，自己再累，也会因"贤臣"的退避三舍，"小人"的兴风作浪，导致事倍功半，事与愿违。

当断不断，反受其乱；当决则决，定受其益。用好一批"贤臣"，至少可以节省三分之一的时间、精力去抓大事，还可以保证既定方针的贯彻落实。

"君子"和"小人"脸上没有贴着标签。如何识别，悉听尊便。但仁者见仁，智者见智。对于"君子"和"小人"，经历不同，位置各异，见识也有区别，但基本道理大致相同：贤明的领导者应该"亲贤臣，远小人"。

物以类聚，人以群分。如果领导者是"小人""亲小人，远贤臣"也未尝不可。只不过是用"江山"做抵押，赌注未勉大了点儿，并且注定会输得很惨。

然而，细想起来，"远小人"似乎不难。若知道是小人，甘心与其"同流合污"的毕竟不多，除非是臭味相投、相互利用。多的是在"不知不觉"的情况下，被小人所利用。可见，要"远小人"，首先得"识小人"。正如一位领导同志在离任后说："在任时糊涂，离任后清楚。对于小人，有的是在离任后才知其是小人，才知道不可'近'。"这位领导同志所言值得深思，对"识小人"和"远小人"很有帮助。

既为小人，自然善于见"权"行事，谁有权就跟谁"贴近"，甚至不惜"信誓旦旦"……当然，他们"贴近"的目的，在于"吃小亏占大便宜"，利用你手中的权力来为他们服务，而这一切都是不易识别的，致使一些在位的领导错把小人当君子、当能人，甚至言听计从，委以重任。即使有时觉得"不对劲"，也不从"坏处"想。

然而，既为小人，终究是会原形毕露的，尤其是当你无权无职、无利用价值的时候，他们就会露出"狐狸尾巴"来，使一些领导者"如梦方醒"，但已悔之晚矣！

当然，也不是说领导者在位时就识不了小人。倘若领导能够把握以下两条，还是可以洞察其奸的。

一是要多"近"群众。群众的眼睛是雪亮的，谁是君子，谁是小人，看得一清二楚。多"近"群众就能心明眼亮、明察秋毫。现在，一些领导之所以不识小人，原因之一就是"近"群众不够。如有的"近"的就是那么几个"中层"，有的甚至"近"的只是个别所谓"信得过"的身边人，这显然是一种不好的倾向，容易脱离群众，滋长出官僚主义和腐败现象。

二是要多问几个"为什么"。既为

小人，必有一副"小人相"，或"甜"得特别，或"亲"得异样，或"吹"得肉麻，或"勤"得反常……对此，领导者要在心里多问几个"为什么"，如果对这些"反常"行为多作一些冷静、周密、科学、细致的思考，就不难看清小人的真实面孔。

总之，"识小人"要有清醒的头脑、敏锐的目光、无私的品格，没有这样的境界，就很难"识小人"。这也说明领导者加强自身修养，提高自身思想素质的重要性。

所以，在现实这个世界，做人也许不必像古代帝王那样苛刻，但具备一些好的品质，成功应该是其自然的事情。凡事寻其本质、尊自然之道，而不是方法和技巧，这样才能于世间游刃有余。

上天欲使你兴旺，先让你艰辛遍尝

原文：险以说，困而不失其所亨，其唯君子乎！

释义：生命，的确有了坎坷才美丽，但如何使坎坷的生活变得尽可能的平坦，是一件很难的事。好好把握自己，把心态调整到最佳状态——为了更好的明天！

释例：十年桃花运光阴似箭，一朝蹇难天度日如年。福祸相当，能量守恒，不亏不盈，天道有常。《升》卦之后就是《困》卦，可见古人早已明白：前行的路必然是曲折的。进两步退一步，走走停停，停停走走，寻常百姓柴米油盐过日子，英雄豪杰顶天立地做大事，全不是坦途，都不会一帆风顺。《序卦》说："升而不已必困，故受之以《困》。"

《孟子·告子章句下》云："舜发于畎亩之中，傅说举于版筑之间，胶鬲举于鱼盐之中，管夷吾举于士，孙叔敖举于海，百里奚举于市。故天将降大任于斯人也，必先苦其心志，劳其筋骨，饿其体肤，空乏其身，行拂乱其所为，所以动心忍性，曾益其所不能。人恒过，然后能改；困于心，衡于虑，而后作……"——难道上天正是以艰难困苦栽培人的吗？

孟子的这番话说得很美，很神秘，揭示的道理动人心魄。上天欲玉成于人，则先让你将艰难困苦都尝遍。但是在始作《易》者看来，困难并不是上天对个别人的特殊恩赐，而是由"刚掩"造成的：阴柔掩盖了阳刚，邪恶遮挡了光明，小人压抑了君子。

《系辞下》说："困，德之辨也。"——小人遭际困厄往往悲观失望，一蹶不振；君子居困动心忍性，慨当以歌，愈挫愈奋，激励出前所未见的潜能，贞正之德不移，进德修业更加努力，于默默静守之中以待天时之变。

《困·象传》正是对君子的赞美："险以说，困而不失其所亨，其唯君子乎！"君子落难愈显其崇高，小人遭难愈见出其人格的渺小。《系辞下》预言："困，穷而通。"遭难的小人不能见及于此，自暴自弃反而愈会使自己落入灾难的深渊。君子恪守本命不坠雄心大志，知天知人知己，反而有助于度过困厄，转危为安。小人之围困于身，大人之困困于道；小人之惜惜于身，大人之惜惜于道。所以《困·大象传》说："君子以致命遂志。"

九四爻辞说："或者潜入深水，或者腾跃上进。"君子投身入渊，大任将降之际，诚惶诚恐如履薄冰，自个先做检验，先有一番迎接考验的磨砺功夫。

"吃得苦中苦，方为人上人。"要成为一位人人尊敬的人，必须经过重重磨炼，吃尽千辛万苦，才能享受丰硕的果实。

斑马群遭遇猛狮的袭击。在这紧要关头，斑马们默默地神速地围成一个三层的圆环，把小马驹牢牢地围在里面，簇拥着心爱拼命地飞奔。在他们看来，只有心爱的活下去，自己的生存才有意义。而狮子的狂蹄飞沙走石，踩着魔幻的鼓点，一步步逼来……眼看着一幕悲剧就要发生，这时，一只在斑马离开了自己的群体，义无反顾地冲向了狮子……

割断的鸣声以云的形象在天边萦回，那是慈爱的眼睛，目送着心爱的逃亡……

这是发生在非洲草原上的一幕情景。

自然界的竞争是残酷的，血淋淋的，而弱小的斑马在强大的狮子追捕之下捐躯赴死的壮举，却又让人的心灵受到强烈的震撼！那是一种坚忍之美。所表现的，是让人肃然起敬的弱者的坚强。

就搏斗本身的力量对比而言，这只斑马是弱者，它不堪一击，而就整个斑马群的繁衍生息而言，她是伟大的强者，她保证了这一物种的延续，而在她身上体现的，是一种了不起的献身精神。

由此，想到了人，想到了生活，虽然看不到刀光剑影，看不到鲜血淋漓，但就生存的严峻程度而言，人生的过程，何尝不是一种残酷的物竞天择呢！

正如"钢琴曲有波澜起伏，水彩画有鲜明黯然"一样，生活也不是一帆风顺的，挫折会时不时地成为你生活的一部分，那么如何以一种正确的心态去面对挫折，便是许多人所关注的问题，而有些人对待挫折的那份洒脱与乐观会给多数人很深的启示。

面对挫折，有人叹息，有人彷徨，有人哀叹老天的不公，命运的多舛。而你，去勇敢地正视挫折，投之以洒脱的一笑，坚信命运掌握在自己的手中，用"勤奋"去改变人生，主导命运。

当然凡事应有"度"，过于轻视挫折，过于洒脱地看待人生，也未必是件好事，有时也会削弱自己的斗志，滋长自己的"惰性"。

"故天将降大任于是人也，必先苦其心志，劳其筋骨，饿其体肤，空乏其身，行拂乱其所为，所以动心忍性，曾益其所不能。"这句话能流传至今，是有它一定的道理的。

生命，的确有了坎坷才美丽，但如何使坎坷的生活变得尽可能的平坦，是一件很难的事。好好把握自己，把心态调整到最佳状态——为了更好的明天！

由此，我不仅想问一问，今天的孩子们缺什么？恐怕有人说什么都不缺。因为不管是"吃、穿、玩"，还是"用"都称得上"现代化、高档化"了。可笔者以为缺的是人生不能缺少的"磨难"。

从对孩子的教育而言，贫穷和富裕是把"双刃剑"，贫穷能剥夺人享受的机会，却也能锻造人的性格；富裕能打开人的眼界，却也能窒息人的精神。对于今天的家长们来说，如何趋利避害，有意识地让孩子吃点苦、对他们进行点"磨难教育"，这对孩子们的一生都是至关重要的。

"天将降大任于斯人也，必先苦其心志，劳其筋骨，饿其体肤。"其实就是说要进行磨难教育。对于这一点，当今一些物质高度发达的国家非常重视，且比我们做得好。

例如，笔者在电视上看到，在滴水成冰的寒冬，俄罗斯的一些父母却带着孩子去冬泳，让孩子从小经受磨炼。美国也是"磨难教育"成风，目前全国已有30多个"磨难营"对青少年进行"磨难教育"。而在今天的中国，这点却被忽视了。

事实告诉我们：过去无数有成就的政治家、科学家、作家大都有小时候饱受磨难的经历，这也许是他们日后成功的关键所在。所谓"玉不琢，不成器"、"千锤百炼方成钢"正是对磨难教育的肯定和称颂。

经历过磨难的孩子才会知道今天的幸福生活来之不易，才会备加珍惜它，也才能在挫折和失败面前永不气馁、勇往直前。所以，在今天的中国对于这些称为"小皇帝"的孩子们，更不能少了"磨难教育"这一课。

家长们在疼爱你们的"小皇帝"时，千万不要忘记让他们多经历些"磨难"锻炼，因为这才是您送给孩子最珍贵、最厚重的礼物。

做事千万不可众叛亲离

原文：鸣鹤在阴，其子和之。

释义："阴"，指云阴，云中；"和"，唱和。"鸣鹤在阴，其子和之"是说仙鹤在云中飞舞，它的一家子都在与它唱和。无论什么时候，获得亲友支持都是至关重要的。

释例：商纣王是中国历史上第一大暴君，其统治手段之残忍在历史上是鲜有的。他鱼肉百姓，对百姓横征暴敛，弄得民不聊生。为了堵住天下人之口，他钳民而致天下人"道路以目"，更设立酷刑，镇压百姓，他还杀贤臣，留下一群溜须拍马之人。百姓敢怒而不敢言。后来，后周挥帜进攻，守城士卒纷纷掉转矛头，反抗商纣王，纣王众叛亲离，只得引火自焚，留下千古骂名。

孟子云：天时不如地利，地利不如人和。失道到了极点，就连亲人也会背叛他。得道到了极点，整个天下都会归顺他。带领整个天下的归顺之人去攻打那众叛亲离者，贤人君子不打则已，如果攻打，肯定获胜。

舜为什么为中国文化奠定了良好

的基础？因为他有优秀的干部。领袖固然重要，干部更重要。换言之，干部难得，领袖也难当。舜当时期定天下，留万古美名，靠他有禹、稷、契、皋陶、伯益五个好干部，天下就大治了。我们要特别注意，仅仅五个人就可以把天下治好。

我们研究历史，可以发现无论古今中外，任何一代，真正平定天下的，不过是几个人而已。汉高祖靠手里的三杰，张良、萧何、陈平而已。韩信还只是战将，不算在内。当然汉高祖也能干，很懂得采纳意见。汉光武中兴所谓云台二十八将，还不是中心人物，真正中心人物也不过几个人。外国历史，意大利复兴三杰，也只三个人。

每一个时代的治乱，最高思想的决策，几个人而已。岂止是国家大事，据我个人的经验所见，所体会的，不说大的，说小的，大公司的老板，我认识的也蛮多，曾看到他穷的时候，也看到他现在的发达，如旧小说上所说的"眼看他起高楼"的，也不过两三个人替他动脑筋，鬼搞鬼搞就搞起来了，不到十几年，拥有千万财产的都有；个人事业也是如此。

所以人生难得是知己。个人事业也好，国家大事也好，连一两个知己好友都没有，就免谈了。如果夫妇俩意见还不和的更困难了。所以孔子这个话是有深意的。

《周易》上说："二人同心，其利断金。"两个人志同道合，心性完全一致，真正的同志，这股精神力量可以无坚不摧。

周武王也说，他起来革命，打垮了

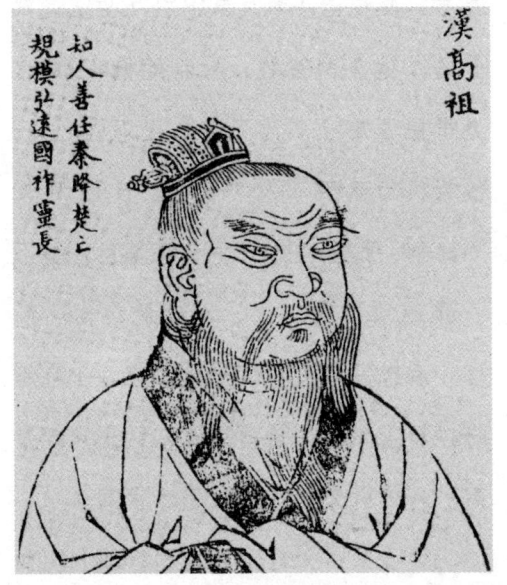

刘邦像，出自明·天然撰《历代古人像赞》。刘邦，西汉王朝的开国皇帝，字季，秦朝泗水郡沛县人，谥号高皇帝。《易经》乾的卦辞很简单，即："元、亨、贞"，这四个字是对领导要具备创始能力、创新能力、协调能力和为人要正真，对理想要坚持与忠诚，能承受暂时的困难和失败。汉高祖刘邦具备了上述的能力，善于用人，忍辱负重，最终打败了项羽，夺取了天下

纣王，平定天下，当时真正的好干部只有十个人，而这十个人当中，一个是好太太，男的只有九个。

孔子说"才难"，真是人才难得。这里孔子对学生说，你们注意啊！人才是这样难得，从历史上舜与武王的事例看，可不就是吗？

"唐虞之际"，尧舜禹三代以下一直到周朝，这千把年的历史，"于斯为盛"，到周朝开国的时候，是人才鼎盛的时期，也只有八九个人而已。周朝连续八百年的治权，文化优秀，一切文化建设鼎盛。但是也只有十个人把这个文化的根基打下来，而这十个人当中，还有一个女人，男人只有九人。但在周武王的前期，整个的天下，三分有其二，占了一半以上，还不轻易谈革命，仍然执诸侯之礼，这是真正的政治道德。

这个历史哲学，孔子讲的是"才难"。我们知道清代乾隆以后，嘉庆年间有个怪人龚定庵。今天我们讲中国思想，近一百多年来，受他的影响很大，康有为、梁启超等等，都受了他的影响。他才气非常高，文章也非常好，而且那个时候他留意了国防。外蒙古、东北边疆，他都去了，而且他认为中国问题的发生，都是边疆问题。事实上边疆有漏洞，西北陆上有俄国，东面隔海有日本，将来一定出大问题，他也狂得很，作了一篇文章，也讲"才难"。当时他说天下将要大乱，因为没有人才，他在文章中骂得很厉害，他说"朝无才相、巷无才偷、泽无才盗。"连有才的小人都没有了，所以他感叹这个时代人才完了，过不了多少年，天下要大乱了，果然不出半个世纪，洪秀全出来造反，紧接着，内忧外患接连而来，被他说中了。这就是说兴衰治乱之机，社会安宁的重心在人才。

不过龚定庵是怪人，不足以提倡。他怪，出个儿子更怪，他儿子后来别号叫龚半伦，在五伦里不认父亲。他更狂，读父亲的文章时，把他父亲龚定庵的神主牌放在一边，手里拿一支棒子，读到他认为不对的地方，就敲打一下神主牌，斥道："你又错了！"这就是龚半伦，人伦逆子中的怪物。

和气生财，中国人做事，特别信奉这句话。事情不能一个人做，钱不能一个人赚。在做事赚钱的同时，要是把与周围人的关系处好了,你就是大家推崇拥护的对象。

所以切不可与身边那些足以影响乃至决定你事业的"群众"们意气用事。

其实,生活是一种支撑。

人生在世,需要学会支撑。支撑事业,支撑家庭,甚至支撑起整个社会。从某种意义上说,生活本身就是一种支撑。

"给我一个支撑点,我会把地球支起。"从古希腊哲人的名言中,读出了生活的几分狂妄,几分自信。这是支撑生活的魅力。

泰戈尔说,错过太阳时,你在哭泣,那么你也会错过星星。在生活的抗争后,哪怕满身疮痍,也该把无奈沉入心底,这是支撑生活的哲理。

不能舍去别人都有的,就得不到别人都没有的。会生活的人失去的多,得到的更多,这是支撑生活的固执。

能把心割碎赠给他人,你会赢得更多的朋友,多一个朋友,多一个世界。蓦然回首,你不再是孤寂的独行人,这是支撑生活的艺术。

支撑着,在万紫千红的春天;支撑着,在赤热炎炎的夏日;支撑着,在寒风萧瑟的秋季;支撑着,在冰天雪地的严冬。

也许由于时光匆忙,让我们忽视了岁月的流逝;也许因为生活多彩,使我们忘记了季节的更替,冬的身影尚未完全离去,春的脚步竟已悄然来临。

我们无法追回昨天,也无法向明天借贷。幸福与悲伤,成功与失败,一切如春夏秋冬,花开花落,酷热寒冷,面对生活,重要的是有一份支撑的心境。

生活像浩瀚的海洋,不会永远风平浪静,间或涌起惊涛骇浪;生活就像一片广袤的原野,不会永远和风徐徐,间或徒生狂风暴雨,唯有迎接风雨、挑战骇浪的心态和勇气,才能驾驭生命之舟,驶向生活的海洋,猎取光彩的浪花。

如果我们能用这样一种心境,这样一种精神去对待生活、支撑生活,昨天的伤痛和遗憾便不会羁绊我们的脚步,煎熬我们的灵魂;我们就会走过黑夜,迎来黎明,拥有太阳,享受光明。

支撑生活,就是支撑生命。因此,我们的生活应当绽放于春,潇洒于夏,无畏于秋,傲然于冬。进取在生活中,亮出自己的旗，发出自己的光；生活得不卑不亢如山，轻松自在如水，敢说敢干如风，微笑乐观如花……

生活的每一个年轮，都交织着跌宕波澜，珍藏着美好希望。当全新的一天昭示着我们走向成熟、走向未来的时候，让我们扬起笑脸、支撑美好，去创造又一个灿烂的明天。

诚信合作才会成功

原文：与人同者，物必归焉。

释义：《序卦》说："与人同者，物必归焉，故受之以《大有》。""与人同"，大约说的是搞统一战线，团结一切可以团结的力量，动员并组织民众，最大限度地收揽人心，孤立和打击共同的敌人。旧儒解释"物必归焉"云："以己之欲从人之欲，则天下之物皆归于己。"话说得太漂亮了，就不真实不明确了。

释例：其实这里说的，明明是由前因所导致的政治后果——得天下。所谓"与人同者，物必归焉"，假如说白了，意思就是讲最得人心的人一定能够得到天下，而且确实得到了天下。如果说，《同人》影影绰绰讲的是周武王取殷纣王而代之；那么，《大有》当然说的就是周公摄政那回事情了。

将《同人》上下二经卦颠倒过来就是《大有》卦。万物的生长总是与天时地利的运转不谋而合，大人的所作所为也应该与天下万众的心愿同心相结。一个天下归心的人，就是一个可以收天下之物于己的人。

这个卦认为，要突破世界的闭塞，需要人与人之间的和同与团结。如果每个人都能公平无私地与人和同；那就是圣人理想中的大同。世界上所有的人都能和同起来，当然亨通。

我们现在的外交政策，"求大同，存小异"的原则，就是从《周易》中来的。

和同，要有对象。你没有和同的对象，就是孤家寡人，就是失道寡助。

孤独，并不吉祥。

和同，需要打破门户之见。不能有宗派主义，不能有私心杂念。

和同，需要道义，需要正义。不能和稀泥，要坚持原则。但在坚持原则之下，就要允许不同的意见与观念的存在。

这些，不是我们这个世界天天在说

的大道理吗?

人,活在世上,你必须与他人和同,除此别无他路。

孔子在周游列国,行教化之责的时候,有一位耕田的隐士耻笑他正事不干,一辈子往人堆里扎。孔子回敬这位隐士时说:"人不可能与禽兽住在一起,采取逃避现实的态度,我不与人在一起,又能跟谁在一起呢?"

和同,是人生积极的态度。和同,并非同流合污。

在21世纪初的一张报纸上,谈到"升职人的四大特质"时,把"具有合作精神"列在第二位,可见"合作"在成功人生中的重要地位。

这使我想起台湾佛教慈济大学的校训。慈济大学的创办人是一位弱女子,后来闻名世界,她叫证严法师。她给学生和弟子的一条训示是"合群"。合群,就是有团队精神,能有"和同"的本领。

与什么样的人合作,如何合作,才能谈到成就。

你能从人的说话状态中,看出一个人的心理吗?你能确定他说话时在想些什么吗?

《周易》的《系辞下》中有一段很古老很精彩的话,供你参考——

想背叛你的人,说话会有惭愧的表情;心中有疑虑的人,说话杂乱矛盾;有修养的人,说话少;浮躁的人,说话多;诬蔑善良的人,说话游移不定;有失操守的人,说话含混,不能直截了当。

它的原文是这样的:"将叛者其辞惭,心中疑者其辞枝,吉人之辞寡,躁人之辞多,诬善之人其辞游,失其守者其辞屈。"

这可是几千年前我们的祖先说的话呵!我以为,如果不学习《周易》,是对智能的一种忽略。而当今社会,知识可以买卖,而智能仍需自己去寻找。

做人做事,一定要与真诚者合作。

如果价钱谈得合适,父亲和老婆都可以卖的人,尽管聪明,尽管能干,也不能视他为合作的对象。更不说要真正的合作了!

真诚者在哪?如何鉴别真诚者?

真诚者在于他有仁有义。

《周易》说,天、地、人有三大法则——

天的法则:阴与阳;

地的法则：柔与刚；

人的法则：仁与义。

阴阳是气体，柔刚是形体，仁义是德性。

阴阳之气凝聚成柔刚之形体。仁是柔和的德性，义是刚直的德性。

有仁人义为之真诚。

志同才能道合。志不同道不合。

《周易》的同人卦里说："同人于野，利涉大川，利君子贞。"

同人卦的"卦辞"和"象辞"说了几个"和同"的有趣现象。

一是和同于野。与人和同，与人集结，要在空旷的野外，而不是相聚于密室。这似乎是说集结的目的光明正大，磊落，没有什么见不得人的东西。

它进一步的意义是，在旷野中集合群众，象征在最大的范围，公平无私地与人和同，这是圣人理想中的大同。

世界上所有的人和同，当然亨通。

二是同人卦的卦象。说同人卦的象是天底下烧着一把火。天光朗朗，这样的天底下烧着的那把火，又是光明的，火焰向上的。这样的"象"，即天与火同亮，都有光明的德性；天与火都有向上的志向：高远而又广阔。

它的象征意义是，天是外卦，是乾，刚健有力，利于前进，所以以"利涉大川"来比拟；内卦是离，是火，意味着内心光明。

内心光明，外向又有刚健的性格，这些都是纯洁正直的德行，所以占断起来，是人人调和，意志沟通，团结一致，能够冒险犯难，无往不利。

《周易》中所说的和同，当然是现在的"合作"。

合作，要有光明的心理，进而要有光明的行为。

合作中要注意的问题，以及各个层面上的合作所带来的收效与利弊，都有详细的论述。

第一，与人合作，要打破门户之见。

《周易》上虽说"同人于门，无咎"，但主要强调"象曰：出门同人，又谁咎也"。

同门之中，你积极去与师兄师弟甚至师父合作、和同，没有什么不好。如果你走出门外，与更多的人合作，与更多的人和同，又有谁说你不好呢？

《周易》在这里强调的，是打破门户的合作，是最广泛的合作。

第二，与人合作，要打破宗族观念。

《周易》明确地说："同人于宗，吝。"如果我们只同亲近人合作，与宗派团体（包括宗族）合作，就危险。《周易》再进一步感叹："同人于宗，吝道也。"它的意思是，在天下大同的理想前提下，你以宗族和同的方法来对待世界，虽然说不上是错误，但真是不值得提倡的事，也不值得赞扬。

第三，和同与合作的目的，首先是正义的合作。

如果是正义的合作，就会不怕牺牲。和同要代表正义，正义和同了，邪恶就会屈服，就不会得逞了！

如果让非正义和同了，合作了，那世界只好等待灾难了！

第四，有时本身中正，正义，但得不到合作，得不到和同，这也是常有的。所以《周易》里说："同人，先号咷而后笑，大师克相遇。"

在这个时候，你就要相信，正义一定会战胜邪恶。要悲愤，要努力。

至于合作以后的景观，以及成就，那是不言而喻的。

孔子曾说："君子立身处世的原则，或者从政，或者隐居，或者缄默，或者议论，二人一条心，就有断铁的锐利；志同道合的言论，就像兰花一样芬芳。"

两人同心同行，尚且如此。如果你与许多人合作，和同，那成就不是早就摆在那里了吗？

有一个情况可以不合作，不和同。这样的不合作，不和同，虽然不会后悔，但也说不上得志。

比如一群坏人在做坏事。你不同流合污。

《周易》说，远离人群，是因为不愿同流合污，早已觉悟，所以不会后悔。

但这样孤独清高的人，自己也许不后悔，但在别人看来，并不是真正的得志。

你是人，你能离开人，住到牛羊那里去么？

《论语》的"微子篇"中就记述孔子为追求理想，流浪天下，途中被正在耕田的隐士嘲笑。孔子就说："人不可能与禽兽住在一起，采取逃避的态度。如果是这样的话，我不与人在一起，又能跟谁在一起呢？"

这个故事告诉我们：人不能离开人。所以说，你可以同流，但不合污，足矣！

像莲花，出淤泥而不染。

"二人同心，其利断金"这句话出自孔子之口，意思是只要大家齐心协力，就会像一把锋利的好刀，削铁如泥。一切事业都必须精诚合作才有希望成功。

有人和上帝讨论天堂和地狱的问题。上帝对他说："来吧！我让你看看什么是地狱。"

他们走进一个房间。一群人围着一大锅肉汤，但每个人看上去一脸饿相，瘦骨伶仃。他们每个人都有一只可以够到锅里的汤勺，但汤勺的柄比他们的手臂还长，自己没法把汤送进嘴里。有肉汤喝不到肚子。只能望"汤"兴叹，无可奈何。

"来吧！我再让你看看天堂。"上帝把这个人领到另一个房间。这里的一切和刚才那个房间没什么不同，一锅汤、一群人、一样的长柄汤勺，但大家都身宽体胖，正在快乐地歌唱着幸福。

"为什么？"这个人不解地问，"为什么地狱的人喝不到肉汤，而天堂的人却能喝到？"

上帝微笑着说："很简单，在这儿，他们都会喂别人。"

故事并不复杂，但却蕴涵着深刻的社会哲理和强烈的警示意义。同样的条件，同样的设备，为什么一些人把它变成了天堂而另一些人却经营成了地狱？关键就在于，你是选择共同幸福还是独霸利益。

随着社会的发展，人与人之间交往日益频繁，既存在着激烈的竞争，又有着广泛的联系与合作。一个缺乏合作精神的人，不仅事业上难有建树，很难适应时代发展的需要，也难在激烈的竞争中立于不败之地。

越是现代社会，孤家寡人、单枪匹马越难取得成功，越需要团结协作，形成合力。从某种意义上讲，帮别人就是帮自己，合则共存，分则俱损。如果因为心胸狭隘，单枪匹马去干事，放着身边的人力资源不去利用，结果只能是事倍功半，甚至更糟。

优秀人才有机结合在一起，就会相映生辉，相得益彰。如今许多企业实行强强联合，就是希望通过合作产生巨大的能量，达成双赢的效果。

现实生活中，有些人乐于助人、广结善缘，产生了较强的亲和力，工作起来就得心应手，左右逢源。相反，有的人虽然自身素质不错，优点、长处挺多，却与同事关系紧张，在需要合作的事情上明显发挥不了自己的应有作用。实践证明，无法与他人和睦相处、坦诚合作，是一些同志与成功无缘的原因之一。

合作的关键是要有容人之心。正确评价自己，清醒看到自己的不足与短处，才能产生与人合作、共同发展的强烈愿望，充分发挥自己的潜能。如果用自己的长处比别人的短处，看不见自己的短处和别人的长处，就很难与人精诚合作。

在合作过程中，相互之间难免会有意见相左、磕磕碰碰的时候，也难免有差错、有失误，能不能相互宽容谅解，营造一个和谐宽松的合作氛围，往往直接影响事业的成败。

合作就要互相补充，尤其当合作伙伴的失误给共同的事业造成困难或损失的时候，应该给予充分理解与热情鼓励，开诚布公地指出失误，实事求是地分析原因，心平气和地探讨对策，以帮助合作伙伴尽快走出失误的阴影，振奋精神。这样才能尽快克服困难，尽量减少损失。

有的人遇到困难或不顺就一味埋怨指责合作伙伴，或者有了成绩则贪天之功，结果是挫伤了别人的积极性，引起别人的反感，妨碍今后的合作，显然不是明智之举。

哲学家威廉·詹姆士曾经说过，"如果你能够使别人乐意和你合作，不论做任何事情，你都可以无往不胜。"合作是一种能力，更是一种艺术。唯有善于与人合作，才能获得更大的力量，争取更大的成功。

"与人同者，物必归焉，故受之以大有。"找志同道合的人，要"与人同者"替我想，也替你想，没有自私占有，欲自私只有公众的大自私，为团体而自私，为国家而自私，为天下而自私，这就是"与人同者"。能够有这样的胸襟，就"物必归焉"，天下万物都向同人集中了。所以同人卦下面就是大有卦，就是说公正廉明的人，就有很多朋友，很多部下拥护，所以同人的综卦，就是大有，所有好的都集中在一起。

一位成功的人如果能获得他的朋友贡献出全部能力，那是因为他在他们和个人的意识中灌输了一个极为强烈的动机，使每一个人能放弃他自己的个人利益，而以一种极为和谐的精神给予合作。

不管你是谁，也不管你的明确的目标是什么，只要你计划通过其他人的合作努力而实现你的明确目标，那么，你一定要在你所寻求合作的每一个人的意识中培养出一个动机，而且这个动机要强烈到足以使他们同你进行完全彻底、毫不自私的充分合作。

"合作"可使人们获得双重的奖励：一方面可使我们获得生活的一切需求享受；另一方面可使我们的内心获得平静，这是贪婪者所永远无法得到的。贪心不足的人也许可以积聚庞大的物质财富；此一事实是不容否认的。但是他将会为了贪图一时的小利，而出卖了他的灵魂。

因为只有动机中正的合作才是愉快的合作，才是明智的合作，无所不利的合作。

记住"进退存亡得失"六字箴言

原文：亢之为言也，知进而不知返，知存而不知亡，知得而不知丧，其唯圣人乎？知进退存亡而不失其正者，其唯圣人乎？

释义：亢就是"亢龙有悔"的亢，就是高亢。这点每个人都要注意，做人做事，不要过头，过头就是亢；大家都是平等的，只知道进不知道退，只知道存不知道亡，只知道得不知道失去，就是亢；人很容易犯这个毛病，知道进退存亡得失的关键，就是圣人。学《易》就是使我们知道"进退存亡得失"六个字。

释例：比如，付出是主动地给予、服务和奉献。失去是被动地、不能控制的损失。付出的结果是快乐，失去的结果是痛苦。

当人们在追寻幸福和快乐时，错误地认为得到越多越好，不愿意付出和吃亏。但实际上，当索取达到贪婪的程度，往往会得不偿失，其结果是痛苦。当失去已经成为必然的时候，为什么不选择以付出的方式，从你得到的部分回报社会、服务社会、奉献给那些需要你帮助和施舍的人呢？

如果你能参透这层道理，就知道了避免痛苦的方法。当你有能力主动选择的时候，提前付出而避免失去。付出不取决于你拥有多少财富，而在于你心里愿意与否。金钱与情感的付出都是一样的道理。

有一个人两手拿了两个花瓶前来献佛。

佛陀对他说："放下！"

那个人就把他左手拿的那个花瓶放下了。

佛陀又说："放下！"

那个人又把他右手拿的那个花瓶放下。

佛陀还是对他说："放下！"

那个人说："能放下的我已经都放下了，我现在两手空空，没有什么可以再放下了，你到底让我放下什么呢？"

佛陀说："我让你放下的，你一样也没有放下；我没有让你放下的，你全都放下了。花瓶是否放下并不重要，我要你放下的是你的六根、六尘和六识。你的心已经被这些东西充满了，只有放下这些，你才能从生活的桎梏中解脱出来，才能懂得真正的生活。"

那个人终于明白了。

佛陀说："'放下'这两个字听起来容易，做起来却是很难。有的人追求功名，他放不下功名；有了金钱，就放不下金钱；有了爱情，就放不下爱情；有了嫉妒，就放不下嫉妒。

世人能有几个能真正地'放下'呢！"

人生是一门高超的艺术，我们都是艺术家，每人都在上演着绝无重复的绝版话剧。然而，你要想成为精明高深的真正艺术家。那你就必须掌握人生的真谛。

不少人都曾苦苦地追寻，切切地询问"人生的真谛究竟是什么"？其实人生的真谛就是八个字。"进退适时，取舍得当"。

因为，现实的生活本身就是一种特殊的悖论：这种悖论以两种形式而成立。一种是由于现实生活的无比精彩，使我们产生了极度依恋生活所给予的馈赠。当我们需要知识时，能面壁寒窗十载不为苦；当我们需要爱情时，能放下七尺男儿的所有尊严不为羞；当我们需要事业时，能委曲求全溜须拍马不脸红；凡此种种无法细述。就是那句话"该出手时就手"。紧紧捉住决不留情。

然而，人生悖论的另一种，则又注定了谁也无法带走生活给你的半点礼物。人生一世紧握双拳而来，平摊双手而去。也是那句话"该放手时就放手"。你不想放手也不行。

人生苦短，握紧宝贵的每分每秒这没有错。但你也不能将其握得太紧，放不开手。人生是一枚硬币。你不可能在每次掷出的时候，能保证都正面朝上。

由于现实的残酷和无情，反面朝上的时候不会是少数。理想和现实之间不存在等号，也不会是平行线。这就要求我们必须接受失去，学会"该放手时就放手"。

俗话说"说起容易做起难"。这一人生的悖论并不是人人都会接受的。特别是当我们年轻气盛风华正茂的时候，总是心高气昂地认为世上的一切都将会听从我们的使唤。总是相信这样的信条"只要你全身心地投入，你所追求的就一定会成功"。

然而，生活就是生活，它总是按部就班地、不紧不慢地、从从容容地走到我们面前。当我们看清了它的真面目的时候，你那为青春而自豪的黑发早已雪花点点了。因此，认识这一悖论另一面是一个缓慢而艰辛的过程，但它又是每个人都必须认识的过程。

其实，人生从一开始就是在不断的失去中慢慢成长起来的。没有失去娘胎的温暖，你不可能来到这个世界；没有失去永不复返的童真，你不可能走向成熟；没有失去父母的保护，你不可能独立社会；没有失去个人的自由，你不可能建立家庭。

人生既是悖论，就是因为它存在着两个不同的对立面。我们所需要掌握的就是使它们做到对立统一。我们不能因为它的精彩而死抱不放；也不能因为它无法带走而放弃追求。这就必须寻求一种更为宽广的视野，透过通往永恒的窗口来审度自己的人生。

有了这永恒的窗口，我们就能在这人生的悖论中找到共存的支点：尽管生命有限，而我们在人世间的一切'作为'均为人们织就了永恒的图景。这一图景无论是真、善、美，还是假、恶、丑都将久远地生存下去，它不会因为我们肉体的消亡而消亡。和珅千秋脱不掉大贪官的帽子。屈原虽投江自尽则万代均为美谈。

人生得失是事物之必然，当你"得"时无须得意忘形，当你"失"时何必痛心疾首。殊不知，人只有在不断的"失去"中才能获得永恒不变的"得"。

"该出手时就出手"这通常人都能做到。而"该放手时就放手"则须有很高的境界。你何不用心去体验这放手的秘诀呢？

宁可过之于严，不可纵之以宽

原文：君子以言有物而行有恒。

释义："君子以言有物而行有恒。"居家的君子，其中包括在田埂上走来走去创造历史的"神农"，除了吃饭以外，张口就应该言之有物，说话要说实实在在的大老实话，不能像老庄那样胡说八道，更不许像宋明的哲学家整日空谈心性，一旦胡马骤至，那是一定要误国误家的。

"行有恒"，打猎、种田、摇纺车、养儿育女，这些都是正经事，绝对不能三天打鱼两天晒网。当然还有读圣贤的书，光宗耀祖求功名，弄文学弄艺术弄电影，弄量子力学弄生物工程，弄那从未得过的诺贝尔大奖，都不是十天八天、三年五年所能侥幸奏效，必得埋头苦干泡实验室坐冷板凳——"行有恒"！

释例：初九，突出了一个做事慎始的道理：没有规矩不成方圆，有家就要立马立规矩，等到无规矩乱了套，无论如何怨天尤人都晚了。

九三，讲男人立家规的指导原则：宁可过之于严，不可纵之以宽，文章说理还有点比较研究的味道：治家严厉一点总比嘻嘻哈哈强！

《大象传》说：《家人》内卦是离，外卦是巽；离为火，巽为风，风从火出而生烟，或田猎，或农牧，荒野之中炊烟袅袅，便是燕居家人之象。燃火生风，风又助火，化外之风源于家人之火，社会教化的根本滋生于一户一家。世间君子不尚空谈，说话做事实实在在，立身行事端正恒常，笃守诚信。

初九一个家庭刚刚建立，就应该娴习家务，尽快适应家庭生活，能把一个家庭治理得井井有条，将来也就可以当官从政了。治家之本，重在初始，严明家道，规矩立于当初，种种偏邪不经之事就可以防患于未然。不良家风一旦形成，败坏门风之行一旦木已成舟，到那时再去后悔，再去花大力气立规矩，已经来不及了。

《小象传》说："娴习家务，严明家道，规矩立于当初。"这显然说明初九治理家庭的意图是希望首先有一个良好的开端，为了有效预防日后种种不虞之事的出现，才从美好的德化、严明的规矩里求保证，以便未雨绸缪，长远规划，从大局着眼。

圣明的君王用他崇高的美德感化众人，从而保有天下国家，这样做不必忧虑什么，一切都很吉祥。

《小象传》说："君王保有天下国家。"这说明在天下这个大家庭里，你爱我，我爱你，就像在一个小家庭之中，父子、兄弟、夫妇之间，彼此相亲相爱一样。

诚实守信，说到做到，治理一个家庭既有威严，又有很高的情感信誉，这样下来永远都会平安吉祥。

《小象传》说："治理家庭既有威严，又有很高的情感信誉，因而吉祥。"这说明上九以阳刚之身处全家之上，在管教妻小晚辈的同时，又能反身自省，要求自己比要求他人还要严格。

历览古今多少事，成由勤俭败由奢。——明明知道一定会因"奢"而"败"，却依然如故还是要"奢"！天下帝王家也好，寻常百姓家也罢，自古以来，就要拿出治国的力气来治家，英明如唐太宗，能救世济民，却治不好自家的家。

这乍一看很稀奇，却是中国历史上屡见不鲜的寻常事。原因究竟在哪里呢？财产所有制与婚制之间——只能去小心控制，却无法从根本上消除的——矛盾，不仅使家庭一再出现祸乱，还要把本来稳定太平的国家一次次拖进深渊。

纵观古今，凡达官贵人之家，大多好景不长，因其子孙逐渐骄奢淫逸，过不了两三代，便门第没落，日薄西山，气息奄奄。唯独曾国藩兄弟五人的家庭，至今190余年间，绵延至第八代孙，共出有名望的人才240余人，如此长盛兴旺之家，在古今中外皆属罕见。曾氏家族之所以如此人才辈出，是与曾国藩良好的家风、严谨的家教、丰富的家庭藏书密不可分的。

常言道，身教重于言教，榜样的力量是无穷的。曾国藩生长于一个勤俭孝友的大家庭，他自结婚后，生有子女，虽任侍郎，任总督，任大学士，直到封侯拜相，他的家庭生活，仍然和青少年时期当农民一样，克勤克俭，戒骄戒躁，从未丝毫骄奢，这是许多人都不易办到的。

曾国藩的日常饮食，总以一荤为主，非客到，不增一荤，时人称之为"一品宰相"。其穿戴更是简朴，一件青缎马褂一穿就是三十年。曾国藩出将入相，每天日理万机，自晨至晚，勤奋工作，从不懈怠。主要公文，均自批自拟，很少假手他人。晚年右目失明，仍然天天坚持不懈。他所写日记，直到临死之前一日才停止。其妻子女儿，跟他同住江宁（今南京）两江总督府。他规定她们白天下厨做饭菜，夜晚纺纱织布到11点，日日夜夜如此，从未间断。

"滚滚长江东逝水，浪花淘尽英雄。"鉴古观今，许多达官贵人之家曾红极一时，然而由于家教不严家风不正，往往好景不长，有如昙花一现。古往今来，无数的教训皆是触目惊心的。然而曾国藩家族的众多后裔恪守祖训，人人刻苦自励，自强不息，和穷苦子弟一样克勤克俭操持家务，坚持体力劳动，发奋半耕半读，因此能吃苦耐劳，从小便磨炼出一副钢筋铁骨，加上知书达理，德才兼备，随时可以对付种种恶劣的环境。

所以，历经百年几次改朝换代内战外患天灾人祸，唯曾氏书香门第欣欣向荣，人才辈出长盛不衰。曾国藩家族至今绵延至第八代，240余人中，大多成为教育界与科技界的名家大师，没有出一个纨绔子弟。如此人才辈出的家族，确实值得整个中华民族细细研究，为之效法。

做人要慎重保晚节

原文：六四，括囊，无咎无誉。象曰：括囊无咎，慎不害也。

释义：中国有两个字"囊"与"橐"，古代有口的布袋为囊，中间向两头都开口的布袋，背在肩上的为橐。括囊是口袋的口收紧，不是装满口袋，这是下半月二十三、四日的月亮，半个口袋,袋口收紧了,"无咎"不会出毛病,但是亦"无誉",没有人恭维,既不被人毁谤,亦得不到别人恭维。

释例:中国文化古代一般读书人,讲修养,讲人生,自己做一辈子事业,最后退休了,晚年还乡,检讨一下自己,没有毛病,平安退回来了,往事不讲,"英雄到老皆皈佛,宿将还山不论兵。"

这个现象就是把自己嘴巴闭起来了——括囊,既无咎,亦无誉,那么这样括囊无咎,慎重到了极点,没有害处。

记得,一位领导干部曾对高空作业的工人说:"我们的工作有个共同点,都是位高而不头晕。"诙谐的语言道出了"清清醒醒为官、明明白白做人"的重要性。

面对金钱、权利、地位、美色等形形色色的诱惑,要挡住诱惑、耐住寂寞、守住清贫,是不容易的。要做到"头不晕",在我看来,关键在于在生活和工作做到慎微、慎欲、慎终,进而严于律己。

"慎微"。《明太祖宝训·卷四》中云:"不虑于微,始贻大患;不防于小,终累大德。"慎微就是要防微杜渐,坚持做到"莫以恶小而为之"。

现在,个别干部把吃请一顿饭、喝一瓶酒、拿盒茶、拿条烟当作是无伤大雅的"小节",认为只要不犯大错误,不搞大腐败,犯点小错误,得点小实惠,组织会宽容、原谅。其实,任何人都不应该有"下不为例"的侥幸心理和"见好就收"的投机心理。

俗话说"小洞不补,大洞吃苦"、"千里之堤,溃于蚁穴",不少原本优秀的领导干部之所以变得贪赃枉法、腐化堕落,往往是从吃一顿"便饭"、进一次舞厅、收一回"红包"等"小节"开始,最终愈演愈烈,导致锒铛入狱或丢掉性命的。

因此,要警惕"小节"的潜移默化的腐蚀作用,从生活中一点一滴的"小节"入手,严于律己。避免由"小节"而演化成的大问题。

"慎欲"。有道是"壁立千仞,无欲则刚"。有些同志在急难险重的任务面前敢打敢拼,但面对功名利禄却心乱神迷;有些同志平时温文儒雅知书达理,但一涉足灯红酒绿的场所就成了"迷途的羔羊"。归根结底,皆因"欲望"作祟。欲望是个无底洞,古人说:

"欲不除，如蛾扑灯，焚身乃止；贪无了，若猩嗜酒，鞭血方休。"

因此，应牢固树立正确的人生观、利益观和价值观，自觉抵制灯红酒绿和各种腐朽思想文化的侵蚀，遏止私欲膨胀。在工作中不以"利益"为标准，不能盯着"荣誉""位子"来干工作，要淡泊名利，保持心态平衡。在生活上守住清贫，不贪图安逸和享受，洁身自好，不断强化思想道德修养。

"慎终"。常说"万事开头难"，其实能够一以贯之地结好尾更难。毛泽东同志曾说过："一个人做点好事并不难，难的是一辈子做好事。"

可见，做事业做贡献，难在坚持到底，贵在坚持到底。有些党员干部之所以在临近退休或离任的关头心理失衡，晚节不保，没有站好最后一班岗，就因为认为年龄到杠、职务到头，"有权不用、过期作废"，开始想捞点"实惠"，结果不仅给党和人民的事业造成损失，自己也身败名裂。

完善自我，真正做到慎微、慎欲、慎终，关键要自重、自省、自警、自励。要用先进的政治理论和科学知识武装头脑、净化心灵，永葆做人的本性。切不可一着不"慎"，满盘皆输。

但行好事莫问前程

原文：将水井修治完善，没有咎害。

释义：但做好事，但修其身，只要能把你这口"井"修好，便可以告慰天人，告慰本心了，至于往后能否得志见用，那就不必去多虑了。

释例：这就是《系辞下》："井，德之地也。……井以辨义"的深层含义。作为一个政治的、道德的和伦理的标度，如此之《井》，已经不再是平凡的实存之物，已经不再是凡人的日用之器，它是立于实存之物上面的理，它是由日用之器升华出来的道，它于烟火袅袅的村寨幻化出自己尽善尽美的身影，告别了村社农舍而荣登圣门龙庭。

一个当国者，必当以如此这般的理念为道德命令；一个欲求大有天下的人，必当以如此这般的美德来修持自己的德性。总之，一个同样是凡人的人，在道义上他就理应成为济民养物直到永远的——井！

《易》之为言，素以象喻，故而《井》卦卦辞："改邑不改井，无丧无得，往来井井。"全是一语多关。它们既是对井的经验陈述，又是在阐述井之为井的当然之理。

人群聚居之地可以变换，城头上的大王旗可以变换，江山社稷也可以频繁更易，然而只有一竿子到底的水井威武不屈，贫贱不移，浩然成为滚滚红尘中的中流砥柱。

纵然历经千秋万代，任随地老天荒，只要你是大有天下的君王，就应当像只作奉献不事索取的水井那样，敬德保民，育养万物。人君之施其德也，"井养而不穷"，水井立身大地，损之又损而无丧，益之又益而不盈，时时以涌泉相报无数来者。

所以，但行好事莫问前程。

中国有句俗语叫"知恩图报"，劝诫人们受到他人的恩惠要找机会报答。还有一句话为：受滴水之恩应报之以涌泉，说的是要加倍回报他人的恩惠。然而我们只能用这些古训来要求自己，对于那些不懂得"知恩图报"的人，我们只能说他们不近人情，如果不想再"施惠"给他们，远离他们就是了。

但是，当谈到回报，想想在我们自身的生活经历中，还有多少"回报"尚待我们去做，而又有多少"回报"是我们永远无法完成的功课呢？

还有，那些在旅途中无私帮助我们脱离困境却不留姓名的人；那些在我们人生的转折点上助我们一臂之力的人……仔细地回想过去，谈不尽那许许多多好心人的帮助。

鲜花、礼品甚至金钱，都不足以报答他人在关键时期给予我们的恩惠。

中国民间的"增广贤文"中有一句话，曰："但行好事，莫问前程。"如果我们想做好事，就用这句话来劝诫自己，莫想"回报"二字。

人生在世，每个人都有受他人恩惠的经历，但却不一定都有机会完成"回报"的工作，所以能有机会施惠予人而不求回报，不也是一种快乐吗？

付出就会有回报的。回报的形式是不一样的。有精神的有物质的。有明显的，有潜在的，要正确对待。俗话说得好呀：善有善报，恶有恶报，不是不报，时辰未到，时辰一到，善恶都报。但行好事莫问前程。

积善之家有余庆，积恶之家有余殃。善欲人知不为善，恶恐人知实为恶。我们的付出有时虽然暂时得不到回报,也是正常的,有时人的赞誉也是听不到的,但是我们在心理上坦然就是回报。也就是说为人不做亏心事,半夜敲门心不惊。我们可以安稳地休息就是一种潜在的回报。

禅院的草地上一片枯黄,小和尚看在眼里,对师父说:"师父,快快撒点草籽吧!这草地太难看了。"

师父说:"不着急,什么时候有空了,我去买一些草籽。什么时候都能撒,急什么呢?随时!"

中秋的时候,师父把草籽买回来了,给了小和尚,说:"去吧,把草籽撒在地上。"小和尚高兴地说:"草籽撒上了,地上就能长出绿油油的青草了!"

起风了,小和尚一边撒,草籽一边飘。"不好了,好多草籽都被吹飞了!"小和尚喊道。

师父说:"没关系,吹走的多半是空的,撒下去也发不了芽,担心什么呢?随性!"

草籽撒上了,飞来了许多麻雀,在地上专挑饱满的草籽吃。小和尚看见了,惊惶地说:"不好了,草籽都被小鸟吃了,这下完了,明年这片地就没有小草了!"

师父说:"没关系!草籽多,小鸟是吃不完的!你就放心吧!明年这里一定还会有小草的。随意!"

夜里下了一晚上的雨,雨好大,小和尚一直不能入睡,他担心草籽被冲走了。第二天早上,早早就跑出了禅房,果然地上的草籽都不见了。于是他马上跑进师父的禅房说:

"师父,昨夜一场大雨把地上的草籽都冲走了,怎么办呀?"

师父不慌不忙地说:"不用着急,草籽被冲到哪里,它就在哪里发芽!随缘!"

过了没多久,许多青翠的草苗破土而出,原来没有撒到的一些角落里居然也长出了许多青翠的小苗。

小和尚高兴地对师父说:"师父,太好了,我种的草长出来了!"

师父点点头说:"随喜!"

因此,顺其自然,不必刻意强求,只要付出了就一定能够得到回报!

我们举出一个人来做例子,这是讲到这里,顺便讨论历史。在此要特别声明,冯道这个人,是不能随便效法的。现在只是就学理上,作客观地研究而已。

唐末五代时，中国乱了八十多年当中，这个当皇帝、那个当皇帝，换来换去，非常地乱。而且都是边疆民族。我们现在所称的边疆民族，在古代都称为胡人。当时，是由外国人来统治中国。这时有一个人名叫冯道，他活了七十三岁才死。在五代那样乱的时候，每一个朝代变动，都要请他去辅政，他成了不倒翁。

我读了历史以后，由人生的经验，再加以体会，我觉得这个人太奇怪。如果说太平时代，这个人能够在政治风浪中屹立不摇，倒还不足为奇。但是，在那么一个大变乱的八十余年中，他能始终不倒，这确实不是个简单的人物。第一点，可以想见此人，至少做到不贪污，使人家无法攻击他；而且其他的品格行为方面，也一定是炉火纯青，以致无懈可击。

古今中外的政治总是非常现实的，政治圈中的是非纷争也总是不可避免的。可是当时没有一个人攻击他。如从这一个角度来看他，可太不简单。而且最后活到那么大年纪，自称"长乐老人"，牛真吹大了。历史上只有两个人敢这么吹牛，其中一个是当皇帝的——清朝的乾隆皇帝——自称"十全老人"，做了六十几年皇帝，活到八十几岁死，样样都好，所以自称人生已经十全了。

做人臣的只有冯道，自称"长乐老人"，这个老人真不简单。后来儒家骂他丧尽气节，站在这个角度看，的确是软骨头。但从另一角度来看，历史上、社会上，凡是被人攻击的，归纳起来，不外财、色两类，冯道这个人大概这两种毛病都没有。他的文字著作非常少，也可以说没有什么东西留下来，他的文学好不好不知道。后来慢慢找，在别的地方找到他几首诗，其中有几首很好的，像：

天　道

穷达皆由命，何劳发叹声。
但知行好事，莫要问前程。
冬去冰须泮，春来草自生。
请君观此理，天道甚分明。

偶作

莫为危时便怆神，前程往往有期因。
须知海岳归明主，未必乾坤陷吉人。
道德几时曾去世，舟车何处不通津。
但教方寸无诸恶，狼虎丛中也立身。

像他"偶作"中的最后两句，就是说自己只要心地好，站得正，思想行为光明磊落，那么"狼虎丛中也立身"，就是在一群野兽当中，也可以屹然而立，不怕被野兽吃掉。

我看到这里，觉得冯道这个人，的确有常人不及之处。尽管许多人如欧阳修等，批评他谁当皇帝来找他，他都出来。但是从另外一个角度看，这个人有他的了不起处。在五代这八十年大乱中，他对于保存文化、保留国家的元气，都有不可磨灭的功绩。为了顾全大局，背上千秋不忠的罪名。

由他的著作上看起来，他当时的观念是：向谁去尽忠？这些家伙都是外国人，打到中国来，各个当会儿皇帝，要向他们去尽忠？那才不干哩！我是中国人啊！所以他说"狼虎丛中也立身"，他并没有把五代时的那些皇帝当皇帝，他对那些皇帝们视如虎狼。

再看他的一生，可以说是清廉、严肃、淳厚，度量当然也很宽宏，能够包涵仇人，能够感化了仇人。所以后来我同少数几个朋友，谈到历史哲学的时候，我说这个人的立身修养，值得注意。

从另外一面看他政治上的态度，做人的态度，并不算坏。几十年后文化之所以保存，在我认为他有相当的功劳。不过在历史上，他受到没有气节的千古骂名。

所以讲这一件事，可见人有许多隐情，盖棺不能定论。说到这里，我们要注意，今天我们是关起门来讨论学问，可绝不能学冯道。老实说，后世的人要学冯道也学不到，因为没有他的学养，也没有他的气节。且看他能包容敌人、感化敌人，可见他几乎没有发过脾气。有些笨人，一生也没有脾气，但那不是修养，是他不敢发脾气。

冯道能够在如此大风大浪中站得住，实在是值得研究的。

德容万物，风水流转

原文： 直方大，不习无不利。

释义： 正直，端正，广大，具备这样的品质，即使不学习也不会有什么不利。直，是公正无私的正直；方，是处世果断有方的才干；大，是宽大为怀的气量。这是每一个人处世必须具备的人格魅力。

释例： 拿破仑手下一位将军在一次

军官会议上说：

在很短的期间内，你们之中的每一个人都将控制另外某些人的生命。你们将领导一些忠于国家但未经训练的公民，他们将接受你的指挥与领导。你所说的话就是他们的法律。你随口说出的每一句话都被他们铭记在心。你的态度将被模仿。你的服装、你的举止、你的言谈、你的指挥态度，都将被模仿。

当你加入你的部队时，你将发现，有这么一群人，他们对你并无所求，只希望你能表现出一些才能，获得他们的尊敬、效忠与服从。他们已准备妥当，急于追随你，只要你能使他们相信你具有这些才能。当他们认为你并未拥有这些才能时，你最好自己挥手道别吧。你在那个部队中已经没有任何用处了。

从社会观点来看，这个世界也许可分为领袖与追随者两部分。各行各业有他们的领袖，金融世界有他们的领袖，在所有这些领导阶层中，很难（如果不是不可能的话）分辨出纯粹的领导才能以及个人成就的自私因素，没有了这些，任何领导能力都失去了它的价值。

只有在军队方面，我们才能盼望领导者表现出最高尚、最公正的态度，因为，在军中，人们愿意为了信仰而毫不犹豫地牺牲生命，为了正义或阻止错误而愿意受苦或死亡。因此，当我说到领导才能时，我是指军事领导才能而言。

几天之后，你们之中的大多数人都将接受委任，出任军官。这些委任令不会使你成为领袖，它们只能让你当一名军官。它们将把你安置在一个位置上，只要你拥有正确的品行，你将在这个位置上成为一名领袖。但你一定要善待他人，而且要多多善待你属下的人，而不是去巴结你的上司。

我们在读这段演讲时，也许不以为然，因为这是一位早已过时的、不知名的将军的演讲，是与现代社会有着很大距离的文化背景和时代背景下的即兴表述。

可是我们要知道一位正直、有才干、有心量的人，实际上就要具备指挥将士们冲锋陷阵的大将处世风度。这种风度正是"直、方、大"综合品质的凝结和发散。有了这种处世风度，不需要你亲自上前线，仗一定能打赢的，这就是"不习，无不利"的秘诀。

怀才不彰显，中正处世

原文：含章可贞，或从王事，无

成，有终。

释义：含蓄着美丽的文采，以守持中正之道。辅佐君王政务，不居功自傲且始终坚持职守。

释例：爻辞指出了时间与人事的重要因素，主要以含蓄的情势和态度来表达。说明即使是表彰、赞许、激励的言辞，也要选择合适的时间和方法来充分地表达。从事务的裁断和把握上，可以知道虽无建树但光明正大的结果。

安德鲁·卡内基曾经说："我是不会帮助那些缺乏雄心壮志的年轻人的。"

要敢于树立这样的目标：要成为最优秀的社会人士。不管你目前的地位有多高，仍然应该告诉自己："我的地位应在更高处。"要敢于梦想，要立下决心——得到那个让人羡慕的地位，并且发誓一定要为之竭尽全力。

经常有些年轻人问我，是否认为他们可以取得成功，是否认为他们具有与众不同的价值？我回答说："你当然可以成功。我觉得你完全有成功的潜力，但不知道你是否一定能成功。这完全取决于你自己。如果你有力量和愿望去争取成功，那么，没有什么可以阻挡你；如果你没有这样的力量和愿望，那么，

再好的教育、再有利的外界因素都不足以把你推向成功。"

一位当代作家说："我对于那些刚刚走上社会的年轻人的建议是：开始时就要有坚定的理想和明确的目标，除非业已实现，否则决不要轻易放弃。"

我们很难想象，自己的成长在很大程度上都依赖于某些方面的激励。可以说，人的每一次行动都需要一定的激励。当缺乏内在动力的时候，我们不会自觉地做任何事情。而对一个普通人来说，生命中最大的推动力往往也是要在社会上安身立命、出人头地的愿望。

谨慎开口，免生烦恼心

原文：括囊，无咎无誉。

释义：扎紧袋口，不说也不动，这样虽得不到称赞，但也免遭祸患。

释例：也许每一位有社交经验的人都会有这种切身的体会：在某些特殊的场合，说话都要谨慎，要像收紧的小口袋那样，将想表达的意思好好地组织成合适的语言，用合适的语气表达出来，切不可张嘴就说，说过后又不负责任，不认账。要知道这样会给自己惹出些不必要的麻烦，还会丧失自己的信誉。

所以对于那种口无遮拦的人切切要谨慎，否则会误事的。

有位企业人事资源部部长讲过这么一件事：一天，她办公室来了一位应聘的年轻人。表面上看去很内向，回答问题时，显得有些木讷嘴笨。但在十几分钟时间里，竟抢着别人的话题说了不该他说的话。于是，她果断地判断这是个爱管闲事，并且口无遮拦又缺乏经验和修养的人。于是对他说："请到其他单位去试试吧"、"不过，我想送你一句话，今后无论你在何处高就，都要谨开口，不该说的话半句也不说，该说的话一定要认真、诚恳地说好。"真是一位心肠太软的女士，宁可得罪一个人，也要想办法帮助一位青年改正自己的缺点。

试想，如果这位年轻人依然我行我素，还能找到理想的单位吗？还能受到朋友的喜欢吗？人都说："人言可畏。"要知道那些可畏的人言正是从"快嘴"、"油嘴"中溜出来的。用绳子将那些"快嘴""油嘴"扎紧吧，闲言散语少了，是非也会少许多，烦恼自然也会少了许多。

吉祥黄衣，谦逊之德

原文：黄裳，元吉。

释义：黄色的衣服，最为吉祥。

释例：人们口头上常说的"衣裳"一词，是指上衣（衣）和下装（裳）的。"裳"一般又是指装饰性的下装，表示一种谦恭之意。因为"黄"在古文中一般代表中间、中庸。黄帝，为中原之帝；中原之土为黄土地；位居中间的帝王冠带、伞盖、龙袍，都是黄色，所以，黄色正是中国人传统文化中不偏、不倚的处世之道和虚心谦逊的为人之德。

"黄裳，元吉"，使人大吉大利的，并不在于"裳"（外表的打扮）而在于"黄"（内在的品格）。

你也许会以最漂亮，最新款式的衣服来装扮自己，并在外表上展现最吸引人的仪态。但是，只要你内心存在着贪婪、妒嫉、怨恨及自私，那么，你将永远不能吸引任何人，却只能吸引和你同类的人。物以类聚，因此，你可以确定，被吸引到你身边来的，都是性格与你相同的人。

你也许可以露出一个虚伪的笑容，掩饰住你真正的感觉，你也许可以模仿表现热情的握手方式，但是，如果这些外在的迷人的个性的表现，缺乏了那个被称作"有目的的热忱"的重要因素，那么，它们不但不会吸引人，反而会令人逃避你。

在生活当中我们首先要学会识人，识人时不能仅仅从人的外表去判断可用不可用，能不能重用，真正的识人标志，一定要透过外表看本质，观其表而审其内。所以说善于交际的人必定有一双识人的慧眼，何谓慧眼？就是能识透人心，观察到人的意志品质的眼光。曾国藩的"冰鉴"之术，何谓"冰鉴"？冰者，冷静也；鉴者，观察、鉴定也。

有的放矢，善待失败者

原文： 屯如邅如，乘马班如，匪寇婚媾；女子贞不字，十年乃字。

释义： 徘徊不前。骑马的人纷纷而来，不是抢劫而是前来求亲；女子坚持中正原则，不急于出嫁，等待了十年才缔结姻缘。

释例： 有时候，本应一帆风顺，同人们的关系相处得很和谐，但偶尔出现不正常、不顺利的事也是正常的。因为，原本正常，暂时的不正常，终究要正常，就像女人暂时不生育，将来毕竟要生育一样。

假如你的朋友中有人经受过一次失败后，患得患失，办事犹豫不决，你是不作任何客观分析草率地批评、处分，还是给予耐心和关心，有的放矢地去开导和引导他呢？我认为，善待人者肯定会取后者。因为人的提高与进步是无数次教训的积累，但人脆弱的神经系统最经受不起的还是失败的打击。

一次失败的经历，往往会使那些意志薄弱者丧失振作起来的信心与勇气，很可能从此在脑海深处将会铭刻下"我是一个失败者"的终生定论。对于一件具有挑战性的工作，一种莫名的潜意识提醒他们：过去有过这样的痛苦经历，那么现在还会有什么两样呢？你最好小心再小心，往最坏的方面打算。

一旦我们的朋友被这样消极的信条反复纠缠，那他以后也就注定会是个失败者。所以，最好的办法就是让那些意志薄弱者在学会坚强的同时，为他们的失败实施"冷处理"。帮他们寻找一个台阶，一个借口，让他们觉得自己尚未失败，只是在某方面受挫，小小的不成功而已。

放下偏见，亲疏不二

原文： 困蒙，吝。

释义：人处于困难的境地，不利于接受启蒙教育，因而孤陋寡闻，结果是不大好的。被偏见的蒙昧所困惑，必然造成遗憾。

释例：对待与自己意见相左的人，同样要一视同仁，不要因个人的偏见而偏信，因偏信而偏用，这样，会使他们产生逆反心理，不仅仅是疏远了你，关键的是使周围的人心远离了。要把握好这种亲疏不二的平衡，最好的诀窍就是用统一的价值观去善待每一位身边的人，用统一的评判标准去评价人。而不能让他们老觉得你在用双重的标准要求他们，这样，他们也会用一种另类的标准来评价你。

爱默生说过："一个人本身有什么价值，人们就会对他作相同的评价。他所有的一切皆表现在他的脸上、他的姿态上、他的命运上，除了他自己之外，任何人都可以看得一清二楚。……如果你不愿别人对你产生某种看法，你绝对不能做出会令人对你产生这种看法的行为。一个人固然可以跑到沙漠中装疯卖傻，而不会被别人看到，但沙漠中的每一粒沙子都是最好的证人。"

爱默生在前面这段文字中所提及的法则，就是"黄金定律"用来作为基础的法则。当他提笔写出下面这段文字时，他脑中所想的也是同一种法则："违反真理，不仅是骗子的一种自杀行为，更是对人类社会健康的一项损害。谎言虽然可能为你带来眼前的重大利益，但却会带来最后的毁灭；坦诚则是最好的策略，因为坦诚会引来对方的坦诚，使各方面处于平等地位，产生友谊。信任别人，他们将会真诚地对待你；把他们当作伟人看待，他们将会表现自己像是伟大人物，但他们会认为你更伟大。"

期之以事，而观其信

原文：九三，需于泥，致寇至。

释义：在泥淖中等待，招致匪寇的到来。

释例：当然，这种耐心是双向的，建立良好的人际关系需要有足够的耐心，尽可能等待一些可塑性的成长空间。同时，如果经受不住时间的考验，那后悔的将不是别人，而是自己了。

以知其意志、应变、知识、勇敢、性格、廉德、信用，而决不可凭感情和印象用人。诸葛亮的"知人"方法对于我们人际交往是有很大帮助的。其方法为："问之以是非，而观其志。"就是要亲自与下属讨论对各类事物是非对错的看法，来观察他们的立场、观点、信仰、志向是否明确坚定。

"穷之以辞辩，而观其变"。就是要求我们在对人际交往中某些现实问题的处理意见同他们进行不间断地辩论，向他们提出质疑，以此来考察他们的智慧与应变能力。

"咨之以计谋，而观其识"。就是要求我们不断地向自己需要了解的人提出咨询，请他们对一些重大问题提出谋略和决策方案，以考察他们是否有能力和见识。

"告之以祸难，而观其勇"。即告诉他们可能面临的灾祸和困难，来识别他是否能临难而出，勇往争先，义无反顾。

"醉之以酒，而观其性"。就是与朋友同宴时可以劝他饮酒，以观察他是否贪杯、酒后能否自制以及表露出来的本来面目如何、是否表里如一？等等。

"临之以利，而观其廉"。就是把朋友放在有利可图或者可以得到非分利益的环境里，看他是廉洁奉公、以人民利益为重，还是贪图私利或者只顾小我的利益，见利忘义。

"期之以事，而观其信"。就是委托朋友独立自主地去完成某项工作，看他是克尽职责、克服困难，想办法去把事情办好，还是欺上瞒下、应付了事，来考察他是否忠于职守、恪守信用。

老虎虽凶险，仍然要效劳

原文：六三，眇能视，跛能履，履虎尾咥人，凶。武人为于大君。

释义：眼睛快要瞎了，但勉强能看到一点点；腿跛了，但勉强能走几步。不小心踩在老虎尾巴上，老虎回头就咬人，凶险；勇敢的武士要竭力为君主效劳。

释例：有一种人，外强中干，没有专长，没有实干精神，也缺乏自知之明，即使时时为此碰壁，却老想着能爬上领导高位，老是惦着那种权重加身的职务。

对这种人，或干脆不用，或及早辞退，当然也有用人者能歪才正用，巧妙地利用这种人这种缺点，让他们也能在不被重用的情况下卖力。

电影制片厂称名不道姓，是从沃尔

特开始的。

有两位编剧，工作特别差劲，沃尔特说："他们写出那么不对劲的剧本，连我都知道应该怎么写剧本了。"但他们并没有被辞退。因为沃尔特不轻易开除人，只要是不重要的工作部门往往是他所不喜欢的人。

自我表现的人，沃尔特不欣赏，只有那些具有献身精神经过通力合作才能完成卡通影片制作的人，才符合步步高升的要求，而那些爱出风头的人只能趁早离开。

沃尔特·迪士尼制片厂是由迪士尼兄弟制片厂易名而来的，电影行业不太好做，虽然沃尔特·迪士尼闻名于全世界，但这并非是沃尔特自我表现的结果。

沃尔特认为，公司里就"沃尔特·迪斯尼"这个名字最重要，其他的名字不提他也罢。

有一次，一位叫肯·安德生的新人听他说："你是我的人就要接受'沃尔特·迪士尼'，如果你要推销'肯·安德生'，那你还是趁早离开。"

现在的处境不足以分辨事物；我们的能力也只能勉强能走几步，不能出外远行；而老虎是凶险，表明这时处的位置很不妥当，竟然还要竭力为君主效劳，表明武士的志向刚强。

是勉励不是贬损

原文：九五，休否，大人吉。其亡其亡，系于苞桑。

释义：时世闭塞不通的局面将要停止，德高势隆的大人物可以获得吉祥；居安思危，常常以"不久将要灭亡，不久将要灭亡"，这样的警句来提醒自己，才能像系结在一大片丛生的桑树上那样牢固，安然无事。

释例：我们要想排除阻塞，恢复平和的局面，依然存在着危险。就像刚刚和解的人际关系，千万不要往痛处撒盐。

如果你被引发提起过去不愉快的事，或改头换面地重谈过去已犯的错误——揭人疮疤，会令人很不舒服。除非他又重犯类似的错误，否则，无缘无故地挑刺儿，他就会认为你或者抱有成见，或者别有用心。

要记住你的批评目标：使这方面的工作得以改进，顺利地完成任务。一旦这种错误得到纠正和解决，就忘掉它。

一次批评，一次提高。当对方接受批评，取得了一定的进步时，他已经在新的起跑线上了。如果你还没完没了地重提过去的事，你实际上是把他贬低到过去的低水平，不仅有损于他的自尊心，而且让人怀疑你的用意。

总是翻人的老账，唠叨个没完，完全是愚蠢和无效的。要知道，这不是存款，时间越久，利息越多。犯这种毛病的不限于某人，我们许多人也经常从别人已经过去的错误中翻出些陈账来，似乎别人永远也还不清这些债。这绝不会有助于他人的进步，相反，很可能产生误解，觉得你是有意贬损他的形象，以此来扩大他身上已经将近洗清的污点。

因此，当你在批评别人时，最好"就事论事"，不要旧账新账一起算。比如，在交谈结束时，说一句："我相信你会从中汲取经验教训的。"诸如此类勉励的话，就会让人觉得这不是有意打击，而是变失败为成功之母，不失为一次有益的经验，他会鼓起精神，更加踏实地投入工作。

支付谎言的代价

原文：上九，同人于郊，无悔。

释义：在荒郊也愿与人和睦相处，未遇到志同道合者，也不后悔。

作为一个社会人，我们的视野要宽，不能拘泥自己个人的一个小圈子，对于圈外的人，也要注重和同。其实，你并不需要什么分外的付出，凭一颗真诚的心，处处对人坦诚相待，就足以结交天下英雄。

释例：在社会交往中，我们所具有的德性非常重要，有人说：我发现要把事情做大，做人非常重要。在社会上，为人的人品很重要，假如你自己是非常差劲的人，首先你很难做到容纳人。

另外，别人也不会愿意跟随着你。因为你很阴险、很恶心，给人没有安全感，人们自然不愿意跟你相处。

做一个真正、诚实的人，因为这才是最舒服的一种生活方式，也是我们最自然的生活方式。如果你扯谎，你就得付出维护谎言的成本，特别是在Internet时代，你谎编得越大，维护谎言的成本就越高，有时还往往被人揭破。其实，最低成本的做人方式就是老老实实地做人。因为大家天天在一起，谁都能看出谁是什么样的人，谁都不傻。因此我们强调无论对谁都不要有谎言，要老老实实做人。

在荒郊也愿与人和睦相处，未遇到志同道合者，说明此时团结众人，而希望天下大同的愿望没有实现。

以德近人，功成身退

原文：上六，鸣谦，利用行师，征邑国。

释义：谦虚的美德远闻，有利于出兵征讨邻近的小国。

谦虚必须有足够骄人的资本，必须与实际能力相结合，才能名声远播，使更多的人为之折服和倾倒。

释例：华光系统的诞生首先应该归功于王选一系列天才的发明和创造。没有王选也就没有华光系统，"汉字激光照排之父"的称号是当之无愧的。

然而，王选却说："我是新中国培养起来的科技工作者，离不开这一块热土。在我艰难摸索的过程中和遇到风浪的时候，多亏有一批懂科学的决策者如郭平欣、张淞芝等，和提携后进的长者如周培源、张龙翔等，给了我理解、支持和帮助，使我得以焕发爱国之情和报国之才。我很幸运，赶上改革开放的年代，有了用武之地。照排系统包括硬件、软件、激光、印刷等各个环节，计算机又包括电磁、机、光、微电子等多种技术，是个巨大的系统工程。它的研制，是打破界限，分工协作，横向联合的结果，是集体智慧的结晶。现在报刊宣传总是突出我，使我感到不安。我们这里有许多同志，做着默默无闻的奉献，没有他们的劳动，也就没有华光和方正系统。我们这里有许多年轻人，承担了重要的工作，我不能掠人之美，剥夺他们的成果。如果哪一天我对自己说，华光和方正是我一个人发明的，那一定是我的脑子糊涂发昏了。而那一天也就是我科学生命结束的开始。"

王选不但这样说，而且这样做了，为了培养年轻人，他毅然退居二线，功成身退，甘为人梯。一大批中年教师在他的感召下，组成了一个优秀的群体。他们在经济腾飞的大潮中，都能坚守岗位，承担着难见名利、又苦又累、需要持久工作的大型科研项目。一个王选带动了千万个王选。

以谦虚的美名远扬四方，以出师征讨惩处不可一世的人。这诏示我们，有了虚怀若谷的谦虚之德，我们在工作中、生活和学习中，还有什么不能征服的困难呢。

洞察端倪，慎重修复

原文：九三，干父之蛊，小有悔，无大咎。

释义：要挽救父辈败坏了的基业，其间必发生失误，因而会产生懊悔，但不会有大的危害。

释例：有时候，你不要忽视朋友的几句牢骚和气话，如果能马上捕捉住，这往往是一些你最需要、最真实的情况，能帮助你发现被一些表面现象所掩盖的不足，从而使你能够迅速给以矫正。

也会有一些巧嘴多舌的人，会经常跑到你的面前来，故作神秘地给你透露一些小道消息。

你且不要信以为真，因为你不知道这消息里究竟掺了多少水分，更不知道他是出于什么目的来告诉你这些小道消息。

对于这些向你报告小道消息的朋友，你也不必有讨厌之意，甚至声色俱厉。假如对方是出于好意，岂不伤了对方的自尊心吗？你要和颜悦色地感谢对方所给予的信息。但也要善意地提醒对方，请对方把信息的正确性再确实一下，然后再告诉你。你要让对方明白，提供一些确凿的信息会更好一些。

你不能总是以命令的方式，将几位朋友叫到你的跟前来，以生硬的语气，让他们给你提出意见，提出看法。这往往会形成场面的紧张化，收不到预期的效果。制造一种宽松的气氛，鼓励大家积极发言，以目光、表情来传达你对大家的信任，相信大家是会畅所欲言的。

即便是你遇到了什么突如其来的难题，也不要风风火火地把朋友找来，神色急切地向他们寻找对策。因为你慌张到这种地步，朋友哪里还敢提出什么对策呢？就算是有万全之策，你这副样子，也容易把朋友已有的对策压在肚里，不敢道出。因为万一事情有什么闪失，他们怕担不起责任，反而会受到你的怪罪。

没有信息的沟通是不行的。大家对你好坏的评价，如果你一无所知，那么你也就不知道自己在朋友心目中的地位，是在上升，还是在下降；是交口称赞，还是不得人心。

你对自己缺乏正确的认识，以至于走进了泥潭却还未发觉，只会越陷越深，不能自拔了。你要能够广泛地接触朋友，了解情况，洞察端倪，这样才能做到胸有成竹、运筹帷幄，在不利的事物出现之前就先期加以预防，将损失减少到最小。朋友如果出现了不满情绪，你也可以早早做说服工作，以免出现不良势态。

我行我素，独断专行，只能使自己的路越走越窄。朋友如果发觉你是一位霸道的人，听不得意见和建议，抵触情绪就会滋生发展。

挽救父辈败坏了的基业，最终不会有祸害。意及对已经陷入困境的社交行为，要慎重修复，就不会落入无助的境况。

甜言蜜语，心存忧惧

原文：甘临，无攸利。既忧之，无咎。

释义：以花言巧语莅临为政，不会有所好处。既然已经自我反省而改过，也就不会有灾祸了。

释例：许多人在社会上，只会千方百计希望有人提拔他，却忽略了打好自己的基础。因此，即使平步青云，一旦上司稍放松，或上司本身崩溃，便立即跌跤气馁，再也无法振作。

聪明的人欲求上进，除了力求充实学识外，更应随时培植地位比他低的人才，努力将他训练成有用的人，使自己日后可以得到他的一臂之助。

地位高的人往往是最知道如何借重别人力量的人。当他遇到困难，非自己能够解决时，就知道如何获得别人的援助，他自己决不做过于繁重的工作，知道分工合作，他只做那些别人不会做的事。

我们平日接触的人，大致可以分为两种，一种是地位比我们低的人，或在许多事情上，必须听从我们的命令。另一种是地位比我们高的人，许多事情必须听从他的指示。通常社会上多数人最容易犯的毛病，就是眼睛永远望着天。

你能够得到下属真心的帮助吗？他们愿意为你效力吗？你的同事肯协助你吗？他们代你操劳时是否心甘情愿？是否看见你有困难时便自动帮你？假使真能这样，那么你已经走在成功的道路上了。因为唯有能够获得外界自动援助的人，才有达到领袖地位的希望。

反之，别人不愿接近你，怕你要求他们帮助。当你向人请求时，他们便寻觅种种借口拒绝，那你非立即改变待人接物的方法不可。切勿施用压力强迫别人工作，应该运用巧妙的方法，使他们自愿为你工作。

一个专喜欢依仗自己权势和地位而发号施令，强逼他人做事的人，并不是一个真正的有方法的人。

新部落——沉默的群体

原文：闚观，利女贞。

释义：在暗中偷偷地观仰美盛景物，利于女子坚守中正之道。

释例：在社会交往活动中，我们要追求一生光明磊落、不偏不倚的处世风格。例如我们的职场活动就是这样。评价标准在于工作成绩的大小，其他因素则是次要的。一位出色的领导者更着眼于那些坐下来埋头苦干的人，而不应为一些无谓的叫嚷抱怨所蒙蔽。

每一组织都需要一些幕后英雄，他们了解他们自己的工作，并且不求引人注目而能默默地工作，他们值得信任。但通常情况下，这些幕后英雄的功劳常常被那些制造事端、夸夸其谈者所代替。这样领导者变成了调解员，专门注意那些叫得最响的人，并帮助他们解决问题，这样使得他们越发放肆。领导者自己也没有时间去注意那些优秀的工作者，从而忽视了他们。

大多数人并不在意自己所付出的辛勤劳动，但他们确实在乎自己付出的努力是否得到承认。

如果他们努力一番却无人所知，这会使他们感到被人利用，遭受剥削，因而灰心丧气。当这种情形发生时，他们就只得采取不再卖力或进行一些消极怠工的活动以示反抗。

以人为镜，可以正身

原文：观我生，进退。

释义：观仰阳刚美德从而对照省察自己心灵和行为，谨慎小心地决定自己的进退之举。

释例：现今社会是个多元化的有机体，人们的价值观念、人生理想、生活信条丰盈驳杂。我们除了做到"四真"外，把如此形形色色的人们团结起来，尤其是有才华学识者，使他们拧成一股绳，着实不容易。

那么，怎样才能团结好自己周边的

人呢？当然因人而异。古人在这方面为我们提供了不少有益的智慧和经验。

西汉末年，当光武帝展开地图，观看他率领将士浴血奋战，平定的全国混乱局面，总结平乱的战绩时，他不禁茫然，便对幕僚邓禹道："天下如此辽阔，如今我才平定了一些小郡，要到哪年哪月，才能使全国安定下来呀？我真是没有把握呀！"

邓禹回答说："的确，现今天下群雄兴起，战乱不息，前景不测。但是万众都盼望着明君的出现。自古以来，兴亡都在于仁德的厚薄，而不在于土地的多少。只要您不灰心丧气，一心一意积王者之德，最终天下一定会归于统一的。"

刘秀信其言。半月余，他率领将士击败了称作"铜马"的农民军。对那些愿意归降的将士，他非但不治罪，反而维持原职，让他们参加刘军继续作战。对其统领们他还一一封侯，并下了一道命令，投降军队不予整编，维持原编制，各叛军将领仍复原位，带领原部下参战，本部不作干涉。刘秀这样对叛军恩宠有加，以致使他们都不敢相信，心中不免充满疑惑及不安。但刘秀为了观察实际反应，经常一个人单骑巡视各营地，若有人此时想行刺的话，那可是件唾手可得的事情。然而，众叛军将士见刘秀如此诚恳，便产生了景仰之心，都异口同声地说："刘秀能推赤心置人腹中，诚恳待人，不怀疑我们，真乃是一位度量宏大的宽仁长者！以前我们以小人之心度君子之腹，怀疑他居心叵测，回想起来实感惭愧。为报君主的知遇之恩，上刀山、下火海我们在所不辞！"

从此后，这些降将跟随刘秀南征北战，披荆斩棘，赴汤蹈火，为最终平定天下混乱，建立东汉王朝，立下了汗马功劳。

刘秀诚恳待人，以君子之心度他人之腹，以温和且实用的态度感化部下，笼络人心，壮大自己，真是一位贤明豁达的领导者风范。

只要我们能从尊重人格、尊重个性的角度多下功夫，就能和我们身边的人搞好团结。

三人同行必损一人

原文：三人行则损一人。

释义：三人同行必损一人。

释例： 中国人恐怕都知道："三人同行，必有我师。"

那是孔子的话语。他教导人要虚心，要善于向别人学习。无论别人出生何处，地位差别有多大，只要有三个人在一起，就该有一个是你的老师，在某些方面比你有学问。孔子这话没有错，所以成了千古名言，并成为中华子孙历代修身之训示。

但孔子说这话的时候，还没有读过《周易》，孔子是五十岁的时候，经人推荐才读到《周易》。他一发现《周易》，就爱不释手，连读三遍，以至"韦编三绝"，把竹简的麻编都翻断了。

但《周易》里有一个重要的观点，是"一人独行，必得一伴；三人同行，必损一人"。

这样伟大的道理，为什么不与孔子的名言一起传达于世，成为有口皆碑呢？我曾经思虑这个问题。也许是中国人的忌讳，中国人说话做事，喜欢拣好的，不好的省略不说了。

可是，《周易》里的这个思想，对人的一生却有决定意义的影响。知道了，可以趋利避害。

《周易》说："一人独行，必得一人。"当你一个人前进的时候，未免孤独，感到势单力薄，在这种状况之下，你一定很渴望有一个伴，有一个好帮手。诚之所至，你会很容易就能找到一个伴。一是因为你急需，二是在那种心态中，你不可能太挑剔，容易和同。

但等到有三个人一齐前进的时候，就很容易伤害一个。三个人相处，要"等边三角形"，才没有相互伤害。但人事纷繁，日月冗长，你怎么能时时刻刻注意到，并且安排妥帖呢？如果你有一时一刻的疏忽，就会与其中一个亲近，而疏远了另一个。这就造成伤害，是损。而且是损人不利己。

所以说，交友也应该像找夫妻一样，配对法。"一对一"地存在，而不是三个一圈。你可以有无数对，但不可以有若干个"三人圈"。

纵观我们的社会结构，什么"三人领导小组""三人核心"，那都是内耗的根源之一。三个人，不可能一碗水端平，任何两个一方，都是对第三者的伤害。但它有一个最大的优点，是三角稳定性。于谋人谋事说，三个人永远抱不成一团，如果其中两个抱成一团，第三者被冷落，那第三者肯定成为第一个汇报者，或者说"上告者"。三人结构，成为上下的一种稳定性。这是千百年总结出来的经验，也是成功的经验。

就做人修身来说，我们应该避免"三人同行"，但就做事创业来说，也许不可能绝对摒弃"三人同行"。

无论怎样，在日常行为上，谨慎、戒惧，是需要的。要时时刻刻体会别人的心情，不应当伤及同伴。

也许有人说，天下闻名的"刘关张桃园三结义"不就是三个人吗？是。但那是历史的故事，多少有了一些传奇的色彩。再者，三个人假如好到不分彼此，谦让和宽容，甚至宽恕，那它在意义上已经变了，变成了一个人，而不是三个人了。正如毛泽东所号召的："军民团结如一人，试看天下谁能敌。"天下军民有多少呵，但如果真地团结成为一个人，那么这个人力量就巨大无比了。

三人同行，必损一人。这是定势。

但我们可以把这个定势减少到最小，甚至为零。减少的方法，就是《周易》里所强调的：一是自己在行为上，应当谨慎、戒惧，心中万万不可以大意；二是心要宽，能容朋友难容之事，能容别人难容之事，谦让、宽容和宽恕。

清醒是一种自觉

原文：困于石，据于蒺藜，入于其宫，不见其妻。凶。

释义：一个人要做到清醒，必须有一种自觉。如果没有自觉，是不可能做到清醒的。清醒，不能只靠警示。

释例：中国的交通警示，"宁停三分，不抢一秒"，"急转弯，危险"！在道路上该警示的地方，都警示了，交通事故就是不断。我们把这些归咎于司机的麻痹。但有趣的是，欧洲有一个交通案例，与我们中国的一样，可他们采取了另外的措施，事故就没有了。

欧洲的阿尔卑斯山，有一处山路，急转弯。汽车到此，很多坠落崖谷。当局在那里立了警示牌，但没有用。依然是许多的车连人，投胎似地栽下去。后来，有人画了一幅画，立在转弯的地方，上写："慢慢地走呵，请欣赏！"从此，那个地方再也没有出现交通事故。

报纸上没有说那幅画的内容，我估计一定是很吸引人的，让你自觉地把车速慢下来。

车之所以能慢下来，是因为画，因为他要欣赏，车慢了下来，那是一种自觉，是没有别人强迫他的。自觉造成了清醒。

自觉，这个词来源于佛教。自己觉悟，觉悟是靠感觉，不是靠提醒。心里清楚，就忘不了。

六朝时候，有一个张翰，做官做得很好。但就是不拘小节，尤其贪杯，许多人为他惋惜，议论他说："此人为了一杯酒，也不为自己的身后留名想一想。"有人把这话转告他，他回答人家说："身后浮名，不如眼前一杯酒。"

明朝的陆树声在《长水日抄》中还记述有张翰的故事，说秋风起，张翰想起吴中的莼菜鲈鱼，幡然悔悟说："人生贵适志，怎么能为一个官名，而被羁在千里之外呢？"他吃不到鲈鱼，甚感遗憾。

这个张翰，之所以流芳千古，是因为他对人人皆向往的"为官"有一种清醒。由于自觉的清醒，所以常常有一些别人看来是荒唐的行为。

清醒，才能变成一种自觉的行为。

《周易》里重要的一个原则，是教导人们时刻保持清醒。这种清醒，是心智的清醒。

比方说，月亮圆了，就开始不圆。日正中天是好事，但日正中天过后就会西斜，以至日落西山。它告诫人们，当你最好的时候，也许麻烦就跟着来了。你要早有思想准备。

当你幼弱的时候，你要等待时机，不要轻举妄动。

当事情有了阻隔，有了梗塞，你就要绞碎它，然后才能顺畅。如果在阻梗的时候，你一意孤行，就会"有悔"。

《周易》的《序卦》里有一句是解释困卦的，可以说是振聋发聩。我们一般人想象，困难一般是外在的因素所形成的。但《序卦》里说："升而不已，必困，故受之以困。"困难，其实是我们心中不清醒，才会造成的。人生不断地走，不断地前进，而没有警惕，没有回顾，所以就会有困难。

人，要做到事事清醒，必须心中时刻戒惧，不可掉以轻心。这种戒惧与反省，来自一种自觉，如果能这样，你就是一个清醒之人了。

此文到上面的那一句话，已经结束。因为那一句已经是结句。但睡了一夜，决定再添上一个反常时期的"清醒故事"，这样，算是对读者有一个完整的说法。

在《禅说》里有一个"丹霞烧佛"的故事。丹霞有一次住在慧林寺，因为天很冷无法忍受，而把寺内的佛像拿来烧火取暖。另一个和尚看见，斥责他："你真大胆，竟敢烧佛像！"丹霞说："我想看看佛像里能不能烧出舍利子……"另一个和尚说："木佛怎么能烧出舍利子？"丹霞说："既然烧不出，这两尊也拿来烧了吧！"

后来人说，道人无心，何过之有？不要拘泥于形式，率真地依本性去做即无过错。

后人还说，只有丹霞可以这样做，后来者如果学丹霞，就是对佛的冒犯了。因为只有丹霞是此情此景，是依着本性。学的就不是了。

清醒至关重要。如果不清醒，往往会丧失一生的幸福。

第三篇　处世智慧

人们想求得事业的成功，必须有勇有谋，既靠勇往直前的胆识，尤需深谋远虑的机智。有勇无谋难免莽撞，有谋无勇无异空论。人生价值的完满实现，凭机巧权术是不行的，端赖善于临机应变的智慧。

人们的智慧，主要来自社会实践经验，也离不开前人累积的书本知识。实践经验缺乏的人，汲取书本知识尤为重要。人们的智慧，有赖思维能力的创发，恩格斯说得好：人的思维"必须加以发展和锻炼，而为了进行这种锻炼，除了学习以往的哲学，直到现在没有别的手段"（《马克思恩格斯选集》卷三，第465页）。学习《周易》正是锻炼思维的良好途径。对此，唐初名臣虞世南体会最为深刻。

虞世南（公元558—638年）乃唐太宗的重臣，弘文馆学士，博学多才，善于谋略。史载"太宗重其博识，每机务之隙，引之谈论，共观经史"。唐太宗将他引为心腹，对他评价甚高："虞世南于我犹一体也。拾遗补缺，无日暂忘，实当代名臣，人伦准的。"（《旧唐书》卷七十二,《虞世南传》)虞世南是位深通易理的政治家,他根据自己的体会,和历代将相成功的经验,总结出一句名言:"不知《易》,不可为将相。"对《周易》的思想文化价值评价极高。此话出自一位名臣之口,确有千钧之力,一字值千金。

作为"五经"之首的《周易》,乃儒门定国安邦的宝贵经典。它哺育了中国历史上一代又一代明君忠臣,良将贤相。难怪封建时代各级科举考试都将其列为必试内容。此书采取符号系统和文字系统紧密结合、相互诱导的方式,总结先秦时期百家争鸣的思维成果,凝练而成具有永恒魅力的传世文本,实为中华民族精湛智慧的结晶。数千年来,志士仁人无不从中汲取智慧的清泉。

《周易》一书博大精深,无论从何种角度研习它,都可望获得新的思想启迪。庞钰龙先生研《易》多年,力图从处世创业如何取得成功的视角,从中汲取智慧,多有弋获。他采取引史证《易》、援《易》诠史的章法,博取古今中外的生动事例,对《周易》智慧作多方位的阐发,无论《庄子》《列子》的寓言,东周列国的故事,还是正史列传,野史遗闻,他都信手拈来,例证天成,义明理透,妙趣横生。平实无华的叙述,画龙点睛的评说,娓娓动人,令人爱不释手。谈古论今话《周易》,有哲理,有故事,有人生经验,也有千古笑谈,所阐述的易学思想,涉及政治、军事、经济、外交,方方面面。言简意赅,予人留下深刻印象。诸如《周易》阐明的:崇德广业的创业精神,保合太和的处世之道;与民同患的民本思想,居安思危的忧患意识;刚健笃实的实干精神,唯变所适的变革思想;临机应变的策略主张,处变不惊的沉着意志;万众一心的团结精神,一致百虑的宽容态度;自强不息的奋斗精神,艰苦卓绝的坚定信念。等等。每项《周易》原理,引述一二例证;每个寓言、故事,说明一条人生哲理,启发心智,催人奋进。药王孙思邈曾语重心长地告诫医家说:"不知《易》,不足以言太医。"借此推而广之:不知《易》,不足以立身处世。

古人言:"不读易不可为将相"。在皇家"永乐大典"、"四库全书"的编列中易经均居首位,这是将易学视作何等重要啊。那么易经是什么?占卜者说它是占筮书,气象学家说它是天文气象书,农人说它是农事书,历史学者说它是历史哲学书,而文学思想家说它是一部文字优美结构严谨的人文书。真是众说纷纭,各言其是。

易经是一部无字天书。易是先民的一种科学,一种符号逻辑,它阐释了宇宙生命、个人生命的作用,是叙述人类太阳系统的宇宙中,日、月运行的一个大法则。易经被称为群经之首,宇宙代数学,智慧中的智慧,包括了科学、哲学、宗教,一切都函蓄了。对中国的哲学、史学、文学、艺术、伦理、宗教以及天文、历史、数学、医学、气功等发展产生了重大影响,在中国和世界文化史上享有极高地位。易经说的是宇宙社会、人事最高的道理,"变"是最普通最平凡的道理,历史上人们一直用它来安邦治国指导人生和事业。

易学是中国文化源头和传统主流文化。从伏羲到黄帝再到文王以及孔子以来两千多年的文化传承中,易学直接地反映出了中华民族文化的一脉相承,成为中华民族上下五千年生生不息的精神象征。

本篇正是从易学这一人文精神的源头出发,揭示易学对人们思维方式和处世方式的影响,分析了易学对"修身、齐家"的理想人格潜移默化的重要作用等,在这些方面进行了科学地深入地探索。

它以一种令人感到惊异的冷峻客观态度极深刻地描述了人生处世经验,为读者提供了战胜生活中的尴尬、困顿与邪恶的种种神机妙策。通过多姿多彩的人生箴言,人们不仅获得克服生活中可能出现的逆境的良方,更重要的是增强了对生活的理解和洞察力。本篇在一定程度上兼有坦率和内敛双重品位,它一方面使我们叹服其机智与完美的审慎态度，另一方面又使我们产生向善的心理。它的一些说法，一旦映入我们的眼帘，就会使我们终生不忘。

文明给人类带来了物质上的进步，人类的智力也随之发展到了更高的能阶，但是，不幸的是，恶也会水涨船高地发展成为一种更狡诈的力量。这无疑极大地增加了善战胜恶的困难。然而，人类就没有得救的希望了么？不！我们正是试图以揭破恶的这种种巧妙伪装并施以适当打击的办法来保障普通人的生活。透过易理，我们感到，生活并不像某些悲观主义者所断言的那样没有任何希望，实际上，只要人们学会了某些必要的生活技巧，就有可能为自己找到战胜困难与邪恶办法，从而走上幸福的道路。

发展社会主义文化，必须继承和发扬一切优秀的文化，必须充分体现时代精神和创造精神，必须具有发展的眼光，增强感召力。人类社会创造的一切先进文明成果，我们都要积极继承和发扬。我国几千年历史留下了丰富的文化遗产，我们应该取其精华、去其糟粕，结合时代精神加以继承和发展，做到古为今用。同时必须结合新的实践和时代要求，结合人民群众精神文化生活的需要，积极进行文化创新，努力繁荣先进文化。我们真诚地希望读者能从中体验到更多的生活的智慧，获得人生更多的快慰。

人生要尽力争取到好位置

原文：是故列贵贱者存乎位。

释义："列贵贱者存乎位"，人生的高贵与下贱，在于"位置"的问题，到了某一个位置就"贵"，没有到某一位置就"贱"。我们到庙里去看神像，就有很大的感想，也可以懂得这个道理。

释例：一堆泥巴，或一块石头，一根木头，雕成菩萨像，成了"像"，然后在大庙里一摆，人人都去跪拜。他为什么那么贵？"存乎位"，在那个位置就贵了，很多事情都是如此，人也是如此。

看历史尤其如此，历代以来，有多少和诸葛亮一样有学问的人！如果没有像《三国演义》这样的小说，诸葛亮能够出名吗？孙悟空根本就没这样一个人，可是被小说一写，就如此走运。天下的事，对于名与利，把这个哲理一看通，就觉得没有什么，就淡泊了，非其时也就能居而安之，心安理得。

中国人的古语"福至心灵"很有道理。一个人到了某一位置——福气来了，头脑真是灵光，特别聪明。

很好的东西，很了不起的人才，如果不逢其时，一切都没有用。同样的道理，一件东西，很坏的也好，很好的也好，如果适得其时，看来是一件很坏的东西，也会有它很大的价值。

居家就可以知道，像一枚生了锈又弯曲了的铁钉，我们把它夹直，储放在一边，有一天当台风过境半枚铁钉都没有的时候，结果这枚坏铁钉就会发生大作用，因为它得其"时"。

还有就是得其"位"，如某件东西很名贵，可是放在某一场合便毫无用处，假使把一个美玉的花瓶，放在厕所里，这个位置便不太对，所以"时"、"位"最重要，时位恰当，就是得其时、得其位，一切都没有问题。

相反地，如果不得其时、不得其位，那一定不行，我们在这里看中国文化的哲学，老子对孔子说："君子乘时则驾，不得其时，则蓬莱以行。"机会给你了，你就可以作为一番，时间不属于你，就规规矩矩少吹牛。

孟子也说："穷则独善其身，达则兼济天下。"这也是时位的问题，时位不属于你的，就在那里不要动了，时位属于你则去行事。

《周易》认为，人也是物体，是有生命的物体而已。所以，人也有最佳的方位。

这样的话，人就面临着方位的选择与调整。你适合在水边还是多山的地方居住；是在南方适合你的发展还是在北方适合你的发展，这就成了你关注的问题。就像《淮南子》里说的，同样是橘，移到江北和栽在江南，就不一样。

位置的选择与重要，《周易》的每一卦都几乎说到。

假如说，一个爻（就好比一个人）处在不正不中的位置，它的结果肯定不好。这在《周易》当中俯首皆是。

比如恒卦，它下面的三个爻，分别

叫初六,九二和九三。《周易》在分析这三个爻时,全部人格化。说初六是阴爻,顶头有一个九四,阴阳相吸,处在最下方的六二,当然想一心上进,去与上面九四会合。但中间隔着两个爻——九二和九三,在这样的情况下,如果初六不顾一切往上,强求与九四合作,即使动机正确,用心纯正,也有凶险,前进不会有利。

这一爻的"象"说:初六在开始的位置,开始就要深入,所以凶险。

求变是对的,无可厚非。但凡事都要循序渐进,心太急,不顾一切地追求,会有凶险发生。

相反,九二本身是阳爻,处在一个阴爻的位置上,属于位置不当,或者说不正,本来是要后悔的。但由于三个爻,它处在中间,又不急于求动求变,所以后悔就消除了。

这说明中庸的原则很重要。要变,也要不偏不倚,要中正。

九三,是阳爻又处在阳位,位置正当,本来没有什么后悔的。正因为它正当,又正位,所以有恃无恐,过于刚强,而且与上面最高位的阴爻又相应(如果与人事比拟,上头有赏识他的

人),这样,它一心上进,不安于原有的位置,不能坚守固有的道德(有点像现在的"跑官"),也许会因此而蒙受羞辱。即使你的动机纯正,也难免耻辱。

这说明在求变之中,要坚持"自立立人"的大原则。不可出卖自己,不可出卖道德。

《论语》的"子路篇"中,记载着孔子的论述:"不恒其德,或承之羞。"当是由此引用。

不坚守道德,就得承受羞辱。

生活既然是一个变量,那我们就有不可预测的人生。

变,在你不经意之中。

古人说,树挪死,人挪活。

人不可能吊死在一棵树上。这是人在不如意的时候常说的一句话。但人如果如意的时候,绝对不说。人有惰性,主动求变的,不会很多的。只有当不变不行了,才变,这样的人多之又多。

但人不可能是一只旅行袋,那样会累。所以,祖先经过千辛万苦,才把家的模式找到了,固定下来。《周易》的《序卦》解释家人卦时说:"伤于外者,必返其家,故受之以家人。"。

家，是人们栖息的地方，是舐治伤口的地方。

但如果一个人，永远待在家中，没有走出家门，他永远是小孩。人的成熟，是在路途中，而不是在家里。

只有用自己的脚板，才能丈量出世界的大小，测出人心的冷暖。

变中求静。静中求变。

不变也得变。

变是常数。我们时时刻刻都要面对着变。

所以，我们有眼睛，有手，有脚，还有心。

眼睛、手、脚，和心，还有一个看不见的意志，都是造物主赐给人类应付变化的。

所以，做人做事就是要努力给自己创造好时机，争取到好位子，也就是能让自己发挥才能的位子，大干一番事业，自然能大富大贵。

"我该从事什么样的工作？""哪个行业适合我？"每个走向职场的人都将面临这样的困惑。俗话说"女怕嫁错郎，男怕入错行"。其实在现代的职场中，无论男女，都怕入错行。如何充分发挥自身的优势，实现人生价值，已成为每位求职者关注的重大问题。

选择职业时应首先考虑到个人发展与价值体现。在显示自己个人价值和追求物质待遇时，一定要学会摆脱"就业挣钱，养家糊口"等狭隘观念的束缚，在社会、市场需要的坐标中寻找自己的位置。选择适当的职业有利于个人潜力、精力的充分发挥，能够实现个人的自身价值。

每一个人，都有其优势，有其缺陷，有其长处，有其短处，一个人，如果不能清楚地认识自己，选行业时不知道自己生性活动不适合坐下来研究东西却选了研究部门，创事业时不知道自己更适合当歌星而选择搞企业，能充分发挥自己的极致吗？

因此，认识自己很重要。要做真正的聪明人，要想发挥自己的极致，除了环境，更重要的是认识你自己。

古刹里新来了一个小和尚，他积极主动地去见方丈，殷勤诚恳地说："我新来乍到，先干些什么呢？请前辈支使和指教。"

方丈微微一笑，对小和尚说："你先认识、熟悉一下寺里的众僧吧。"

第二天。小和尚又来见方丈，殷勤

诚恳地说:"寺里的众僧我都认识了,下边该干什么了?"

方丈微微一笑,洞明睿犀地说:"肯定还有遗漏,接着去了解、去认识吧。"

三天过后,小和尚再次来见老方丈,满有把握地说:"寺里的所有僧侣我都认识了,我想有事做。"

方丈微微一笑,因势利导地说:"还有一人,你没认识,而且,这个人对你特别重要。"

小和尚满腹狐疑地走出方丈的禅房,一个人一个人地询问着、一间屋一间屋地寻找着。在阳光里、在月光下,他一遍遍地琢磨、一遍遍地寻思着。

不知过了多少天,一头雾水的小和尚,在一口水井里忽然看到自己的身影,他豁然顿悟了,赶忙跑去见老方丈……

真正地认识你自己,有没有正确地给自己"定个"合适的、能发挥你的极致的"位"。没有什么好专业,也没有什么好"门",如果能发挥你的极致,坏专业坏门也会变成好门好专业,如果不能发挥你的极致,入对好专业好门,你也只能是个"阿混"。多少人哀叹"生不逢时",哀叹"英雄无用武之地",哀叹"入错门""选错郎",为何哀叹,只因你不能认识你自己。

在人生多向的路口中,用自己的心去择一条能令自己开心的路,然后努力耕耘,必有收获;路已择定,各有自身的优势,真的不必去理会别人的冷眼或喝彩。自己尽力而为,唱好属于自己的节奏,不同的路也就"殊途同归",获得完全一样的掌声!

不饶舌,言行必果

原文:咸其辅颊舌。

释义:感应出现在牙床、面颊、舌头上。

释例:对交往群体的赞赏和恩惠仅停留在口头上,而不付之行动的人是搞不好人际关系的。

当上司不在身边,优秀经理会自行承担职责,尔后再向上级解释:"我不得不批准那小伙子到澳大利亚出差,他必须得在星期五出发,而你要星期一才回来。"

你会发现一个优秀经理决不会滥用职权。事实上,正是由于他审慎地、恰如其分地使用职权,他才在部下的心目中具有权威。人们知道他的职权范围，看不到他玩弄权术，或明明没有却假装有权。人们也不会发现他经常不断地把上级挂在嘴上："好吧，我会去找老板，请他批准。"

清理一下你的职权范围。首先与上司谈谈，在哪些地方你觉得多给点权力更好些。然后考虑一下你分派给下属的权力。假如你觉得需要更多的权力来做好你的那份工作，那么你也应该设身处地地想想，这对你的下属来说也是一样的。因此，按你的主张去做：如果你要你的上司给你更多权力，你也必须给你部下更多的权力。你应当言行一致。

人生而平等，结果则迥异

原文：齐小大者存乎卦。

释义："齐小大者存乎卦"，卦就是现象，也就是大的现象、小的现象。现象有大小，一个人的成功失败也有大小。有如发财，甲发得多，乙发得少，这有大小，但立脚点是平等的，不管大小卦都是卦，都是一个现象。

释例：庄子的书中有《齐物论》，何以名"齐物"？万物不能齐，没有平的。人的智能、学问、体能都是不平等的。即使有两人体能一样，其中一人生病了，另一人为了平等也生病吗？物是不能齐的，但是庄子提出来有一项是齐的——本体的平等。如太空是平等的，太空中万物的现象是不平等的。

所以庄子有一句话很妙，他说"吹万不同"。孔子研究《周易》讲究"玩"，庄子讲究"吹"。吹万即万有。他以风来比方，他说大风吹起来，碰到各种的阻力发出各种不同的声音，意思是说，风吹来是平等地吹，而万象遇到风以后，自己发出的声音不同。

世事变幻无常，人生有旦夕祸福……每个人都有权利去追求自己的幸福，但人生的结局往往令我们出乎意料与想象之外！有的人劳碌平凡一世，有的人经历大起大落，倾家荡产，有的人平步青云，富贵荣华一生；有的人为情所困，终生痛苦，甚至有些人不甚忍受失败，走上自毁道路……命运是否真的这么不公平？

"生，使我们站在同一起跑线上；死，使卓越的人露出头角。"

不禁想起拉萨尔的一段话：你不能在水杯中掀起风景，风景喜爱宽广的平原，在那里它才可以猛烈的呼啸。结局的不同，是源于你年轻时的目标确定与否。

比如，先知大卫王，他曾写道："人心中所想的，便能成为那样"；又如爱默生的心智："伟人便是那些领悟出思想能统治世界的人"；譬如失乐园作者密尔顿的心智："心智所在之处，它本身便能化天堂为地狱，化地狱为天堂"；还有莎士比亚那惊人而具感受性的心智，他观察到："事物本无好坏，除非思想从中作怪！"安徒生说：一个年轻的时代是一个奋斗的时代，一个拼搏的时代。

有一年，一群意气风发的天之骄子从美国哈佛大学毕业了，他们即将走向社会。他们的智力、学历、环境条件都相差无几。在临出校门前，哈佛对他们进行了一次关于人生目标的调查。结果是这样的：27%的人没有目标；60%的人目标模糊；10%的人有清晰但比较短期的目标；3%的人有清晰而长远的目标。

25年后，哈佛再次对这群学生进行了跟踪调查。结果又是这样的：

3%的人，25年间他们朝着一个方向不懈努力，几乎都成为社会各界的成功人士，其中不乏行业领袖、社会精英。

10%的人，他们的短期目标不断地实现，成为各个领域中的专业人士，大都生活在社会的中上层。

60%的人，他们安稳地生活与工作，但都没有什么特别成绩，几乎都生活在社会的中下层。

剩下27%的人，他们的生活没有目标，过得很不如意，并且常常在抱怨他人、抱怨社会。

其实，他们结果不同的原因仅仅在于：25年前，他们中的一些人清楚地知道自己的人生目标，而另一些人则不清楚或不很清楚。

也许人生的命运轨迹不易改变，但过程中的感受与所选择的"交通工具"却可以改变。人不同于一般动物之处是人具有高级思维能力，因此人就无法和动物一样浑浑噩噩生活，人的行动必须有目标。而高贵的生活是目标创造的。

目标必须明确，才会为行动指出正确的方向，才会在实现目标的道路上少走弯路。漫无目标，或目标过多，或不切实际，都会阻碍我们前进，最终可能是一事无成。

人生的结局最终是死亡，人生的意义在于死亡的过程，如果忽略那些死亡前的花絮，人生就空空如也。许多人的生活，都没有抱一个目标、理想，只是得过且过，不知到底是为什么生活？这种人只好虚度一生，把一生无意义地度过去罢了。

享乐主义的人，认为人生最高的目的，在于追求快乐，逃避痛苦，但是在此苦海中生活的人类，总是逃不了苦难的。较有大志的人，即抱着"竭尽所能，贡献社会，改造世界，造福人类"之人生观，而以立德、立功、立言为人生之目的。

强烈的成功动机主要靠内部激发。没有激情成不了大事，这里的激情，就是指对成功的渴望，从内心里激发出来的对成功的追求。当你把目标与自己一生的使命相联系时，你会发现人生的每一天都有它确定的意义。所以，明确自己人生的大目标，对把握好目标有直接的促进作用。

遗憾的是，有相当多的人是随波逐流地生活着，他对自己的人生没有任何目标，要么认为时间还长着呢，要么认为"一切自有天安排"。这些对自己的人生没有任何设想的人，是很难激发起平时学习和生活中的动机与激情的。

认识到自己的责任与使命，并愿意为之付出努力，是内部激发成功动机的最直接的方式。无论通过何种方式激发自己的成功动机，有一点是明确的，即这种动机越早激发越好。因为它将引导自己的行为。有道是："凡事预则立，不预则废"，千真万确。对自己做的或将要做的事没有任何准备，就是在为失败做准备。

实际上，学会制订每一阶段的计划，不仅仅是一个学习习惯的培养问题，也是一个对运筹能力的锻炼过程。一份切实可行的学习工作计划，要综合考虑自己的发展水平，充分把握并有效利用自己的作息规律，还有对学习，工作的合理搭配等等。

可以说，一份好的学习工作计划，就是一个小而全的系统工程。它能整合各种学习工作以达到最优，从而大大提高学习工作效率。如果你每天每周的计划都能完成得很好的话，那么你所盼望的成功，实际上是一个水到渠成的结果。

有计划地学习工作，最关键的因素

是按计划实施的决心和毅力，它是对个人自觉性和自制力的最大挑战，只有那些经受了这一挑战的人，才有机会获得成功丰厚的馈赠。所以，人生需要策划，人生在于策划。有了科学的策划，人生就有强大的动力，就会产生坚韧不拔的意志。

人生策划是建立在自知、自查的基础上的。了解自己，了解环境，这是成功的法则。在知己知彼以后，需要对自己合理定位。人不是神，有很多不足和缺陷，对自己期望值过低、过高都不利于成长。

每个人都有自己的风格，对人生的设计不能强求一致。人生策划，根本在于为自己的发展描绘一个整体的结构。规划好自己，才可能把握住未来。让智能的理想变成现实。精心谋划最适合您个人的美好人生蓝图、瑰丽人生要素。

给奉承者坐"冷板凳"

原文： 可贞，无咎。

释义： 能够坚守正道，所以没有灾祸。

释例： 中国人重视"德"在人格中的关键作用，这无可挑剔。但是，如果把一些非本质性不良行为的东西也"上纲上线"，从而大加鞭挞，那却是错误的。就阿谀奉承而言，这的确是个不良品质，但它并不能导致"德"从根本上坏掉。它属于一种个人生活态度的问题，它是人对于世界的认识后所采取的一种自认为迎合需要的行为方式。

我们不能仅依据这一点就将这类人从根本上否定掉，他如果有能力，你照样可以使用。"金无足赤，人无完人"。你得宽容别人的不足，同时尽力帮助他克服不足。

在实际工作中，你应该明确表示自己不是那种喜爱溜须拍马的领导。而如果他们胆敢"以身试法"，那你就与他们"走着瞧"。

对待这种员工同样不能急躁，要耐着性子慢慢来。

如果他这会儿对你大加奉承，即使他这时成绩斐然，你也不必理他，让他静等着。他当然明白是怎么回事，如果他不明白，那你照样别夸他，也别损他，继续让他自己去琢磨。当然他还得坐一段时间"冷板凳"。

而有一日他没有阿谀奉承你，并且有显著成绩，那么，你必须抓住时机，对他赞扬一番。如果他以后还能不断转好，那么委以重托也是理所当然的。

未雨绸缪是良策

原文：密云不雨。

释义：做事应该未雨绸缪，居安思危，这样在危险突然降临时，才不至于手忙脚乱。"书到用时方恨少"，平常若不充实学问，临时抱佛脚是来不及的。也有人抱怨没有机会，然而当升迁机会来临时，再叹自己平时没有积蓄足够的学识与能力，以致不能胜任，也只好后悔莫及。

释例：浓黑的"密云"出现，一般都会下雨。为什么会"密云不雨"呢？这并不是说不下雨，而是说还没下雨，但大雨将至，就要做好应对准备。

未雨绸缪，什么事都早谋划，肯定比临时抱佛脚好得多。

学会避免问题的发生和出现比学会等问题发生后找办法解决更重要。

就像身体健康，注意饮食、休息和心态，和适当地运动可防止生病，如果乱吃、熬夜、放纵身心或缺乏活动，就易得病。要知道大部分疾病是没有特效药的，即使看医生开药方，也会有很多副作用，甚至留下后遗症。

夫妻感情同样是要善于经营，避免破裂，一旦发生严重问题（离婚），再破镜重圆就可想而知有多难了。

子女教育同样，早期不注意沟通和正确引导，孩子很容易被引诱误入歧途，难以自拔。虽有浪子回头金不换，但父母的悔恨担心和对他人的伤害已无法弥补了。

一只野狼卧在草上勤奋地磨牙，狐狸看到了，就对它说："天气这么好，大家在休息娱乐，你也加入我们队伍中吧！"

野狼没有说话，继续磨牙，把它的牙齿磨得又尖又利。狐狸奇怪地问道："森林这么静，猎人和猎狗已经回家了，老虎也不在近处徘徊，又没有任何危险，你何必那么用劲磨牙呢？"

野狼停下来回答说："我磨牙并不是为了娱乐，你想想，如果有一天我被猎人或老虎追逐，到那时，我想磨牙也来不及了。而平时我就把牙磨好，到那时就可以保护自己了。"

做事应该未雨绸缪，居安思危，这样在危险突然降临时，才不至于手忙脚乱。"书到用时方恨少",平常若不充实学问,临时抱佛脚是来不及的。也有人抱怨没有机会,然而当升迁机会来临时,再叹自己平时没有积蓄足够的学识与能力,以致不能胜任,也只好后悔莫及。

考试临时用功,急难时有人帮忙,能够临时抱佛脚,也算好事,就怕临时没有佛脚可抱,那就凄哉惨也。

晴天准备雨伞,免得下雨时不能外出;白天准备手电筒,以便黑夜可以照亮暗夜行止。如果平时没有准备,临时抱佛脚,必有诸多的不方便。

一个人的身体,平时就要好好地照顾,要运动、要保健,不能让它受寒受暑,因为一旦生病了,不但自己要抱佛脚,还会增加家人、朋友的麻烦。

平时的家居生活,也要时时整理清洁,而且饮食要有时,不要客来扫地,客去倒茶,这都是临时抱佛脚的行为。

《禅林宝训》里有"重门击柝",说明凡事要有事前的防备,免得出了事情,即使报警,甚至告到法院里,可是财物已经追不回来了。

现代人家里要装一部电话,以备家人在外有急事通知,或者朋友打电话来商量事务;平时家里要预备一些洋钉、铁锤,以备台风来袭之运用。水沟也要经常疏通,免得堵塞;庭园花草平时要让它水分充足,免得干枯。

有偈云:"天下有二难,登天难,求人更难;天下有二苦,黄连苦,贫穷更苦。"如果你平时有所预备,则不管苦也好,难也好,都会降到最低,否则临时抱佛脚,万一没有佛脚可抱,那又怎么办呢?

与人相处,平时要多广结善缘,如此到了急难时刻,你不必抱佛脚,自然也会有因缘来帮助你。佛教叫人平时要念佛,也是为了万一到了紧急时刻,可以有佛脚可抱。平时父母、老师、朋友的叮咛、嘱咐,要我们这样、要我们那样,我们不要嫌其啰唆,这都是为了怕我们将来没有佛脚可抱。只要我们平时多烧香、多结缘,急难来时,也就不必临时抱佛脚了。

未雨绸缪,就要保持清醒,而清醒是一种自觉。

一个人要做到清醒,必须有一种自觉。如果没有自觉,是不可能做到清醒的。清醒,不能只靠警示。

中国的交通警示，"宁停三分，不抢一秒"，"急转弯，危险"！在道路上该警示的地方，都警示了，交通事故就是不断。我们把这些归咎于司机的麻痹。但有趣的是，欧洲有一个交通案例，与我们中国的一样，可他们采取了另外的措施，事故就没有了。

欧洲的阿尔卑斯山，有一处山路，急转弯。汽车到此，很多坠落崖谷。当局在那里立了警示牌，但没有用。依然是许多的车连人，投胎似的栽下去。后来，有人画了一幅画，立在转弯的地方，上写："慢慢地走呵，请欣赏！"从此，那个地方再也没有出现交通事故。

报纸上没有说那幅画的内容，我估计一定是很吸引人的，让你自觉地把车速慢下来。

车之所以能慢下来，是因为画，因为他要欣赏，车慢了下来，那是一种自觉，是没有别人强迫他的。自觉造成了清醒。

自觉，这个词来源于佛教。自己觉悟，觉悟是靠感觉，不是靠提醒。心里清楚，就忘不了。

六朝时候，有一个张翰，做官做得很好。但就是不拘小节，尤其贪杯，许多人为他惋惜，议论他说："此人为了一杯酒，也不为自己的身后留名想一想。"有人把这话转告他，他回答人家说："身后浮名，不如眼前一杯酒。"

明朝的陆树声在《长水日抄》中还记述有张翰的故事，说秋风起，张翰想起吴中的莼菜鲈鱼，幡然悔悟说："人生贵适志，怎么能为一个官名，而被羁在千里之外呢？"他吃不到鲈鱼，甚感遗憾。

这个张翰，之所以流芳千古，是因为他对人人皆向往的"为官"有一种清醒。由于自觉的清醒，所以常常有一些别人看来是荒唐的行为。

清醒，才能变成一种自觉的行为。

《周易》里重要的一个原则，是教导人们时刻保持清醒。这种清醒，是心智的清醒。

比方说，月亮圆了，就开始不圆。日正中天是好事，但日正中天过后就会西斜，以至日落西山。它告诫人们，当你最好的时候，也许麻烦就跟着来了。你要早有思想准备。

当你幼弱的时候，你要等待时机，不要轻举妄动。

当事情有了阻隔，有了梗塞，你就要绞碎它，然后才能顺畅。如果在阻梗的时候，你一意孤行，就会"有悔"。

《周易》的《序卦》里有一句是解释困卦的，可以说是振聋发聩。我们一般人想象，困难一般是外在的因素所形成的。但《序卦》里说："升而不已，必困，故受之以困。"困难，其实是我们心中不清醒，才会造成的。人生不断地走，不断地前进，而没有警惕，没有回顾，所以就会有困难。

人，要做到事事清醒，必须心中时刻戒惧，不可掉以轻心。这种戒惧与反省，来自一种自觉，如果能这样，你就是一个清醒之人了。

此文到上面的那一句话，已经结束。因为那一句已经是结句。但睡了一夜，决定再添上一个反常时期的"清醒故事"，这样，算是对读者有一个完整的说法。

在《禅说》里有一个"丹霞烧佛"的故事。丹霞有一次住在慧林寺，因为天很冷无法忍受，而把寺内的佛像拿来烧火取暖。另一个和尚看见，斥责他："你真大胆，竟敢烧佛像！"丹霞说："我想看看佛像里能不能烧出舍利子……"另一个和尚说："木佛怎么能烧出舍利子？"丹霞说："既然烧不出，这两尊也拿来烧了吧！"

后来人说，道人无心，何过之有？不要拘泥于形式，率真的依本性去做即无过错。

后人还说，只有丹霞可以这样做，后来者如果学丹霞，就是对佛的冒犯了。因为只有丹霞是此情此景，是依着本性。学的就不是了。

清醒至关重要。如果不清醒，往往会丧失一生的幸福。

志向坚定，踏上青云路

原文：执之用黄牛之革，莫之胜说。

释义：像用黄牛的皮捆绑起来那样，谁也难以解脱。

如果瞻前顾后，什么都放不下而失去退避的时机是很危险的。

释例：身居要职的你，或许跟各部门主管十分投契，与秘书们相处融洽，常在上余结伴逛商场看电影。

可是，别忽略了青云路也得要有奠基石。他们就是信差、打字员及人事部的文员，许多时候他们提供的间接帮助，令你有意想不到的收获。

别让"地位悬殊"这一套占据着你的脑袋，心灵沟通压根儿是没有阶层界限的。偶尔跟他们一块儿去吃午饭，听听他们的话题，多了解他们的性格、对公司的看法和对各高级职员的印象吧。由于他们每天均有机会接触到所有同事，自然对他们的认识较全面，这些不正是你所需要知道的吗？

其实你也不必成为他们的一分子，因为一旦与他们混得过分熟悉，上司不一定高兴，其他人则会认为唐突，所以最理想的是采取中庸之道。

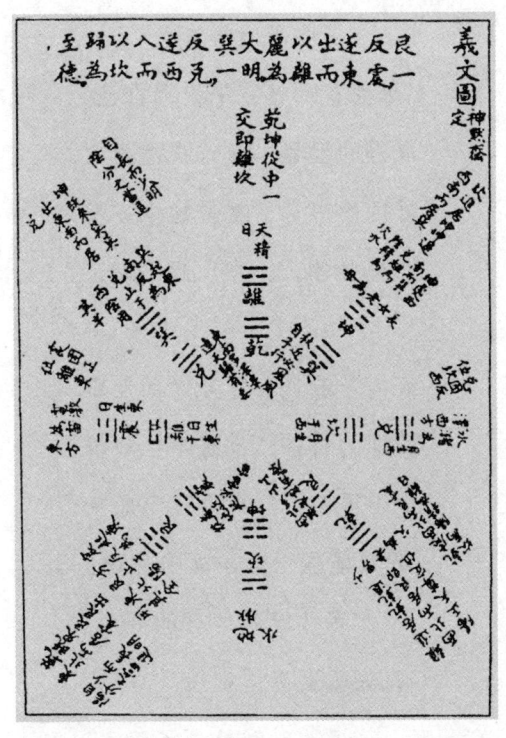

羲文图，出自明·来知德《易经来注解图》

在静时运用第三只眼

原文：是故君子居则观其象而玩其辞。

释义：观其象，这个象，是我们的生活，我们的生命，我们自己个人、身体、家庭、国家、世界天下的关系。平常处在这大环境中，观其象，对这大现象变动的前因后果都知道了，再看文王《周易》中所研究的内容，但并不是说文王怎么说，我们就相信，而是要"玩其辞"，通过他的思想创出自己的思想。

释例：有个在农场工作的农夫，有一天这个农夫打扫完马厩后，赫然发现他老婆送他的怀表不见了。由于这个怀表对他来说十分的珍贵，于是他马上又跑回马厩寻找，找了一段时间几乎把马厩整个都翻遍了，还是没有找到，因此他气馁地走出马厩。

而这时候，他发现外面正有一群孩童在玩耍，于是他向那群孩童说：假如你们之中有谁能在马厩找出他遗失的怀表，那个人便能得到五毛钱，于是孩童们一窝蜂似的跑进马厩里寻找怀表，经过一段时间，当孩童们走出马厩时，都表示没有找到怀表，此时农夫更加地气馁与失望。

就在这个时候,农夫听到了一个声音:我可以再进去找一次吗?一个孩童对他说,但是农夫觉得大家几乎都把马厩翻遍了,都找不到,怎么可能凭你一个人就找得到呢?

由于没有任何的利害关系,因此农夫答应了这位孩童,过了不到一会的工夫,当那孩童走出马厩时,他手里拿的正是农夫遗失的怀表,农夫很惊讶地问他,你是怎么办到的,那个小孩回答:"我进去之后什么都不做,就只是静静地坐在地上,慢慢地,我听到了滴答滴答的声音,于是循着声音我找到了怀表……"

这个故事是否能给你有所警示呢?

当你感觉在生活中陷入了苍白与麻木的时候,请给自己品味生活的时间。要从纷乱的世界中退出去找一个清净的地方,在安宁、沉寂中找寻造物主的声音。只有在这个安宁的地方,我们的心才会恢复清新并坚强起来,勇往直前,充满信心,去迎接人生须经历的各种挑战,也只有从静中,我们才会真正领悟出什么是人生最宝贵的。

有一首诗说的好:

缤纷的世界,让你目不暇接

躁动的感觉,就是拥有一切

有些什么,你还不清晰

只是无力,容忍自己

变幻的世界,让你不敢停歇

唯一的感觉,就是多要一些

多些什么,你都不在意

只是竭力,平衡自己

很久没看见,你灿烂的笑脸

倔强的身影,在艰难地蹒跚

背得再多,你也要飞上蓝天

我只能在心底,嘱咐你说:

多些时间给自己

想征服世界,别迷失自己

多些时间给自己

想拥有世界,先把握自己

取得的世界,让你昂然挺立

难抑的感觉,就是缺少一些

少些什么,你已想不起

不知不觉,少了很多

很久没看见,你纯净的双眼

闪烁的兴奋,也遮不住疲倦

背得再多,你也要飞上蓝天

我只能在心底,嘱咐你说:

多些时间给自己

想征服世界,别迷失自己

多些时间给自己

想拥有世界，先把握自己
得到了世界
占据你梦寐以求的南北
为何得不到
你魂萦梦冀的东西
多些时间给自己
想征服世界，别迷失自己
多些时间给自己
想拥有世界，先把握自己
多些时间给自己
想飞上蓝天，放轻松一点
多点时间给自己
想飞上蓝天，放轻松一点
多些时间给自己
想征服世界，别迷失自己
多些时间给自己
想拥有世界，先把握自己……

智能是第三只眼看见的。人出生时有两只眼，读书学习获得知识。知识拥有者可以把知识灌输给别人，但智能是不能灌输的。别人的智能可成为你的知识，不能直接用灌输的方式获得智能。智能是对人生经历的知性理解和理性感悟。

第三只眼是靠洞察力、直觉、灵感、预测和判断看事物的。与你的两只眼不同，第三眼是别人看不到、摸不着的。但它像一只长尾大头针，头在两眼中间上方额头，尾偏左刺入心房。每人都有第三只眼，只是视力有很大不同。如果你的第三只眼视力很好就能看清事物本质且能预见未来。

由此，可知九四："或跃在渊。"意思是说"或奋发跃起，或退而在渊。可进可退，能进则'跃'，不能进则退。一切待机而动，而不是盲目冲动，浮躁妄动。跃是为了发展，退是为了发展而积极地准备、筹划，创造更为有利的条件和先机。"

急躁妄动，无处容身

原文：不恒其德，或承之羞，贞吝。

释义：不能长久地保持美好的品德，总会不时蒙受他人的羞辱，结果难免产生惋惜。若不能以中正恒久这个道理去处世，就无法达成真正的发现和沟通。

释例：我们在报纸上常常见到重刑犯或死刑犯的悔过自述，虽然他们犯的罪各不相同，犯罪的方式也各有特点，然而他们犯罪却几乎都有一个共同的原因：由一件不起眼的小事开始了一个罪恶的历程。

小时候爷爷奶奶常用来教导我们的有关小偷的故事：同样也是由不经意的第一次顺手牵羊最终变成难以收手偷盗惯犯；又想到爸爸妈妈为了我们做的

不值一提的"坏"事而大骂我一顿甚至暴打一顿,那无非是在告诉我们"坏人都是这样开始的"。

俗语说,苍蝇不叮无缝的蛋。的确,很多时候灾难、祸害、罪恶并非自己撞入你的世界,而是我们在不断地破坏着我们的窗户,自己将灾难引来,使罪恶附身。正如著名的"破窗户理论"所说:"既然是坏的东西,让它更破一些也无妨。"因此,不要轻易打破你生活中的任何一扇窗户!

将两辆外形完全相同的汽车停放在相同的环境里,其中一辆车的引擎盖和车窗都是打开的,另一辆则封闭如常,原样保持不动。打开的那辆车在三天之内被人破坏得面目全非,而另一辆车则完好无损。这时候,实验人员在那辆完好无损的汽车的窗户上打了一个洞,只一天工夫,车上所有的窗户都被人打破,内部的东西也全部丢失。

这就是著名的"破窗户理论",其结论可以归结为:既然是坏的东西,那让它更破一些也无妨。

对于完美的东西,大家都会不由自主地维护它,舍不得破坏;而对于残缺的东西,有人就会去加大其损坏程度。这是人类的一种心理惯性,我们可以由

它联想到自己的生活:让自己的人生干干净净,不要在上面乱扔垃圾,更不要轻易打破你生活中的任何一扇窗户。

打破一扇小小的窗户,尽管怎么看、怎么想都不会让你联系到家庭的破落或人生的末路。这也正是人们往往不在意第一次打破一扇窗户的原因。岂料有了第一次就很难没有第二次,窗户破了,其他破了也没什么了不起,于是窗破屋倒。这个道理宋代的大文学家欧阳修就说过:"祸患

戏举烽火图。选自明·张居正《帝鉴图说》,讲述周幽王为博美女褒姒一笑,举烽火谎报军情,戏弄诸侯,后来犬戎进犯,周幽王再举烽火,而诸假援兵不至,周幽王被杀于骊山之下。

常积于忽微,智勇多困于所溺。"

千里之堤,溃于蚁穴。一扇破窗,正如一窝蚂蚁一样,早晚会使人生之堤崩溃。过去的人们在失败后找借口,亡国后找替罪羊,常说红颜祸水,现在想想,褒姒之于幽王,妲己之于纣王,恐怕也正如一扇扇破窗一样,所以商亡之后还有周亡。历史上的现在的众多贪官污吏,说到底,都是第一笔赃款,第一桩坏事使他们步入歧途,死后也不得复生。

不要轻易打破你生活中的任何一扇窗户,不要到最后才后悔莫及。生活中可能会充满许多诱惑,众多目眩神迷的事物也在时时吸引着我们。这时,我们千万不能以第一次为借口而走进歪路,最后铸成难以挽回的大错。我们生活中的每一扇窗户,不管是诚信、善良,还是宽容、廉洁,这些你一旦背弃,就会不经意地与它们越走越远,再也无法接近它们。正如人们所说的修好一件东西往往比破坏一件东西要难得多。

不要轻易打破你的任何一扇窗户,否则小偷将在这里成型,大盗也将在这里蜕化。

很少有人知道,在通往天堂与地狱的分岔口上,还有我这么一个审判官,每当有人来报到的时候,我总会认真地阅读他们的生平,然后做出批复,告诉他们该向哪儿走。

今天难得空闲,我呷了一口茶,翻看起了以前做的记事簿,几乎每一个被宣判的人都会拥有一段文字,若是平庸些的,就没有评论。

这一页是关于汉斯的,其实他是个中国人,在德国读书,但读完书后他发现自己找不到工作,原因仅是他坐地铁曾逃过三次票,德国人认为他没有诚信,拒绝了他。虽然他有着优异的成绩。那么后来呢?他回了国,找到了一份高薪工作,但因为言而无信最终又被辞退了,潦倒一生。

喔,我在下面写了一面段批语:诚信是金。一次的出卖就是终生痛苦的根源,一旦你背弃了诚信,那么生活也将背离原来的轨道,必须走好人生的每一步,哪怕只是一小步。

看完了,我轻微地叹了一口气,生活中细微的琐事,正是人生的基石。有些时候我们的心理防线很脆弱,一不在意就会失守,或许就是这一次,导致了人生的全线溃败。

风儿起,我又将记事簿往后吹了几页,我将它拿起,是一对双胞胎,他们出生在同一个贫民窟里。他们很小的时候就没有了父母，以乞讨为生。两人生平前半段都是一样的。直到他们遇上了一个贵妇。他们照例乞讨，而当时的贵妇掏出两张大钞，扔到地上，用高跟鞋使劲踩了两下，让他们捡，其中一个缓缓伸过手去，拿了一张，而另一个直起了腰板，瞪了贵妇一眼，头也不回就走了。多年以后，一个还是以乞讨为生，受尽凌辱，而另一个经艰苦奋斗，成就了一番大事业。

我的批语很短：如果当年他没有守住他的尊严，后来也就没有他和他地狱与天堂的差别。

或许每个人心中都有许多珍贵的东西，这些都为我们构筑了一道道的防线。有时生活的浪花袭来，我们对守护的东西产生了疑惑甚至将其忽略，这窗户一旦被打破，那么生活就会把它带走。也可能因为这，个人的命运由此剧变，我们可能会付出惨痛的代价，人生就再也不可能完美。

也许，我该给世俗一点忠告，让他们不再在迷茫的旷野中踟蹰，那么请记住了：要守好心灵的每一道防线，千万不要随便地打破你生活中任何一扇窗户，它会让你身上那些最珍贵的东西而轻易地消逝。

哦，有一个人来了，他又打破了哪一扇窗户呢。

上帝给了我们每个人一颗像玻璃一样脆弱而透明的心，他容不得一点儿纤尘的污染，为了保护他，上帝给了我们很多窗户，可是却把开启窗户的权利给了我们自己。一旦我们轻易地打破了其中任何一扇窗户，那清澈透明的心将容易地变得浑浊阴暗。

我曾经有一个很要好的朋友，他一直彬彬有礼，谦虚待人，大家都很尊敬他，愿意和他做朋友。可是有一次，在一个公众活动中，他由于心情不好很随意地嘲笑台上讲演出错的同学。或许他不曾意识到这是一个可怕的行为，可是，从那以后，几乎所有的人都远离了他，远远地躲着他，谈论到他时大家也一致以"粗鲁"来形容他，他曾经的君子形象在我们心中荡然无存。而他自己，也在同学们鄙夷的目光里渐渐丧失了他的美好秉性，真地变得粗俗而不可理喻了。可怜的人啊，因为打破了理智之窗而丧失了纯净的心，渐渐消褪了他原有的光彩。

不久前，在书上看到一篇关于某个残疾青年的报道。他本生活在一个幸福美满的家里，可是在一次飞机坠机事故中致残，从此他的生活陷入了阴霾之中。肉体上一次又一次地摧残，精神上一道又一道的伤痕使当时只有12岁的他遍体鳞伤。他曾经想放弃，他一度想消沉下去，可是最终他挺了过来，没有打开任何一扇堕落的窗户。哪怕血染红了被褥，伤痛麻木了他的神经，他也没有轻易打开一扇窗来透透气。他坚持每天锻炼身体，直到他失去知觉的双脚又找回感觉之后，他终于笑了……虽然坠机时的剧烈震荡让他的记忆力消退了，但是他坚持刻苦学习，终于，他的努力没有白费，在他15岁的时候，他成了中国第一个被挪威邀请的中国残疾学生。可以说他成功了，让每一个认识他的人倾倒。我想，他之所以能取得成功，完全是因为即使在最艰难困苦的时候他都没有打开任何一扇窗接受别人施舍和怜悯，也始终坚持守护那扇放任的窗户。他是强者，他用坚定的信念保持了他那颗坚强纯净的心。

是啊，在我们手中握着许多开启心灵窗户的方法，我们可以轻而易举地打开他，就像我那个朋友一样，可是，那会让我们付出心灵重创的代价。我们只有像那位残疾青年一样，坚守住窗户不打开它，才能保护我们脆弱的心灵，而只有完整纯洁的心灵才能得到别人的呵护与关心，才能绽放出钻石一样夺目的光辉。所以，请慎重，不要轻易打开任何一扇保护心灵的窗户。

在行动时要把握形势

原文：时止则止，时行则行，动静不失其时。

释义：人若能做到"动静不失其时"，便能顺应事物发展的规律而"时中"。"时中"即"中"而因其"时"，"时"而得其"中"。得其"中"，所谓经也；因其"时"，所谓权也。有经有权，故能变通。此所谓"变通者，趣时者也"。变通趣时，就能顺天应人。

释例：《周易·系辞传》说："穷则变，变则通，通则久。""变"是《周易》的核心观念之一，所谓"不可为典要，唯变所适"（《周易·系辞传》）。

《周易》强调"变"，有一个基本原则，即"动静不失其时"，"与时偕行"。《周易》特别指出对"时"要有所知。如《贲卦·象传》说:"观乎天文,以察时变。"即仰观日月星辰等天象,可以察知四时、季节变化的规律。如《观卦·象传》说:"观天之神道,而四时不忒。"即仰观自然运行的神妙变化,可以理解四时交替之毫无差错的道理。

如《豫卦·象传》说:"天地以顺动,故日月不过,而四时不忒。"即天地顺其本然之性而动,所以日月运转而无差失,四时交替而无差错。如《丰卦·象传》说:"日中则昃,月盈则食,天地盈虚,与时消息。"即日至中天必将西斜,月至圆满必将亏食,天地自然有盈必有亏,有亏必有盈,它们都是根据一定的时间而消长存亡。

类似的话,《象传》及《系辞》中还很多,这些都是古人经过对天地自然的观察所获得的关于"时"的知识。

《周易》强调对"时"要有所知,而"明时"的目的则在于让人们依时而动,"时止则止,时行则行,动静不失其时"。"时行"就是依时而行。既然一切都在时间之中,谁都无法游离于时间之外,那么要想在时间之流中有所进取,就必须顺时而动。

有学者指出,人与时的关系,"是主体与客体的关系,行为与环境的关系,主观能动性与客观必然性的关系。顺时而动,必获吉利,逆时而动将导致灾难,主体行为是否正当,并不完全决定于主体行为本身,而主要决定于是否适应环境的需要"因此,"时行"之"时",还不仅仅是指年、月、日、时,而是与此年、月、日、时相关的及与主体相关的一切因缘的总和。这就是人们通常所谓的"时机"一词的真正涵义。

《周易》之中论到"时行"的地方颇多,如《大有·象传》说:"其德刚健而文明,应乎天而时行,是以元亨。""应乎天而时行",就是顺应天道自然的规律,依时而行。如《随卦·象传》说:"天下随时,随时之义大矣哉。""天下随时",即天下众人顺应时变而相随从。

如《坎卦·象传》说:"王公设险,以守其国,险之时用,大矣哉。""险之时用",指国君王侯因应天时,设险守国,意义非常重大。如《遁卦·象传》说:"刚当位而应,与时行也。""与时行也"即随顺时势,及时退避。总之,"时行",就是叫人不失时机,因应时变,有所作为。

依时而行固然重要,依时而止意义也非常重大。所以《象传》谓之"时止则止,时行则行"。其实,"与时偕行"就包含"时止"之义。

《周易》中有一《艮》卦,专门讨论"止"的问题,其卦辞曰:"艮其背,不获其身;行其庭,不见其人。无咎。"《象传》解释说:"艮,止也。时止则止,时行则行;动静不失其时,其道光明。'艮其止',止其所也。上下敌应,不相与也,是以'不获其身,行其庭,不见其人,无咎'也。"

《艮》卦主要申明"止"义。《序卦》曰:"《艮》者,止也。"《杂卦》曰:"《艮》,止也。"《艮》为"止",所以《象传》有"时止则止"之说。

但论"止"之卦何以又谓"时行则行"?

金景芳先生解释说:"止的意义并不简单,不能以为停止不动才是止。其实止还包含着行的意义在内。这一点一般人不易领会,所以孔子特别加以说明。止于止是止,止于行也是止。我们坚持不懈地干一件事情,就是止于行的止。后来我们发现情况变了,这件事情必须停止,不宜再干了,这就是止于止的止。坚持干什么,是止于行;坚持不干什么,是止于止。

"两种止实行起来都要看场合,就是要'艮其背'。这个场合不仅是空间上的场合,也是时间上的场合,而且归根结底是时间上的场合。'时止则止'时要求止于止,就止于止。'时行则行'时要求止于行,就止于行。或止于止,或止于行,时是决定性的因素。"

上述的解释辩证色彩很浓,意义也很深刻。它表明,艮止之义不仅在于因时而止于所止,还在于因时而止于所守。所以,《象传》接着说:"艮其止,止其所也。"而《象传》则更明确地强调,君子观《艮》之象,应当"思不出其位"。宋人程颐解释说:"君子观《艮》止之象,而思安所止,不出其位也。位者,所处之分也。万事各有其所,得其所,则止而安;若当行而止,当速而久,或过,或不及,皆'出其位'也。"(《程氏易传》)"止其所"、"不出其位",都是指止其所当止。而止其所当止,也就是止其所当守。因此,"止"并非静止不动,而是以止助行，以行成止。

止于"行"或止于"止"，决定性的因素是"时"，所以说"动静不失其时"。人若能做到"动静不失其时"，便能顺应事物发展的规律而"时中"。"时中"即"中"而因其"时"，"时"而得其"中"。得其"中"，所谓经也；因其"时"，所谓权也。有经有权，故能变通。此所谓"变通者，趣时者也"。变通趣时，就能顺天应人，推陈出新。

《周易》中有《革》卦，专门讲变革，"革命"一词即滥觞于此。而《革》卦之后紧接《鼎》卦，目的就在于彰显"革故鼎新"之义。从这个意义上说，趣时变通，即变化日新。能趣时变通，即是"识时务"。而识时务，能日新，就可以常保通泰。所以《周易·系辞传》说："日新之谓盛德。"

人生一定要动的，"动则观其变而玩其占"，我们自己有时候动了，要观察动所产生变化的现象，而玩其占，占是用数理来推定结果。

由此，顺应形势的变化而采取行动，才能把握机遇，才能无往而不胜。

看到了一则小故事：一位商人子承父业做珠宝生意。可是由于缺乏父亲的眼光，很快就把父亲留给他的全城最大的珠宝店赔光了。商人依然对自己的能力充满自信，认为自己只是在珠宝这一方面缺乏必要的眼光和技术。于是改行做服装生意，不到两年，无力为继，因为他总是跟着时尚的尾巴走。

后来，他又开过饭店，做过化妆品生意，钟表生意，印染生意，无一例外地失败。此时的他已经52岁了，却没有一点点成功，他开始怀疑自己的能力。这时候他所有的财产只能购买一块离城很远的墓地，他觉得这就是他的归宿。

可是奇迹发生了，不久，这座城市公布了一项建设环城高速公路的规划，他的墓地恰恰处在环城路内侧，土地一夜之间身价倍增，他顿悟了，为什么不做房地产生意呢？于是他卖掉了这块墓地，投身做房地产，五年以后，他已经成为全城最大的房地产企业家。

古往今来，多少英豪逢时起，千秋伟业世长谈，把握机遇雄心逞，今生不枉走一遭。

话说三国时期，最不为人称道的便是曹孟德，谓之曰："奸雄。"然孰知

"奸雄"背后的深谋远虑。苦心经营，方位极人臣。汉帝无能，天下离乱，此时不起，更待何时？且又占"挟天子以令诸侯"之便，孟德占尽天时地利，大好机遇，正待出手把握，其便是，敢于出手把握才圆了一世英雄梦，见机而握，成大业之所需也！

时代造就的英雄，而英雄又开创了新的时代。忆及那硝烟战火的年代，群龙会聚苦无良首，便是伟人勇挑重担，带领中国人民走上了胜利的道路，救我民族于水火之中，乱世出英雄，敢把握才成就英雄——救国救民的英雄。

可叹人间机遇重重，若是不予把握或说把握不当，留下多少遗恨！想当初蒋介石也欲逞一把英雄，却不知民心向背，不知国耻民欲，枉有机遇而不会把握，终成民贼，遗臭万年。

机遇者，人皆可遇，论把握，还需真雄。思我辈，正值青春年华，且祖国大业渴求人才，更当把握机遇，把握年华，求知若渴，勇挑重担，建设属于我们的时代，大义之所在，机遇之所示，只看我等是否能出手把握。

机遇错过，还会有机遇，但是若不想把握，任多少机遇也付诸东流了。坐等机遇是不可取的，而应积极去追求，时刻准备去把握，该出手时便出手。

常把壮志盈胸，莫道英雄天成，敢于试锋芒，才有机遇可乘。把握，把握，莫待年华凋零。

冷静处理突然的羞辱

原文：无妄之灾，或系之牛，行人得之，邑人之灾。

释义：无缘无故而遭受灾祸，好比有人把一头牛拴在村边道路旁，路过的人顺手把牛牵走，同村的人却被怀疑为偷牛的人而蒙受不白之冤。

释例：你或许遇到过令你毕生难忘的经历：还差五分钟就到下班的时间了，你兴致勃勃地把办公室桌上的文件整理好，与同事东拉西扯，开开玩笑。就在你准备离开的一刹那，你看见上司气冲冲地从办公室走出来，他把你刚才交给他的报告扔回桌上，当众指出报告中错误的地方，还要你马上把它修改妥当。

对于上司的凌辱，你感到又惊又怒，本来愉快的心情一扫而空，你很想跟他大吵一顿，以泄心中怨愤。可是，请记住：上司永远是上司，吃亏的永远

《两流开国中兴传志》版画之汉王现贬豹图。楚汉相争时,魏豹投于刘邦,但由于受刘帮现贬,不忍其愤,所以后来又有叛刘邦之举,最终被杀,这是他没有冷静处理突如其来的羞辱所致

是你。

若要妥善处理以上的情况,你要首先认清楚以下各点:只要你有充足的自信心,没有人可以用话语刺伤你,令你产生屈辱感。

尽量避免与上司发生正面的冲突,否则大家的关系将会变得很恶劣。日后很难找到补救的方法。

一个有修养而自信的人,他绝不会像疯子一样骂人,或是反唇相讥。他会处忧不惊,冷静地面对一切问题。你不妨考虑马上离开,让大家有一个安静反省的机会。只要你能够忍耐一点,你会发觉羞辱你的人,根本是一个欠缺修养的人,不值得你气恼。

因为只有动机中正的合作才是愉快的合作,才是明智的合作,无所不利的合作。

永远要牢记,同老板争吵,是一场不能获胜的战争

刘强就职于一家颇有前途的公司,为了得到公司的认可,他几乎成了工作狂,还常常想出很多新颖实惠的点子来。功夫不负有心人,他终于得到老板的称赞和重视,被指派拟定一个重要策划。

同事周新是刘强的好朋友,在刘强忙得天昏地暗时,周新会适时地递上一杯咖啡;刘强加班时又会送来一盒盒饭;而且总是自动拿起材料帮刘强打印好。

在周新的帮助下,刘强终于将策划

交给老板。谁知第二天老板找到他，说："我很看重你的才华和敬业精神，没有新点子也没什么，但你不该抄袭其他同事的创意。"

老板看他一脸惊讶，递给他一份策划书。天哪！竟然和他的那份惊人地相似，而策划人竟是周新。面对老板的不满，他真想当场发作，在老板面前大发一通牢骚；但是他没有那样做，而是等待机会。

机会果然来了，当老板再次指派刘强做一个很重要的方案时，他从自己的新点子里筛选出两个方案，做出A、B两份策划书，同时找到老板，让他事先知道A计划的内容。然后，刘强在办公室里大做A策划书还是不避周新，但暗地里已把B策划书做好并交给了经理。

果然，不久之后，周新交上了一份和A策划书颇为相似的方案。明白真相后的老板非常恼火，他请周新另谋高就，刘强的成果也保住了。

刘强并不是没有牢骚，但是他发泄的方式不是用嘴，而是用头脑、计谋。试想，如果在老板责怪他的当时就与老板吵起来，刘强还会有机会再去做方案吗？他的委屈恐怕只能永远压在心里。

与其满腹牢骚，不如改变一下自己的思维方式，提一些有建设性的意见，这样的员工，必然会引起老板的重视。

与其满腹牢骚，不如改变一下自己的思维方式，提一些有建设性的意见，这样的员工，必然会引起老板的重视。

聪明的员工懂得一条至关重要的准则：同老板争吵，是一场不能获胜的战争。作为公司的一分子，轻视及诽谤，发牢骚和抱怨不仅对公司不利还会伤害自己，与其浪费时间抱怨，不如想办法以自己的努力赢得老板的认可。

抱怨和发牢骚不是改变老板看法的办法，只有艰苦努力才能够改善环境。高贵品格的形成往往是在人们克服困难的过程中，而那些总是在抱怨和发牢骚的人，终其一生也无法培养真正的勇气和坚毅的性格。对老板而言，它会影响公司的凝聚力，使机构内部互相猜忌，并且涣散团队士气，这样的员工永远没有晋升的机会。

只有无能的人，才会将责任怪罪于他人。真正有能力的人，不管环境多么困难、多么恶劣，都能破浪而出。最大的原因是，因为这些成功者都具备高度的自省能力，他们把恶劣的环境置于一旁，做自我检讨，并清楚地把目标摆在最前面，不因环境改变了，目标也随之改变。

一动不如一静

原文：是故，吉凶者，失得之象也；悔吝者，忧虞之象也；变化者，进退之象也；刚柔者，昼夜之象也。

释义：人生的一切，任何一件事，一动就有好有坏。再说任何一动，坏的成分四之三种，好的成分只四之一种，所以中国人的老话，一动不如一静。

释例：这就是哲学问题了，这是说人类文化。我们人类认为的吉凶，好的或坏的，以哲学来说，没有绝对的，而是根据人类本身利害的需要；我们得到，便觉得是吉，失去便觉得凶，但这并非绝对。譬如说得病，这个得就不是吉，而且人生得意不一定是好事，有时失意也不一定是坏事。

所以对于古文，不要仅在文字表面上读过去，而要知道在文字的深处包涵了很大的哲学思想。可见吉凶只是根据个人的观念而来，而悔吝就是忧烦愁虑之象，虞即虑。

前面说过，卜卦的结果，不外"吉凶悔吝"四个字，没有六个字，换句话说只有两个字——一个是好，一个是坏，——或吉或凶，悔吝只是加上去的。因为"悔吝"两个字，是忧虑。

在《周易》中一方面是小心，如卜到一个卦是悔吝，就是有烦恼，事情办不通，有困难。所以人生的一切，看《周易》只有四个角度，吉凶悔吝。这吉凶悔吝怎么来的，下传有两句话：

"吉凶悔吝者，生乎动者也。"

人生的一切，任何一件事，一动就有好有坏。再说任何一动，坏的成分四之三种，好的成分只四之一种，所以中国人的老话，一动不如一静。

宋孝宗像，出自明·天然撰《历代古人像赞》

凡事一动，吉的成分只有四分之一，坏的成分有四分之三，不过这三分当中，两分是烦恼、险阻、艰难，如此而已。

这把宇宙的道理、人生的道理、事业的道理都说清了，所以儒家就知道慎于动。动就是变革，变更一个东西，譬如创业，譬如新造，这个动不是不可以，但需要智能，需要作慎重的考虑。

一动不如一静，"动"者，活动也，一个为翘首求官之人所心领神会的具有"中国特色"的官场自选动作。尤其是在决定自己官场之命运的关键时刻，真可谓"动"与"不动"两重天：

"动"者，尤其是动之力度足够大者，常常是心满意足地坐上了自己向往已久而又垂涎三尺的"宝座"；"不动"者，或动之力度不够，或动之方向有误者，就只能饮恨官场，或只能发誓在下次"运动"中有所作为了。

当然，也有不信邪的主儿，这就是那些"朝中有人"之辈，他们非但临阵不"动"，而且常常以"静"制"动"，即便那些善动之辈，恐怕也只能拾些他们挑剩下的残羹剩饭了。故而虽说"动静皆风云"，却又常常"一动不如一静"也。

再比如打官司，一场官司一场火，任你好汉没处躲。

置身官司之中，可谓机关遍地，暗道如织，稍不小心，即有可能失足落套，跌身陷阱；稍有不慎，或将被麻烦裹足，引火烧身。此情此境，别说肉体凡胎，即便孙猴子再世，也难保不褪其三层皮也！若再遇到"大盖帽，两头翘，吃过原告吃被告"的主儿，即便你三头六臂，有九九八十一变之术，恐怕也照样只有缴械投降和束手就擒的份了！

中国大陆杭州西湖的西方边有两处著名的佛教圣地——天竺山和灵隐山，天竺山上有著名的上、中、下三座天竺寺；灵隐山则有东晋（三二六年）时建的灵隐寺。灵隐寺前有一座山峰，东晋时的印度来华僧人慧理认为它极像自己的故乡的佛教发祥地灵鹫山，曾经感慨地说："不知它何时飞到这里来？"从此，这座山峰就被人称为"灵鹫峰"或"飞来峰"。

南宋的孝宗皇帝一次游灵隐山时，曾在飞来峰前戏谑地问灵隐寺的住持净辉和尚："既是飞来，如何不飞去？"

净辉和尚幽默答之："一动不如一静。"

"不是我不明白，是世界变化快"。在你意识到很难适应外界变化的时候，你该怎么办哪？这里不仅有积极和消极两种态度，还有如何决定用你的手段达到你的目的。

首先弄明白你的实力和处境，再分析哪些是可以通过努力可改变而且应该改变的，哪些是不能经过努力而改变的。那些你不能改变的也会变化，所谓的"三十年河东三十年河西"就是这个意思。

事物的发展变化有一定的规律性，大部分是波动性的。

人生当中，机会有大有小，关键取决于你想要成为什么样的人。

一般人把自己的学业和工作的顺利与否看作是人生的关键，而成就非凡的人是能把握百年不遇的机会，这个机会不是他自己努力而得到的，而是他已经准备好自己而等待而未错过的。

毛泽东说过"有些关键时刻我是少数，我只有耐心地等待时局的转变"，这也就是以静制动。

等待并不都是消极的，谁能更早地准备好自己而等待时机甚至是危机，谁就更能获胜。无论是战场商品市场还是情场，都不要打无准备之仗。以静制动是一个高度的境界。

"一动不如一静"，当然并不是主张一动不动，而是说无论是投资还是投机，都必须掌握适时适度的原则，做到对象适当，时机适当，方法适当，力度适当。在这里，作为市场的参与者，无论是大是小，关键都是要有一个好的心态。心态一稳，适时适度并不难做到，心态不稳，就难免动辄得咎，事事出错。

《象辞》说：《大有卦》第六爻位（上九）的吉祥，是上天保佑有道德的人，是上天赐给的福分，只有顺天应人，才能大有收获，得到大量的财富。

赞同就意味着软弱吗

原文：夬履，贞厉。

释义：刚毅善于做出决断，小心行动，要提防危险。

释例：在处世的交际场合，不仅仅需要谨慎，还要刚毅果断，也就是说当刚则刚，当方则方，只要坚持原则，一心为公，即使会有这样或那样的矛盾，但最终不会有什么麻烦的。

赞同别人的方法和观点并不是放弃职责，而是加强权威。在一些顽固而独断专行的人群中流行着一种说法，认为赞同就意味着软弱无力。

但事实上，赞同涉及说理和接受道理。优秀经理是讲道理的并且显示自己是讲理的。他在做出最终决定之前，会与部下磋商以求取得一致。一旦做出决定，他将陈述理由。有时候，他的决定会与某一部分人的利益相左，但是他们会赞成这个决定，因为他们知道，他已充分听取并认真考虑了他们的意见，他是以公正与客观的方式行使自己权力的，而且他是不得不做出不利于他们的决定的。

为了取得赞同，优秀经理花大量的时间与部下呆在一起，解释情况的复杂性，说明影响最后决定的诸多矛盾因素。他征求他们的看法，并加以郑重考虑。他会站在他们的立场上考虑影响他们的任何问题。同样，他也请他们设身处地考虑他不得不做出的决定。

优秀经理知道，以赞同来管理不同于以许可来管理。他不会为改变人员的安排去求得工会的许可，也不会为安装一台新机器去请求部下许可；他会寻求他们的赞同，但他知道决定最终得由他来做出，因为只有他有权作这个决定，并对此决定负责。

知道机会到了，要把握机会

原文： 知至至之，可与几也；知终终之，可与存义也。是故居上位而不骄，在下位而不忧，故乾乾因其时而惕，虽危无咎矣。

释义： "知至至之，可与几也；知终终之，可与存义也。是故居上位而不骄，在下位而不忧，故乾乾因其时而惕，虽危无咎矣。"这里是说，人最高的智能要做到对自己、对人、对事，知道机会到了，要把握机会，应该做的就做。

释例： 看历史就知道，中国历史上有几个人变法，第一个是春秋时的商鞅变法，还有一个是宋代的王安石变法。秦以前原来是公田制度，商鞅变法，一变而为私有财产制，结果商鞅自己弄到被五马分尸。但是他的办法好不好呢？好得很，自商鞅变法，秦汉以后，因为私有财产制,产生了最古老的私有思想,社会繁荣富足。到了宋朝王安石,也想走变法的路子,最后又失败了。

但王安石的所谓新法到底好不好呢?后世评论他是了不起的大政治家,但他不能"知至至之",那个时代的趋势还没有到,他虽有高度的思想,高度的办法,可是没有用处,所以要"知至至之",时机到了便做,则刚刚好,就可与几也。什么是"几"?就是知几,未卜先知,就是知这个几?等于看电视,手刚搭上开关,在即开未开之间,那一刹那就是几,要有这样恰到毫颠的高度智能,看准了,时间到了,应该做就做,对了便可改变历史。

"知终终之",就是看见这件事,应该下台的,就"下次再见,谢谢!"立即下台,永远留一个非常好的印象在那里。但这个修养很难做到的,孔子、老子都是这个思想。老子说的"功成、名遂、身退",就是知终终之。

但"知终"的"知"很难,如懂了这个道理则"居上位而不骄",虽然坐在最上的位置,也不觉得有什么可骄傲的,这如同上楼下楼一样,没有永远在楼上不下来的;那么在下位也无忧,

因为时代不属于自己的,所以人生随时随地要了解自己。所谓乾乾因其时而惕,要认识自己,时间机会属于自己就玩一下,要知道玩得好,下来也舒服,这样纵或有危险,但不至出毛病。

从这里就看到孔子的思想就是一个"我",人生如何去安排我,每一个人把自己的自我安排对了,整个大我也安排对了,有许多事往往是因为这个"我"安排得不好,把整个事情砸烂了。

《东周列国志》版画之说秦君卫鞅变法图。卫鞅即商鞅,也称公孙鞅,他把握了机会,在秦国实施了变法

有四样东西一去不返：说过的话、泼出的水、虚度的年华和错过的机会。

利用的机会越多，创造的新机会就越多。

你有属于自己的、独特的位置和工作。找出你的位置，占据你的位置。

人的一生中，幸运女神至少光临过一次。当她发现人们没有准备好迎接她时，她便从门进来，从窗子出去。

机会是靠自己去把握的，偶然的一次机会与朋友对话中，我顿时体会到了这句话的真正含义。那是在我向上天妥协时，朋友给我的提醒，不应该等待机会，那是弱者的做法，强者是给自己创造机会。

希腊大学者苏格拉底带领弟子们来到一块麦地，要他们去采摘一株最大的麦穗，并且只准前进不准后退，弟子们听明白后，就去采摘麦穗，他们一会儿看看这株、一会儿看看那株，总不满意。不知不觉，他们走到了尽头，双手空空如也，这时他们才恍然大悟，失去的机会不会再来。

掩卷沉思，弟子们为何没有采摘到最大的一株麦穗？这片麦地里究竟有没有最大的一株麦穗？他们失败的原因是什么？这很让人深思。那些没有采摘到麦穗的人，他们总认为前面那株才是最大的，机会还有很多。时间就在选择中、在寻找中流逝，最后就可能一事无成。

面对机遇，我们该怎么做呢？有的人是主动寻找机会，他决不会错失良机；有的人则不能做出准确判断，总觉得机会多，错过一次没什么，结果一次又一次错失良机，与之擦肩而过；还有的人整天只知道坐在家里想入非非，没有实际的行动。我想：机会只会降临那些有准备、会把握机会的人的头上。因为他们知道，抓住眼前的机会是最关键的。

再想想自己吧，有着远大的理想和追求，常把它挂在嘴边，可落实到行动上，却与想的有着天壤之别。没有认真对待每一件事情，脚踏实地过好每一天。这样看来，追求尽管很高远，那也不过是空中楼阁、海市蜃楼而已，机会肯定与你无缘。

机会是很多的，但把握住眼前的机会才是最实在的。

很多人成功了。有的是公认的成功，有的是自认的成功。成功有大小之分，你定了一个目标，然后达到目标，别管大小，你应该是取得了成功，虽然别人并没有感觉到。当然，有时候你在公众眼里已是一个成功者，可你自己并不以为然。所以，何为成功并不是一个很有重要的问题。

成功会带来很多结果，自信和尊重应是必不可少的衡量指标。如果所谓的成功带来的只是金钱（甚至是财富）和大众的惋惜，那么成功的途径并不值得仿效。人们追求成功的目的也有不同，为了造福人类还是仅仅为了自我的实现。

"完善自我兼济世人"是前辈们的一个境界。成功是一个过程，也是一个结果，它的价值需时间的验证。在近期内，人们会记得你是怎么做成的，但很久以后，如果人们也只能记得你是怎么说的了。

成功有很多种因素。不仅靠聪明，还要有机遇。聪明能干是必备条件，机遇也是很多人强调的。成功者谦虚地说自己幸运，失败者不服气地诉说机遇不公。机遇到底是怎么回事？机遇是均等的，关键是你怎么把握住它。你可以利用机遇，不可拥有机遇。

"智者无悔""勇者无限"，当机遇来在你面前，你是否有智能识别，有勇气面对它哪？你是否是一个有准备的人？一个勇者的自信心是获得成功的关键。有自信和自我感觉良好，才不会错过良机。此外，在当今社会，"出奇制胜"者要比"循规蹈矩"者更幸运。

一位哲人说：人生是一场战斗。在人生的战斗中，总是与坎坷相伴，追求也常有痛苦相随。生活中的弱者，面对困难和挫折，犹豫了，害怕了，"认命"了，往往在紧要关头败下阵来。强者的行为不同，他们认定一个目标，义无反顾，追求比心更高的山，所以，他们能够不断臻于新的人生境界，欣赏到新的人生风景。

人的一生充满着大大小小的障碍，逆境也好，顺境也好，人生就是一场与种种困难的斗争，一场无尽无休的拉锯战。曹雪芹著《红楼梦》花的功夫是"披阅十载，增删五次"，字字看来皆是血，十年辛苦不寻常。巴尔扎克说过："人类所有的力量，只是耐心加上时间的混合。所谓强者，是既有意志，又能等待时机。"

耐得寂寞，成就功名

原文：系用徽纆，置于丛棘，三岁不得，凶。

释义：被绳索重重地捆绑住，囚放在荆棘丛生的牢狱中，长达三年不能解脱，十分凶险。

释例：古人"两耳不闻窗外事，一心只读圣贤书"，就是怕受到外界的干扰，使一颗平静的心变得不平静，就是强迫自己耐得寂寞，从而可以"十年寒窗人未识，一朝成名天下知"。

干一件大事必耐得住寂寞。

越是人多的地方，人越寂寞；人少的地方，人们反而能推心置腹，心能贴到一块儿。物质上的城市，精神上的荒漠。

只要找到属于自己的路，不管什么时候都不算晚。

沃尔玛位居财富500强之首，已经有好几年了。两三千亿美金的年度营业额，超过世界上绝大多数国家的国内生产总值。可有谁知道，沃尔玛的创始人山姆·沃顿，曾经守着一爿小店，缩居街角，几十年如一日地进行原始积累的艰辛！

再看看当今走红的Google，上市以来，股价达到四百多美元，市场价值转眼就达到一千多亿美金。可有谁知道，在2000年前后因特网烧钱时代，那么多的公司到处拉风险资金，花费千百万打广告、创立品牌时，Google硬是藏在深闺无人知，默默无闻地开发技术，然后硬是通过口口相传，一举成为搜索引擎中的佼佼者。前几天在一次活动上遇到当时的元老之一、至今仍是董事会成员的Ram Shriram，印证了当时的Google确实有很多得到很多风险资金、走上烧钱道路的机会。这位衣着随便的印度人说，正是因为耐得住寂寞，专心致志做事，才造就了今天的Google。

耐得住寂寞就是信守任何东西都是来之不易，若有回报，一定要投资。正如一位石油亿万富翁所说，成功就是选定目标，确定要付的代价，然后分文不少地一分一分付清（know the price you have to pay, and then pay it）。人们大都只看到成功者的荣耀，却忽略了其背后几十年如一日地付钱，是多么寂寞、漫长、乏味的过程！蚕蛹化蝶，瞬间的美丽，蕴含着多长时间的艰辛准备！

耐得住寂寞也是目标专一。一个公

司、一个人,在其发展过程中会遇到多少机会,甚至诱惑!选择实在太多太多,尤其是在初创时代。几个月前听Yahoo的首席数据官(Chief Data Officer)说起,今天的因特网仍旧是遍地机会。他本人做数据挖掘出身,光看他本人经历过的那么多的项目,每一个都可能做成一个很大的生意。面对如此多的机会,公司大如Yahoo,如果都去涉足,也会因资源分散而最终一无所获。对于一个人,十年练一剑,而不是十八般武器,讲的就是目标专一。

目标专一也是知道自己想要什么。这不是说想买什么车子,房子,而是自己想在5年、10年、20年成为什么样的人,达到什么目标。芸芸众生,包括我自己在内,并不是每个人都认真地想这些;而确定了目标、耐得住寂寞、一步步交学费、实现的就少之又少。寂寞难耐,说白了,就是急功近利,急于求成。归根结底,套用一句个人理财方面的话:发财是一个漫长而无聊的过程(Getting rich is a long and boring process)。事事如此。

"如果你想出人头地,你要耐得住寂寞。"虽然它只不过是一句世言,但它在一定的范围内有其正确性。

我们要追求一个精彩的人生,一个价值永存的生命,这就需要我们耐得住寂寞。

为什么有这么多的人会失败,有一个很大的原因就是:他们耐不住寂寞!在人生这个过程中,会有很多寂寞的时候,会有很多安静的时候。因为辉煌之前需要静寞,需要一段或长或短的预备。很多人他们要辉煌的生命,他们想自己的人生之中充满色彩。这并没有错,因为神也愿意我们有一个精彩而又美好的人生。但是有很多人不懂,辉煌和精彩的生命是在等候神、顺从神之中孕育出来的。再进一步说:安静的准备和等候是成功人生的一部分,没有人能越过它而成功。

安静的准备和等候是寂寞的。多少时候我们没有了解静寞的真谛,以至抛弃它,同时把成功抛弃!多少时候我们"耐不住寂寞",我们要自己选择,以至失败又失败!这是多么可悲!

最后让我们来听一句话:"人哪!你为什么跃跃欲试?你为什么这样急于求成?你要耐得住寂寞,因为成功的辉煌就隐藏在它的背后。"

决不能盲目大干

原文： 不可涉大川。

释义： "大川"指大河，"涉"指渡河，"不可涉大川"指不能渡过大河。羽毛未丰，不可以远翔；方舟未成，不可涉大川。

释例： 不了解过去，就难以把握今天，还可能失去未来。对于一个民族是这样，对于一个人也是这样。

世界上最可悲的事情，没过于方向不明决心大，自己都不知道要做什么、能做什么、在做什么，就盲目大干快上，结局可想而知，除非上帝永远与你同在。

老子说"道常无为而无不为"（《老子》三十七章），这里的"无为"乃是指不要妄为、不要乱为、不要强为的意思，因为"不知常，妄作，凶"（《老子》十六章），也就是说，如果不懂得遵守自然规律，而去盲目乱干，就会有"凶"的结果。

老子告诫人们不要自作主张，用主观的态度去对抗自然规律，要人们凡事都要顺从天地自然之理去做，遵守客观规律，顺从自然，这样就能无所不为，即什么事都能做成功。

急躁轻率，盲目蛮干。有些人不研究事物发展的必经过程和阶段，不了解其发展规律，抱着急于求成的心情轻率地盲目地蛮干，结果遭到了失败。

俗话说："欲速则不达，想快反而慢。"要想在工作中取得成功，必须遵循事物发展的客观规律及其发展进程，有计划有步骤地进行，并要有百折不挠的坚强意志。只有那些勤于思考，善于安排的有心人，才有可能取得成功。

三十六计之远交近攻图。《孙子兵法》曰：上兵伐谋，其次伐交，其下攻城。三十六计中的"远交近攻"即体现了"伐交"的思想

古人云："上兵伐谋，其下攻城"。"伐谋"，就是斗智，旨在出奇制胜；"攻城"，就是斗力，全靠奋勇拼搏。为什么有的地方克难攻坚，无往不胜？为什么有的地方苦干实干，难以脱困？为什么有的企业起死回生，反败为胜？

为什么有的企业屡战屡败，甚至开张之日就是倒闭之时？原因就在于市场经济瞬息万变，险象环生，光谋不干就会坐失良机，有勇无谋定会折戟沉沙，瞎谋乱干终将全军覆灭，唯有善谋实干，才能天下无敌。

善谋实干，必须面对现实，力"求于势，不责于人"。无论何时何地，大到一个国家、小至一个家庭，发展的不平衡肯定存在。或因投入不足、决策失误，或因资源贫乏、人才奇缺……个中缘由难以尽数。

但是，不论什么原因，都要面对现实，切不可横挑鼻子竖挑眼，全盘否定，无情打击。怨天尤人不能令时空倒转，求全责备对发展有害无益。

善谋实干，必须循序渐进，蓄势而发，切不可急功近利，盲目冒进。你想当老板，必先当好打工仔；你想跻身世界500强，必先树立新形象，博取人家的好感和信任，与人为善，搞好关系。

做事情要掌握分寸，坚持适度，在实际生活中要防止和克服不顾分寸盲目乱干的思想和行为，"过犹不及"。

有这样一则寓言：一天，杨子的邻居丢失了一只羊。

邻居带领全家一齐出动去追寻，同时又来请杨子的童仆帮助去找。

杨子听了，奇怪地问："咦！仅仅丢失了一只羊，为什么这样兴师动众追寻呢？"

邻居解释说："因为路上岔路太多，人少了难以分头去找。"

过了一会，找羊的人回来了。

杨子问："羊找到了吗？"

邻居懊丧地说："岔路之上，又有岔路，不知道该何去何从，无法再追，只好回来了。"

所以做事要保持清醒的头脑，看到事物的复杂性，避免盲目乱干。

荀况是我国古代杰出的唯物主义哲学家，他提出"天行有常，不为尧存，不为桀亡"的观点。同时也明确地提出"明于天人之分"的思想。荀况认为，天是自然的天，与人世社会的吉凶祸福，兴衰治乱不相干的。不仅如此，荀况还在知天的唯物主义自然观基础之上进一步提出了制天命而用之的思想。

这个思想更加鲜明地表现了荀况重视人的主观能动性的唯物主义革命精神。文中"制天命而用之"这一人定胜天的思想告诉我们要积极地发挥个人的主观能动性去战胜大自然，要自己掌握自己的命运。

荀况重视行，重视实干的思想，并不是脱离知而盲目地瞎闯。相反，他指出"知而行无过"（《劝学》），阐明了"行"是在有明确的目的指导下进行的。"知"不是目的，"知"是为了"行"。是为"行"服务的，是受"行"指导的。

做任何工作，首先是思路，然后才是方法。比如创新，主要是思路的创新，这是最根本的创新，也是最艰苦、最直接的创新。创新之要敢为先。但敢想不是空想、幻想，而是在具备一定的理论思维层次上，用先进的理论为指导，对事物进行全面的、深刻的、合理的分析、判断、推理、综合。其结果应该是新颖、先进、有实用价值。

创新要敢闯。敢闯不是蛮干瞎闯，不是唯书唯上。而是在准确把握工作全局的基础上，从实际出发、敢于实践、敢于冒险、敢于冒尖、永不言败。敢闯是一种品德、一种境界、一种精神、一种价值，是创新发展的具体行动，是通往成功的阶梯。只有遵从实际敢于实践，才能真正使思想创新成果转化为工作创新成果。

诚信与诚实善良人

原文： 孚于嘉，吉。

释义： 把诚信带给诚实善良之人，可获吉祥。

释例： 在社会交往中，给朋友的帮助必须感到自己的价值得到了他人的承认。不管你用多么美妙的言辞表示感谢，他们最终期望的是得到自己应得的报酬，以让自己的价值得到实现。

在职场中员工们会按照市场情况和一些合适的对象进行比较，他们将以自己的收入来判断对工作的满意程度。不管一个人多么高尚，他可能会因谋求个人发展而牺牲收入，但他们不可能长期如此，因为他们要生存。

重要的一点是，不要让员工将宝贵的精力和智慧用于计较个人报酬，要让员工能集中精力来工作。最好的领导者总是在员工要求增加工资时早已为他们做好准备，他们积极主动调查市场，保证自己员工的报酬比其它他司要高。

一旦员工开始为工资而抱怨，老板应高度注意，公司的最好员工将会离开，以寻求更高的工资收入。有时即使你付的工资很高，还是有人不能满意，解决这一问题的办法是将个人业绩与报酬挂钩。你应当让员工清楚，真正努力的员工将会得到最好的报酬，付给员工工资也必须考虑市场因素。真正的竞争是获取一种稀缺的、宝贵的财富以产生最好的结果，真正的竞争必须拥有最好的员工队伍，并且根据其贡献程度给予最合理的报酬。

最高的道理，也是最平凡的道理

原文：乾以易知，坤以简能，易则易知，简则易从；易知则有亲，易从则有功；有亲则可久，有功则可大；可久则贤人之德，可大则圣人之业；易简而天下之理得矣，天下之理得，而成位乎其中矣。

释义："乾以易知，坤以简能"只这八个字，如把"以"字拿掉，实际上只六个字，解说起来可麻烦得很，如"易知"的易，到底是《周易》的易，还是容易的易？

这句话是说乾卦的功能，也是宇宙的功能，要怎样去了解它？也可以说懂了《周易》，就可以了解它。"乾以易知"，第二个解释也可以说宇宙的功能是很容易懂的。我们认为以第二个解释对，因为下面说"坤以简能"，这个简字也有两个观念，一个是简单的意思，另一个则是拣选的意思，如我们的文官有简任、委任，就是拣选的意思。

古代皇帝派一个钦差大臣出去，也称拣选，就是特别挑选出来的意思，可以说是精选，而在这里的"坤以简能"的"简"，是简单容易，就是说《周易》的法则，不要看得太难，而是简单容易的。

自古以来，《周易》的学问，总被"神秘"这个观念挡住了，这是错误的，真懂了《周易》，一点都不神秘，最高的道理，也是最平凡的道理，这两句话，就是告诉我们《周易》是最平凡的。

释例："易则易知，简则易从；易

知则有亲，易从则有功；有亲则可久，有功则可大；可久则贤人之德，可大则贤人之业。"这几句话的文字，都可以看得懂，不必一字一句解释了。这几句话的文字非常优美，但在研究人文文化上，有一点要注意的，儒家孔孟的思想，道家老庄的思想，乃至诸子百家的思想，都是从《周易》来的。

这里可以看到孔子把这一套思想，拿来做人文思想。所以下面他说："易简而天下之理得矣，天下之理得，而成位乎其中矣。"这里孔子明白告诉我们一个道理，即天地间最高深的道理最平凡，有些事所以会看不懂，认为高深，乃是因为我们的智能不够。天下之理在哪里，是"成位乎其中"。

所谓"成位"，以现代的观念来说，就是"人生的本位"或者"人的生命的价值"，生命的法则，生命的意义，都可以在中间找出来的。

有一句话是这样说的，大概是揶揄那些书呆子吧——"把简单的问题说复杂，需要知识；把复杂的问题说简单，需要水平。"

知识是死的，水平是活的。知识是第一步，是工具；如果你能正确运用知识，把一切深奥的东西说得浅显明白，那才是水平。

千万不要误以为自己有知识，把原来大家都明白的事理，搞得似是而非，让人摸不着头脑。另外，在行事上，要崇尚简要、明白，不要放个屁，还要有一、二、三点，先两腿分开，然后凸肚皮，才可以开始放屁之类。

《周易》的《系辞上》说："易简，而天下之理得矣；天下之理得，而成位乎其中矣。"这一句话很重要，是一个人在社会上取得地位的金钥匙。人了解了简易与容易的原理，就已经领悟了天下一切事物的道理。领悟天下一切的道理之后，就能在天与地之间，确立人的地位，与天地并立了。

怎样的眼光，怎样的世界

原文：童观，小人无咎，君子吝。

释义：像幼稚的儿童一样观察景物，这对无知的庶民来说，不会有害处，但对担任教化重任的君子来说，就未免有所憾惜。

释例：无论是在社会、家庭还是在公司，只要缺乏具体明确的工作规章，而我们又高高在上，颐指气使，就势必造成普遍的不满情绪，降低凝聚力。其实只要稍微费点功夫，告诉他们什么是正确的，大多数人都渴望做得正确。活干得轻松漂亮，又可以得到表扬，何乐而不为呢？！

因此，当你告诉别人什么地方错了，同时也应该告诉他怎样做才正确。重点不应该放在错误上，而应该放在改正错误的手段和方法上，以避免今后重犯。这样做就是一种平等协作的态度，这比你只是简单地责怪或训斥会取得更大的成效。

俗话说，话说三遍淡如水。要想对一个已知的过错引起注意，一次提醒就足够了，批评两次完全没有必要，而三次就成纠缠了。

察见渊鱼者不祥

原文：察见渊鱼者不祥。

释义：连深渊水底的鱼，河中浑水里的鱼有多少条、再怎么动也看不清楚，不要自以为很精明，实际上很不吉利，说不定会早死，因为精神用得过度了。

释例："察见渊鱼者不祥"，做人的道理也是这样。不要太精明，尤其作一个领导人，有时候对下面一些小事情，要马虎一点，开只眼闭只眼，自己受受气就算了，他骂我一顿就骂我一顿。一定要搞得很清楚，"察见渊鱼者不祥"，连深渊水底的鱼，河中浑水里的鱼有多少条、再怎么动也看不清楚，不要自以为很精明，实际上很不吉利，说不定会早死，因为精神用得过度了。

上面这些原则千万要把握住，如此人就舒服了。

美国著名的心理学家纳特·史坦芬格做过这样一个实验：要求四名前来求职的人，要一边做自我情况报告的录音，一边用小型的煮炉煮牛奶。第一位求职者声称：自己学习成绩优秀，而且有出色的社会活动能力。他在报告最后特意提到牛奶煮得很好。第二位求职者的报告的内容与第一个人相差无几，但他在报告的最后说，他不小心碰翻了煮炉，牛奶也煮糊了。第三位的情况和前面两位不同。他说自己的学业很糟糕，而且社会组织活动能力不怎么样，但他的牛奶煮得相当棒。第四位的自我报告和第三位相似，并且牛奶也煮得差劲。史坦芬格认为，所有求职者都可以归于上述四类人之中,第一类人:十分完美,毫无欠缺;第二类人:非常完美,略有欠缺;第三类人:欠缺,有小长处;第四类人:毫无长处。表面上看来,似乎第一类人成功的概率应该更大,但现实的天平却倾向于第二类人。

因为人毕竟还是现实的,都会有或大或小的毛病,不可能做到面面俱美。

苏轼像,选自《吴郡贤图传赞》。苏轼,字子瞻,号东坡居士,北宋文学家、书画家,一生经历波折。他喜研《易经》以《易》理思维融和诗篇,如"人有悲欢离合,月有阴晴圆缺,此事古难全……"便是例证。这是《易》变的本义。苏轼易学著作有《东坡易传》

同时,一个人如果锋芒毕露,会让老板觉得你华而不实或者故意做作,甚至还担心浅水养不住你这条大鱼。

所以,如果你是十分出色的人才,在求职时,大可不必去掩饰个人的一些小毛病,有意无意地卖点"傻",学点笨,使人觉得亲近,更容易让人接受。

中国人有一种思想叫做藏拙,意思是你会的东西但是不一定要做,你明白的道理不一定要说,自己明白就好了。我不以为意,知道的为什么不说?会做的为什么不做?只不过看心情罢了。

忽然想起郭靖,忽然想起黄蓉,杨过还有小龙女,黄蓉不是聪明绝顶,郭靖是笨的够可以的了,可是为什么郭靖会左右互搏,而黄容却学不会,你说他们谁笨,金庸说是黄容太聪明反而静不下来,而郭靖却心无旁骛。

就好像,一个碗,中间是空的,只有中间是空的碗才能装饭,要是中间是实心的,就装不了饭了,只有空的碗才可以装饭,是不是说空虚的要比实在的有用得多呢?又比如一间房子,里边空的才可以住人,如果一个死的实的,却又有什么用,算不算大盈若冲呢?

郑板桥有一风行天下的条幅："难得糊涂。"难得糊涂之"糊涂"，与孔子所谓其愚不可及的"愚"近似。

人生在世，睁眼一看，多的是小聪明，伶俐奸巧、营利、谋私、保身、求荣，芝麻大的好处都不肯放过，必欲弄到手而后快，处处要表现自己的能事，处处卖乖掐尖。但是，上帝是公平的，善于运用伶俐机智取得眼前利益的人，它不让他们接近那些大事业、大成果；过于尖巧冒头的人，它常常想办法摧折他。

俗语说："聪明反被聪明误。"《红楼梦》曲子说："机关算尽太聪明，反误了卿卿性命，生前心已碎（指王熙凤为逞能、拈酸、谋财操碎了心），死后性空灵（指连自己的女儿巧姐都保护不了，流落到乡野人家）。"这大概也算一大教训吧！

北宋苏轼《说儿诗》说：
　　人皆养子望聪明，
　　我被聪明误一生。
　　惟愿生儿愚且鲁，
　　无灾无难到公卿。

这不只是表现了作者的愤激，主要还是表现了一种对愚智的向往（文人往往最缺少愚智！）。

大智若愚，难得糊涂历来被推崇为高明的处世之道。只要你懂得装傻，你就并非傻瓜，而是大智若愚。做人切忌恃才自傲，不知饶人。锋芒太露易遭嫉恨，更容易树敌。功高震主不知给多少下属巨子招致杀身之祸。

人际交往，装傻可以为人遮羞，自找台阶；可以故作不知达成幽默，反唇相讥；可以假痴不癫迷惑对手。你必须有好演技，才能仅得可爱，"疯"得恰到好处。谁不识个中真相谁就会被愚弄；谁能不领会大智若愚之神韵，谁就是真正的傻瓜、笨蛋。

古语说得好；"满招损，谦受益。"一个人即使并不自满，而只是才华横溢，锋芒毕露，也都容易受到别人的攻击，受到损伤。因为你的流光溢彩使周围的人相形见绌，黯然失色，所以，你越能干，事情做得越完美，就越得罪人。

也许你完全没有意识到这一点，甚至百思不得其解。可事实就是如此，人们完全可以这样想；"都是爹妈生的，你凭什么！"

所以，凡事当留有余地，不那么锋

芒毕露，咄咄逼人，使人家感到需要你却不受到你的威慑。

要做到这一点，有时就需要装"傻"了。这就是"以能问于不能，以多问于寡，有若无，实若虚"。明知故问，给别人一个表现的机会；明明知道他不如自己，也去向他请教；明明自己懂得很多，但把它埋藏在心底，表面上做出一副什么都不懂的样子。有了这些，再加上人家冒犯了自己也不针锋相对地去计较，不以牙还牙，以眼还眼，这就不会对他人构成震慑了，反过来，自己也就可以减少一些他人的攻击和中伤了。

当然，这样做的结果，你也会失去很多，至少是谨小慎微，活得不那么潇洒自如了罢。更何况，对很多人来说，天性注定如此。所谓"才华横溢"，才华多了它就是要"溢"出来；所谓"锋芒毕露"，既有锋芒，它就是要"露"，要"脱颖而出"。

这样看来，"傻"也不是人人可以装得出的，要装"傻"，也的确要掌握装"傻"的艺术才行啊！

锋芒太露而惹祸上身的典型在旧时是为人臣者功高震主。打江山时，各路英雄汇聚一个麾下，锋芒毕露，一个比一个有能耐。

主子当然需要借这些人的才能实现自己图霸天下的野心。但天下已定，这些虎将功臣的才华不会随之消失，这时他们的才能成了皇帝的心病，让他感到威胁，所以屡屡有开国初期杀戮功臣之事，所谓"杀驴"是也。韩信被杀，明太祖火烧庆功楼，无不如此。

安心静处，戒骄戒躁

原文：咸其股，执其随，往吝。

释义：感应发生在大腿上，一味地跟随着别人任意妄动，这样前去行事，必然导致灾祸。

释例："我听你的"，这句话感觉总像谈恋爱的话语。但现今很多职场中人也喜欢拿这句话磨磨嘴，每每决策问题，处理问题时，"我听你的"便脱口而出上了台面，这究竟是客气，还是谦让呢？

小李在某杂志社编辑部担任美编已经三年了，在工作中总是很客气，很谦让，总喜欢说："行！我听你的。"时间一久，大家就帮他起了一个绰号叫"我听你的"。但现在杂志社面临改革，为了提高效率，总编要求大家都要独立完成工作，并且多提一些好的创意。到了这时，小李才发现，那根习惯了别人帮自己拿主意的拐杖已悄悄消失，由此感到了从来没有的极大压力。

依赖性和求懒心理对于每个人而言可说是与生俱来的，职场中也不例外，尤其是在某些特定的环境影响下，这种情况便很容易出现。然而，我们自己的职业生涯发展很多时候需要依靠自己的力量做出抉择，别人的帮助只能当作是建议。一切还得靠自己。

约翰·法伯是法国伟大的自然科学家，他曾利用毛虫做了一次最不寻常的试验。这种毛虫有一种"跟随者"的习性，总是喜欢盲目地跟着前面的毛虫走，有时候人们也经常叫它们游行毛虫。

法伯把若干个毛毛虫放在一只花盆的边缘上，首尾相接，围成一圈；花盆周围不到六英寸的地方，放了一些松针，这是毛虫喜欢的食物。毛虫开始绕着花瓶游行，它们一圈又一圈地走，一个小时又一个小时过去了，一天又一天过去了。一连七天七夜，它们一直围着花瓶团团转。最后，终于因饥饿而精疲力竭地死去。在不到六英寸远的地方就有很丰富的食物，而它们却饥饿致死。这其中，只要任何一只毛毛虫稍微与众不同，便立即会过上好日子（吃松叶），更别提被饿死了。

如果只是盲目地跟随他人，那么，这样的员工就和毛虫一样，只能从丰富的工作中步入那单调的圆圈，最后通向死亡。

所以，不要依赖他人、盲目地跟随他人，而要做一个聪明的跟随者。拿破仑·希尔说过："大多数领导者是以跟随者的身份开始职业生涯的，他们成为杰出领导者的原因是他们最初都是聪明的跟随者。心态欠佳、不够机智的追随者是不会成为有能力的领导者的，这很少有例外。最有效地跟随领导者，往往能够很快地成为领导者。聪明的跟随者有很多机会，包括从其领导者那里得到的机会。"

怎样才算是一个真正的"聪明的跟随者？"独立性和依赖性是人的两大矛盾对立的特性，真正的"聪明的跟随者"就是那些善于摆脱依赖性，努力实现自己的独立性的人。而真正的独立，首先是思想上的独立，承认专家权威的存在,但绝不是盲从,不是人云亦云,毫无主见。

一家大型通讯公司,有一次遇到所管辖的通讯地段突降暴雪,电话线上结了厚厚的冰,而且在风沙中摇摇欲坠,对正常通讯造成了极大的威胁。

公司高层虽然经过多次研究,仍然没有拿出一个切实可行的解决方案。负责检修线路的工人可可尼斯突发奇想:"或许,能用直升机向下喷热气的方式使冰融化。"他立刻把这一想法大胆地提了出来。

但是,他的主管和同事认为连决策层都不能轻易解决的问题,一个普通工人肯定是无法解决的。他平时的好朋友更是满脸的不屑,冲他吼道:"别异想天开啦!哼,这肯定是不行的!"

可可尼斯并没有因此而沮丧,他坚持把自己的观点呈报给决策层。出人意料的是,他的建议不但被采纳了,而且大获成功。可可尼斯因此很快晋升为主管。当初嘲讽他的好朋友丹涅尔立即跑去祝贺:"老朋友,当初我就知道你行,怎么样,被我猜中了吧?"

与可可尼斯的独立比起来,丹涅尔的这种毫无主见的态度只能招来领导的厌恶。果然,前者最终越干越好,而后者不得不走人。

所以,如果你想出人头地,想实现更大的价值,就不要盲目地追随,要敢于提出自己的见解,改"我听你的"为"你听我的",只有如此,你才能逐渐建立自己的职业权威度。

不同意见的出现对企业来说是件好事,它不但能激发出员工的许多创意,强化员工的独立工作能力,还能坚定员工们对正确道路选择的决心。但对于那些人云亦云、毫无主见、墙头草随风倒的人,任何企业的管理者都不会给他们晋升的机会!

能够赋予一个人思想、灵魂乃至个性的,只有他自己。只有自己才是自己的创造者。人云亦云,毫无主见,缺乏

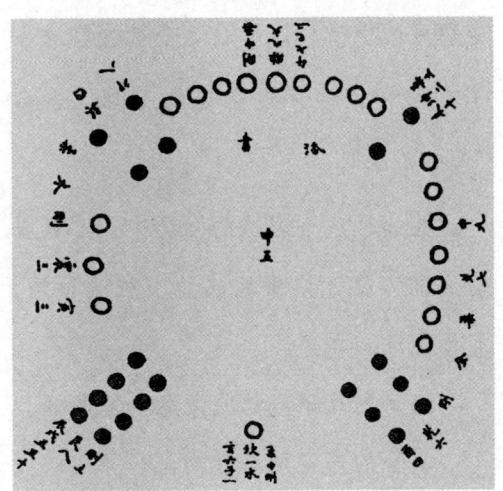

后天图,选自元·保巴《易源奥义》

自信，不能够尽到自己的职责的员工，怎么可能不会被职场淘汰，更不用说得到晋升、晋级的机会了。

任何时候尊重别人都没有害处

原文： 敬之，无咎。

释义： "敬之"就是尊敬对方，"无咎"就是无害，"敬之无咎"就是对事业伙伴，甚至竞争对手都要讲规矩，要尊敬对方，这样才不会埋下祸患。

释例： 在现代社会人与人的交往中，尊重别人，尤其是尊重别人的人格，是最基本的做人的原则。如果这一道德底线被破坏，那么这个社会就失去了人们和谐共存最重要的基础，就会"天怒人怨"。

在当今这个浮躁的社会中，不尊重别人的人格，似乎已成为一种流行病，有漫延泛滥之势。

有一则故事，让我久久不能忘怀。

故事的内容是这样的：

一天，一位老人在院子里乘凉，过来一位想租房的客人问："你们这里的邻居如何，是否好处？"老人笑曰："你们那里的邻居如何？"租房者说："很糟，一个比一个难处。"老人笑曰："彼此，彼此。"租房人扭头走了。不一会儿，又来了一位租房者，向老人问同样的问题，老人依然以问作答。

来人说："我们那儿的邻居一个比一个好，大家互相帮助，和睦相处，真舍不得离开他们！"老人还是笑答："彼此，彼此，我们这里也一样。"

故事如此平淡，但颇有些历久弥香，所有的复杂都是人为的产物。别人对你的一切态度其实都取决于你对别人的态度。故而，尊重别人就是尊重你自己。

最近，在一些网上社区闲逛了一下，发现这个虚拟的数字社会，好像也染上了同样的病症。诋毁漫骂、恶言相向、随意删帖之不尊重别人人格的事，随时可见。

或者有人觉得，在网络这个虚拟的社会，本就可以为所欲为，把在现实生活的这种劣行带到网上，甚至还有所放大。

其实，网上社会只不过是现实生活

的数码化，数码社会不过是人类社会的一种新的外在形式而已，其遵循的道德准则，以及法律规范，与现实社会是一样的。法律在网上适用，道德同样在网上适用。

在电脑后面的，都是一个个真实的人。虽然有"专家"说在网上跟你聊天的可能是条狗，但小弟至今还未有幸见个这种聪明的狗，据我所见所闻，坐在电脑前面的，还是一个个活生生的人。

既然如此，我觉得，无论是在现实社会还是网上虚拟的社会，大家都应该互相尊重，尊重别人的人格，才能得到别人的尊重。——尊重别人，才能尊重自己。

尊重别人并不是一件很复杂、很难的事。

尊重别人也是很平凡的人所能做到的，因为"尊重"是无分程度的，它包括：一个亲切的笑容、一句真诚的问候或是一个关怀的眼神……

对一些人来说，"尊重"就像隔住一个可爱、和谐的世界的阻碍物。如果你只是一味地退缩，不去面对，那么你只能徘徊在起点，不知道幸福离你不远。

尊重别人，也包括尊重你的对手。

在日常生活里，时时事事会碰到与你的对手。一般地说，希望对手是合作而不是较劲。但是仔细想来，较劲的对手也好处多多。

譬如，有人喜欢对你挑剔，你就会在他面前显得特别谨慎；有人对你心存妒忌，你就在他那里不会锋芒毕露；有人学识才干比你高强，你在他面前就会不敢板门弄斧；有人善意指出你的缺点，你就会冷静地闭门思过等等。

其实有个竞争的对手，好比自己有了一面镜子随时可以发现自己的污秽而清除；好比自己有了一位跟踪的老师，经常有人对你耳提面命；好比自己有了一个督导的随从，随时都会纠错你的举止言行……

君可见，许多新闻媒体在报道当地某些官员的政绩时，常用许多数据与别地别人比较，比较就是寻找对手，从中肯定成绩，找出差距，学到长处，受到鞭策。我想个人也是如此，如果一个人是井中之蛙，坐井观天，见不到竞争的对手，老子天下第一，那样肯定不会激励自己进步。

现在有些有权有势的人，天马行空、独往独来，与人交往只求迎合、喜欢捧场。讨厌那些对他监督、批评、挑刺、比赛的对手，认为这些人对他过意不去，是对他事业前程的障碍。其实这是一种有害的误解。

一个从属社会的人在生活中，好比一局棋中的一方。棋逢对手，互争输赢。双方都得按棋规行动。每一步都要三思而行。一着不慎，满盘皆输。这样的竞赛，逼使人来不得半点马虎。你看这样的比赛多么精彩，多讲效益。

弈棋棋逢对手乐趣多多，做人有人竞争督导的对手，也会使你更多进步！有人说，真正认识你的人，除了你的朋友，就是你的对手。因为你的对手他注意发现你的不足与过失，如果你尊重对手视为朋友，他会使你强大起来。如果把你的缺点错误掩饰起来，甚至加以吹捧的人，你却视为朋友，那就大错特错。

千里之堤，溃于蚁穴

原文：剥床以足，蔑贞凶。

释义：剥落床体先由床的最下方床腿部位开始，整个床腿都损坏了，结果必然凶险。

释例：俗话说得好"千里之堤，溃于蚁穴"，可见细节的重要性。说起道理人人皆知，但是要落实到平时的点滴工作中却是需要足够的细心和耐心。

只有耐心、细致的做好每个细节问题，才能立于不败之地，这就是细节决定成败的道理。

当今全美国最好的戏剧院不少出自德罗之手。他在设计每个剧院时，都要精确测算每个座位与音响、舞台之间的距离以及因为距离差异而导致不同的听觉、视觉感受，计算出哪些座位可以获得欣赏歌剧的最佳音响效果，哪些座位最适合欣赏交响乐，不同位置的座位需要做哪些调整方可达到欣赏芭蕾舞的最佳视觉效果，而且更重要的是，他在设计剧院时要一个座位一个座位地去亲自测试和敲打，根据每个座位的位置测定其合适的摆放方向、大小、倾斜度、螺丝钉的位置等等。

他这样细致周到为顾客考虑的结果，使他成为一个伟大的建筑师。

当初中国从日本进口缝衣针的时候，好多人都感惊诧：一个针还要买日本人的？看到了日本的针才发现，我们常用的针是圆孔,而日本的针是长条孔,这是为照顾老人们眼花而设计的。上海内环高架桥不允许1吨以上的小货车上桥,一个月以后,0.9吨的日本小货车就在上海接受订单了。这些都说明了日本的企业十分注重细节。在实际操作中,要做到这些是不容易的,因为只有营销部、生产部、物料部、采购部、研发部、制造部通力协作,才能将这件事做好。但是如果你在决策和设计的过程中,根本就没有考虑过,恐怕你连市场的残羹剩饭也吃不上一口了。

中国的企业总地说来还缺少重视细节的意识。这是因为我们长期以来处于物质匮乏的状态。与此相应的是企业的粗放经营,很容易满足于"差不多"的管理,缺乏争取尽善尽美的意识。而且在市场发育的早期,利润空间很大,只要人们胆大、有想法,就可以发财,不需要在细枝末节上下功夫。但随着经济的发展、社会产品的极大丰富和人民生活水平的提高,人们对生活质量的要求越来越高,对产品和服务质量的要求也越来越高。这种高要求,落实到实践中就是对细节的完美追求。同时,面对WTO带来的全球性的竞争,粗放式管理再也不能继续进行下去了。企业要想成功,一定要不遗余力地重视细节的改进、改进、再改进。而细节改进的方向,就是满足人们对生活精致化的要求,一句话,就是人性化的要求。

经济活动应该以人为本,人性化是产品和服务的终极目标。凡是不愿意改进、不愿意在细节上努力的企业,必定被淘汰出局。在我们的周围,服务不到位的情况随处可见。前些日子我在北京,住在一家非常有名的四星级宾馆。早晨我们前去就餐时,为寻找餐厅就花了很长时间,走了很多冤枉路,因为通往餐厅的路上,既没有指示牌,也没有服务员给予说明。还有,在吃饭的过程中,我的一个同伴还没有吃完,服务员就将其中的两个盘子取走。服务员的神情表明,她并不是因为生气或别的什么原因,完全是一种无意识,就是说,她根本没有这方面的意识——对顾客起码的礼貌和尊重。我认为,存在这种情况的根本原因只有一个:就是竞争还不充分,利润空间还过大。如果在一个市场竞争很充分以及行业利润基本平均的情况下,这种宾馆不可能有生存的空间。

我们的成功表明,我们的竞争者的

管理层对下层的介入未能坚持下去，他们缺乏对细节的深层关注。

有这样一个寓言：

一群老鼠开会，讨论怎样对付猫的袭击。一只被认为聪明的老鼠提出，给猫的脖子上挂一个铃铛。这样，猫行走的时候，铃铛就会响，听到铃声的老鼠不就可以及时跑掉了吗？大家都公认为这是一个好主意。可是，由谁去给猫挂铃铛？怎样才能挂得上呢？这些细节问题却无从解决。于是，"给猫挂铃铛"就成了鼠辈空话，人类笑谈。

"魔鬼存在于细节中"，任何一个战略决策和规章法案，都要想到细节，重视细节。任何对细节的忽视，都可能导致决策失误。美国电信决策失误，导致宽带网进入居民家庭缓慢，就是一个例子。

美国是全球因特网革命的领导者，但宽带目前在居民家庭中的普及率并不高。据统计，在韩国，近2/3的家庭拥有宽带接入，而且宽带网的平均速度达到每秒3兆，是绝大多数美国宽带系统的2倍左右；在日本，据预测，有40%左右的家庭在2003年底也将采用宽带上网，速度可快到每秒12兆。而在美国，接入宽带的用户只有15%，绝大多数因特网用户仍在拨号上网，无法享受资讯革命带来的成果。

造成美国在宽带上发展缓慢的原因并不在于基础设施不健全。其实，美国有80%到90%的人口都已经在宽带接入的覆盖范围之内，只是宽带接入却在即将进入用户的所谓"最后一英里"阶段碰到了障碍。

美国以1996年颁布的新《电信法》为基础的宽带政策规定：美国各地方电话公司必须将其网路拿出来供宽带运营商共用，意在通过这样的管制，鼓励ADSL（数位用户线）等采用电话交换系统参与宽带业务领域的竞争，以大大降低"最后一英里"的连接费用。然而，这一政策忽视了一些细节问题，成为阻碍宽带网入户的重要原因。

在几年前，网络建设过热，美国曾出现"跑马圈地"的宽带建设热潮。出于对电信容量将迎来爆炸式增长的期待，电信业投资旺盛，然而宽带业务却一直未能形成足够的需求，结果导致电信能力过剩。电信业入不敷出，无法收回投资，日子很不好过，世通、环球电讯等电信巨头申请破产。

受政策上"最后一英里"障碍的限制，大量闲置的宽带主干网络未能接入用户家庭。因为与窄网不同，宽带入户需要更多的设备建设投资。美国各地方电话公司出于自身利益考虑，不愿意花钱铺设线路而让他人坐享其成，而参与竞争的宽带网运营商因网络泡沫破灭，本来就自身难保，无力投入巨额资金。此外，宽带政策中的混乱与不统一，也影响着宽带最大程度地进入居民用户，如对于以有线电视方式提供宽带服务的运营商，就不要求其与竞争对手分享网络设施；而整个宽带业务行业与影视娱乐业等内容供应商之间也存在矛盾，互相制约。正是这种决策上的失误，导致了美国宽带业务发展缓慢。

人生没有笔直的路

原文：曲成万物而不遗。

释义：这个"曲"字，是非常妙的，老子有一句话"曲则全"，有人说读了《老子》会变成谋略家、阴谋家，很厉害。因为老子告诉我们不要走直路，走弯路才能全，处理事情转个弯就成功了。如小孩玩火，直接责骂干涉，小孩跑了，但用方法转一个弯，拿一个玩具给他，便不玩火了，这是曲则全。老子这个"曲"字的原则，即是从《周易》这里来的，孔子也发现这个道理。

释例：因为研究《周易》就知道宇宙的法则没有直线的，现代科学也证明，到了太空的轨道也是打圆圈的，所以万物的成长，都是走曲线的。

人懂了这个道理，就知道人生太直了没有办法，要转个弯才成。现在讲美也讲求曲线，万事万物，都没有离开这个原则。

也许有些人不认同这个说法。这也难怪，我们在现实生活中也确实看到许许多多不循此理，却走得似乎很顺的人。于是当我们的人生出现曲折的时候，就有人因此可能怀疑人类至高无上的良心，怀疑是不是良心捉弄了自己的一生。甚至还有人抛出"良心能当钱花还是能当饭吃？"的"人话"。有此感慨的人无疑是在抛弃或出卖良心的同时得到了些许眼前利益，因而足足认为良心的一文不值。

是的，应该说当你出卖了良心的时候，良心就会一文不值；而当你守住良心的时候，良心就会变得价值连城。这看似矛盾的辩证道出了做人的道理。不要狭隘地让出卖良心得来的一丁点利益充斥了眼睛。

放眼望一望，垂首想一想，你会觉得，在得到一些不该得到的东西之后，你或许意识到，本来属于自己的不应该失去的东西却忽然间丢失得使你扼腕痛惜，追悔莫及。由此带来的是良心的自责、社会的遗骂、环境的驱逐和命运的萎缩。这样的代价就远没有守住良心的人在人生路上哪怕是坎坷、还是跋涉那样活得自如、活得潇洒。

人生没有一帆风顺的人生，路也没有严格意义上的笔直的路。所谓一帆风顺，不过是人们祈愿在人生曲折的旅程中能够划过几道美丽的流星。一切高美都与曲线分不开。

人生的美丽也正是在曲折中才可能闪耀出几点闪闪烁烁的灵辉。曲折与人生紧紧相随，我们或许刚刚走出了曲折看到了平坦，也或许刚刚走过了平坦就又面临着新的曲折。但我们不要怀疑这是良心的捉弄，而要坚信这是人生对我们良心的一种内在考验。

因为人生与良心是内在统一的，有了好的良心才会有好的人生，相反，有了好的人生观自然会有公正的良心。真正受到良心捉弄的人是那些抛弃或出卖良心的人。守住良心的人就永远有一颗好心在伴随着，有好心伴随的人，不论在坦途、还是在弯路，总会感到自己走的是有滋有味的人生。

应该承认，人的良心其实是很脆弱的，不要说被利益收买，有时候哪怕是一点点不知道什么风吹草动，就能把它吹动得风雨飘摇、无所适从，甚至被揪扯得支离破碎，难以复初。良心的珍贵大概也正在于此。人类对良心的尊崇也正在于坚守良心的艰巨。

从某种意义上说，守住良心的人就稳住了自己人生的航向；而失去良心的人，人生的航向则会变得茫然无从。茫然无从的人最终还得去寻找丢失的良心。让我们每个人都坚强地守住自己的良心，让我们每个人在良心的护佑下都沿着自己人生的航向走出潇洒、稳健、幸福的人生。

仗义执言，还是"好好先生"

原文：贲其趾，舍车而徒。

释义：装饰打扮脚趾，舍弃车辆徒

步行走。

释例： 正确就说正确，错误就说错误，这种行为叫做正直。

天下之事，纷纷扰扰，事事交织，事事纠缠。也许人在这件事上可以正直，可在另外一件事上不能正直。不是人不明白事理，而是人不能明白事理；不是人不正直，而是人不懂得正直。就这样，世界变得复杂了。

人人佩服正直，理解正直。佩服是因为自己不敢正直，理解是因为自己不能正直。在没有英雄的年代里，沉默成了最大的智慧。

狄仁杰是唐高宗李治朝中的大臣，曾任大理丞。一次，有两个武官误砍昭陵（李世民墓）的柏树，按律应削职为民，而唐高宗却意气用事，下令斩首。

按理说，皇帝的金口玉言臣民都应当执行，可是狄仁杰却不肯执行。他说："此二人所犯不是死罪，不应该杀头。"李治说："他们竟敢砍昭陵之柏，我若不杀他们，就是不孝。"

狄仁杰仍极力坚持不能处以死刑，李治十分恼火，命令他出去。狄仁杰说："犯颜直谏，自古以来都认为是很难的事。臣以为若遇上夏桀、商纣那样的暴君，那自然很难；但若遇上唐尧、虞舜那样的贤君，其实很容易。现在，按照法律来说两人并没有犯下死罪，陛下却下令斩首，这是使大唐的法令失信于天下。这样一来，人们将手足无措。如果因一棵柏树而杀两名武官，后代将如何看待陛下？臣所以不敢接受这样的命令，是担心使陛下陷于不道的境地！"

高宗听了，冷静下来想了想，觉得很有道理，于是收回自己的成命，同意狄仁杰的意见，按法令把两名武官削职为民，流放到岭南。过了几天，高宗提升狄仁杰为侍御史。

在狄仁杰身上体现出一种崇尚光明磊落、襟怀坦白的高尚品质。今天，有些人由于经验不足、思虑不足，偶尔会说错一两句话，但这并不要紧，只要是为了正义，敢于仗义执言，即使说的不尽善尽美，也不能与那些少说为佳、明哲保身的"好好先生"同日而语！

东汉时期，有个名叫司马徽的人，很善于识别人才。但由于当时政治斗争十分尖锐复杂，他就装糊涂，别人无论和他讲什么事，不管是好是坏，他都回答"好"。

有一天，他在路上碰到一位熟人。那人问他身体怎样，一向安好吗？他回答："好"。

又有一天，有个老朋友到他家里来，十分伤心地谈起自己的儿子死了。谁知司马徽也回答："好！"那个朋友走后，司马徽的妻子就责备他说："人家以为你是讲道德的人，所以相信你，把心里话讲给你听。可是你听人家儿子死了，反而说好，这算什么？"司马徽不紧不慢地说："好！你的话太好了！"他的妻子又好气又好恼，哭笑不得。

后来人们常用"好好先生"来形容那些是非不分，不敢得罪人，只求平安无事的人。

"好好先生"奉行的是好人主义，是一种消极庸俗的处世观，其要义是"言多必失"。那么，怕"失"什么呢？当然是个人的私利。由此可见，公心和私心之间判若鸿沟，是难以作比的。所以司马迁先生早就为我们留下一句名言："千人之诺诺，不如一士之谔谔。"

该出手时才出手

原文："初九，潜龙，勿用。"

释义：初九，龙尚潜伏在水中，养精蓄锐，暂时还不能发挥作用。

释例：古人常用龙来比喻人才、名人、伟人，《易经·乾卦》以龙作为喻体，比喻人的成长需要经历"潜龙""见龙""飞龙""亢龙"等过程。这些过程。只有在这种长期的磨炼中，才能体现出"自强不息""终日乾乾""与时偕行"的德性。

孔子解释道："龙在这里是处于隐居状态的，有才有德的人的化身。有才德的人操守坚定，他不会去随波逐流，也不在乎什么声名。隐居世外而心志怡然，嘉言懿行纵然不为世人所闻也不会烦闷懊恼。合乎正道的乐事他尽心去做，背理逆情的勾当则断然不为。——纯正的德性无意于闻达，坚定的操守从不动摇；这就是处在潜伏状态的龙的本色。"

龙的精神是看不到的，不会完全给人看见的，一个人如道家老子说的功成名遂身退。帮忙了人家，人家还不知是谁帮了忙，就是"龙德而隐"的道理。一个人做到社会外界环境尽管变，自己不易乎世，不受外界变的影响，自己有坚定独特的思想，也不要求在外面社会上成名（孔子、老子、庄子都走这条路线），不成乎名。

当这个世界不能有好的时候，自己隐退了，不求表现，亦不求人知，默默无闻，而不烦闷，真的快活、乐观，不让忧烦到心中来，更重要的是这种精神能坚定不移，确乎其不可拔，毫不动摇，这就是潜龙。

"潜龙，勿用"的勿字是表示原来有无比的价值，并不是不能用，亦非不可用，而是自我的不去用。

"潜龙，勿用"，不该动时最好不要动，该出手时才出手。诸葛亮尚在南阳高卧的时候，自称卧龙先生，这就表示他抱负不凡，自己认为是潜龙，这也是人生的修养，也是《论语》上孔子说的"不试故艺"。

记得我的一位导师说过：如果你这一辈子想干点什么事情，那么你就要清楚自己的三个"什么"，就是你要什么，你有什么，你能放弃什么？她说这是一个人成功的基本因素，它的内涵对我影响颇深。

每个从小到大，都会有从初始到最终的经历，而最初的经历，又往往对人生的影响极大，所以古人说："慎其所始"，就是这个道理。

想当初诸葛亮隐于隆中，自称卧龙先生，这就表示他抱负不凡，自己认为是潜龙，这也是人生的修养，"每自比管仲、乐毅，好为《梁父吟》"。这是什么道理？"每自比管仲、乐毅"，就是有用世之心。"好为《梁父吟》"，就是对入世的小心谨慎。因为在《梁父吟》中，抒发的是对晏子"二桃杀三士"的感叹！表达了诸葛亮对"良臣择主而仕"的心愿。

一个人最初进入社会，一切刚刚开始，既没有地位，也没有经验，而且也缺少深厚的学问，一个人在这样的情况之下，就很难有大的作为。虽然想用拼搏竞争的手段去取得成功，但如果时机不对，考虑不周，以及才能不够，往往会事与愿违，遭至失败。

所以乾卦的初爻告诫说："潜龙，勿用。"劝人如果时机不到，最好静以待时，修养学问，以便将来才能充足，一举而起。即使没有机会，不能够青云直上，也不必因此而丧失生活的信心。生活是美好的，不是只有富贵的生活才有滋味。劝人千万不可盲目行事，希图侥幸，也千万不可因为一时的失败，灰心丧气！如果为了一些小事，而跳楼吸毒，那可就太不像样子了！

该出手时才出手，生活告诉我们应学会等待，等待出手的时机。

在生活中我们经常会碰到这样的事情，有些美好的东西本来是我们如痴如醉地追求的，它可以给我们的生命带来新的活力，使我们达到人生的某种辉煌。我们唯一需要做的就是付出一点等待，但是由于各种各样的原因，最后我们却放弃了它们，我们的生活也因此而走上了一条不归之路。

曾经有这样一句话使我感动了好长一段时间：等待是痛苦的，能够等待却是幸福的。是的，能够等待何尝不是一种幸福？

我们需要做的无非就是要学会等待，学会对自己保持一份始终不渝的信心。生活中难免会有风雨雷电，难免会有山崩海啸，但是风雨之后或许就是温馨，黑夜之后就有白昼，山崩海啸之后会有平坦和宁静。关键是我们要付出一份耐心和坚毅，不要让迷雾蒙住了我们眺望远方的眼睛。

我们要学会等待，学会以一种淡泊的心境去面对生命的得失和所谓的事业上的成败。山峰再高，总有通向顶点的道路；大海再宽，总有走出水域的航线。所谓谋事在人，成事在天。付出努力，付出等待，一切都会好的。

一次等待就是一次生命的进击，一次等待就是一次生命的超越。是等待构成了我们精神的生命，唤醒了我们对世界的梦想。

学会等待，实际上是学会珍惜自己，珍惜生命对我们的馈赠！

等待是痛苦的，能够等待是幸福的；学会等待同样是幸福的。

人的一生就是一个等待的过程。不管你在意不在意，人活着，等待就跟着你生命的脚步在走。在等待理想的实现，在等待真挚的友谊，在等待醉人的爱情，在等待地位和金钱以及那可以言说或不能言说的人生中的种种。

一个又一个，一次又一次的等待就这样贯穿了人的一生。你必须坚持这些等待，除此而外，你别无选择。等待充满了时间，等待充满了空间。

等待很美。在那些漫长的永无尽头的等待中，你用美好的理想和纯情的目光装扮每一个平平淡淡的日子；你用梦幻的花香，熏染一个接一个的明天；等待让你充满了柔情和憧憬，等待也会给你一种美妙的牵挂；或许你要等待的东西在一夜梦醒后的晨晖中悄然来临，这样的等待，很美！

等待很苦。有时候常常流溢着寂寞和孤独，等待常常让你焦躁不安，等待让你忍受你想或者不想，你该或者不该，你能或者不能忍受的一切；或许这种等待会是你永远望眼欲穿的期盼，这样的等待，很苦！等待交织着汗水和泪水，等待交织着美善与丑恶，等待交织着平庸与崇高，等待交织着成功和失败，等待交织着苦痛与欢乐，等待交织着温馨与孤独，等待交织着忘却和怀念。

滚滚红尘，开始于等待。红尘滚滚，结束于等待。几乎每一天都有人问你，你或许也同样在问别人：在等谁？等什么？有时你能回答得出来，但更多的时候，你却回答不出。或许你根本就不知道自己在等谁或者在等什么以及为什么等，但你一定知道你一直在等。

人的一生就是一个等待的过程，当你放弃了等待的时候，就意味着你放弃了希望，放弃了人生的一切。品味等待，为了你短暂而又漫长的一生。学会等待，为了你艰辛而又美丽的一生。给自己一点耐心吧，其实等待也是美好的。

中国有句谚语"欲速则不达"，法国谚语有"必须懂得等待"，而我们老百姓有句俗话"心急吃不得热粥"。学会等待是这些话里面的真谛。就如同我们的人生，小学等待上中学，中学等待上大学，大学等待获得不错的职业、美满的婚姻……人生是一条长长的链子，"等待"就是各个环节链子上的纽带。

所以处世要像龙一样尚潜伏在水中，养精蓄锐，暂时还不能发挥作用，是因为此爻位置最低，阳气不能散发出来。

用温柔弥合分歧

原文： 贯鱼，以宫人宠，无不利。

释义： 鱼贯而入，像率领内宫之人顺承君主那样得到宠爱，就不会有什么不利的情况发生。

释例： 对你来说，如果有一位朋友是一个不可理喻的人？不管你如何努力向他解释自己的处事方法，他一概不理，指定要你依照他的方法处事。只要是违逆他的意思，他便暴跳如雷，令你精神紧张，心烦意乱，对他感到厌倦，甚至想过以断交作为无声的抗议,逃避朋友的"迫害"。

怎样才能令这种顽固的朋友改变性格,事事愿意聆听你的意见,大家好好交往?以下有些忠告,你需要辅以耐心,按部就班——尝试。

不要以为自己的处理方式及建议一定正确,你与这位朋友谈话时语气须温和,态度客观,不妨多作让步。

人人都有自己的意见,但是殊途同归,大家都是把共同的利益放在首位。与他和平共处,使分歧的意见得到协调,是你的职责;当你提出自己的要求建议时,首先冷静地想想:究竟是谁需要谁从旁协助?谁是主?谁是副?

在环境许可的情况下,尽量避免在公共场合跟他展开激烈的争辩,应该在事后请他到附近的餐厅喝杯咖啡。在轻松的环境下,把你的看法委婉地提出来。

你要专心聆听他的说法,避免抢先表达自己的意见。他可能也有难言之隐,你应该学习替人设身处地地想一想;摒除成见,不要以为这位必定是个难缠的人,尽量与他成为好朋友。

莫到琼楼最上层

原文: 亢龙,有悔。

释义: 经文本意告诫人们不要无限度地盲目追求成功,追求名利,要实事求是,居安思危,自我警觉。虽然我们的才能有超常发挥的可能,但并非无条件地超常发挥,如果忽视了客观实际,仅凭主观盲动,只能造成追悔莫及的后果。

释例: 所以,当一个人的成就发展到巅峰时,其本人和用人者都要保持清

李隆基像,出自明·天然撰《历代古人像赞》。李隆基即唐玄宗,他开辟了"开元盛世",使唐朝走向极盛。然而他在任期间,发生了安史之乱,使唐朝由盛转衰,应验了"莫到琼楼最高层"之说

醒的头脑，既要能看到成功的一面，也要能看到不足或遗憾的一面，只有正确面对现实，及时发现了不足，才不至于让错误的东西也跟着发展，当疵病和错误尚未显示出负面影响时，及时抑制住，是明智之举；反之，如果让疵病和错误搭快车飞腾，势必使之扩大和铸成"悔恨"。

人的年龄到了那个高位，到处叫他老公公，到处请他上座，这就到了亢龙有悔。这里的悔不是后悔的悔，是晦气的晦，到这个时候倒霉了。换句话说，就是万事不要做绝了，做到了顶，对不住，有悔，保证有痛苦，烦恼跟着来了。看历史上唐玄宗多么好，后来到让位给他儿子，就是很惨的局面。

人不要坐到最高位，换句话说，做人也不要做得太高明了，做得太高明了不好玩的，贵到没有位置好占。有的人，学问、人格、仪表都好，可是太贵了，贵而到了无位，连一个科员的位置都得不到。高到极点，下面没有干部了，或者说天下人都是干部，可是天下人都不敢说话，有意见都不敢发表，这就讨厌了，到这时就到了亢龙的境界，这时即使是好的，也会被打下来了，自己左右没有人来帮助。

天地间舒服到极点，就要出毛病，有人说某人作恶多端，却过得蛮舒服，而我们循规蹈矩，生活却苦得很，报应在哪里？但中国人有句话："天将得厚其福而报之。"也等于基督教讲的："上帝要毁灭一个人，先使他发狂。"使他得意到极点，快点恶贯满盈，走到头了，跌下来，所以养到极点，罪恶、浪费、奢靡到了极点，就会出问题，所以颐养的卦下来，就是大过。

现代史上众所周知的国民革命成功后，孙中山先生"退位让国"，由袁世凯来当中华民国第一任大总统。结果，他却走火入魔，硬要作皇帝，改元"洪宪"。一年还不到，袁大头就身败名裂，寿终正寝，所留下的，只有一笔千秋罪过的笑料而已。

袁世凯个人的历史，大家都知道，他的为人处事，素来便犯老子的四不——自见、自是、自伐、自矜，原不足道。《红楼梦》上有两句话，大可用作他一生的总评："负父母养育之恩，违师友规训之德。"袁世凯的两个儿子，大的克定，即拐脚，又志在做太子，继皇位，怂恿最力。老二克文，却是文采风流，名士气息，当时的人，都比袁世凯是曹操，老二袁克文是曹植。我非常欣赏他反对其父老袁当皇帝的两首诗，诗好，又深明事理，而且充满老庄之学的情操。

想不到民国初年，还有像袁克文这样的诗才文笔，颇不容易。袁克文是前辈许地山先生的学生，就因为他反对父亲当皇帝，作了两首极其合乎老子四不戒条的诗，据说惹得袁世凯大骂许地山一帮人，教坏了儿子，因此，把老二软禁起来。我们现在且来谈谈袁克文的两首诗：

乍着吴棉强自胜，古台荒槛一凭陵。
波飞太液心无住，云起魔崖梦欲腾。
偶向远林闻怨笛，独临灵室转明灯。
剧怜高处多风雨，莫到琼楼最上层。

起首两句便好，"乍着吴棉强自胜，古台荒槛一凭陵"。吴棉，是指用南方苏杭一带的丝棉所做的秋装。强自胜，是指在秋凉的天气中，穿上南方丝棉做外衣，刚刚觉得身上暖和一点，勉强可说好多了！这是譬喻他父亲袁世凯靠南方革命成功的力量，刚刚有点得意之秋的景况，因此他们住进了北京皇城。

但是，由元、明、清三代所经营建筑成功的北京皇宫，景物依稀，人事全非，那些历代的帝王又到哪里去了！所以到此登临览胜，便有占台荒槛之叹。看了这些历史的陈迹，人又何必把浮世的虚荣看得那么重要！

"'波飞太液心无住，云起魔崖梦欲腾。'华池太液，是道家所说的神仙境界中的清凉池水。修炼家们，又别名它为华池神水，服之可以祛病延年，长生不老。袁克文却用它来比一个人的清静心脑中，忽然动了贪心不足的大妄想，犹如华池神水，鼎沸扬波，使平静的心田永不安稳了。

跟着便说一个人如动心不正，歪念头一起，便如云腾雾暗，蒙住了灵智而不自知。一旦着了魔，就会梦想颠倒，心比天高，妄求飞升上界而登仙了。

"偶向远林闻怨笛，独临灵室转明灯。"这是指当时时局的实情实景，他的父兄一心只想当皇帝，哪里知道外界的舆论纷纷，众怨沸腾。但诗人的笔法，往往是"属词比事"，寄托深远，显见诗词文学含蓄的妙处，所以只当自己还正在古台荒槛的园中，登临凭吊之际，耳中听到远处的怨笛哀鸣，不胜凄凉难受。

因此回到自己的室内，转动一盏明灯，排遣烦恼。明室、灵灯，是道佛两家有时用来譬喻心室中一点灵明不昧的良知。但他在这句上用字之妙，就妙在一个转字。"转明灯"，是希望他父兄的觉悟，要想平息众怨，不如从自己内心中真正的反省，"闲邪存正"。

"剧怜高处多风雨，莫到琼楼最上层。"最后变化引用苏东坡的名句："琼楼玉宇，高处不胜寒。"劝他父亲要知足常乐，切莫想当皇帝。袁世凯看了儿子的诗，赫然震怒，立刻把他软禁起来，也就是这两句使他看了最头痛，最不能忍受的。

另一首：
小院西风向晚晴，嚣嚣恩怨未分明。
南回孤雁掩寒月，东去骄风动九城。
驹隙去留争一瞬，安声吹梦欲三更。
山泉绕屋知深浅，微念沧波感不平。

这起首两句，"小院西风向晚晴，嚣嚣恩怨未分明。"全神贯注，在当时民国成立之初，袁世凯虽然当了第一任大总统，但是各方议论纷纷，并没有天下归心。所以便有"嚣嚣恩怨未分明"的直说。所谓向晚晴，是暗示他父亲年纪已经老大，辛苦一生，到晚年才有此成就，应当珍惜，再也不可随便乱来。

"南回孤雁掩寒月，东去骄风动九城。"南回孤雁，是譬喻南方的国民党的影响力量，虽然并不当政，但正义所在，奋斗孤飞，也足以遮掩寒月的光明。东去骄风，是指当时日本人的骄横霸道，包藏祸心，应当特别注意。

"驹隙去留争一瞬，安声吹梦欲三更。"古人说，人生百岁，也不过是白驹过隙，转眼之间而已。隙，是指门缝的孔阅。白驹，是太阳光线投射过门窗空隙处的幻影，好比小马跑的那样快速。这是劝他父亲年纪大了，人生生命的短暂，与千秋功罪的定论，只争在一念之间，必须要作明智的抉择。留声吹梦，是秋虫促织的鸣声。欲三更，是形容人老了，好比夜已深，"好梦由来最易醒"，到底还有多少时间能做清秋好梦呢？

袁世凯是该学一学老子提倡的"与世无争"的思想。

人生来就有欲望。婴儿最初的吸吮和被爱抚，有意识后的被重视和炫耀、对名权富贵的追求以及长生不老的贪求。欲望是自身成长和强大的的基本动力，没有欲望的人往往会被现实社会过早淘汰。但过度的欲望又是人自身烦恼的原因和人们相互伤害的根源。幸福时求长久，不幸时想升天，这注定了烦恼人生。

与世无争是人们从欲过后的主动选择或无能为力时被动无奈的结局。前者所求人人都是一条龙，群龙无首的境界，后者显现的是贫瘠的荒凉。人人向往的是永恒的辉煌，或者是曾经辉煌后的安稳平淡。爱我所爱的人与世无争，一人之下万人之上的人与世无争。与世无争的人享受的是一种超然的雅致和随心所欲，并带有悠然自得的魅力。

放弃世人追逐的最大利益，拥有世人欲求恐得的别致，用你天生的才气开创一片属于自己的自由王国。你的追随者是甘心情愿的、心满意足的，他们感到的是平等、尊重、自由和爱。你的森林洋溢着轻松、快乐和闲适。

一樽酒，两簋饭

原文：樽酒，簋贰，用缶，纳约自牖。终无咎。

释义：一樽酒，两簋饭，用瓦缶盛着进献，礼虽然很轻，然而却充满了深厚的情意，正大光明地表示诚信，最终不会发生灾祸。

释例：古人有一句名言："卑让，德之甚。"所谓卑让是压低自己的地位去屈就对方，这就是"处世"的根本。刘备本身所具备的德就是这种卑让的态度，其中又可分为两个方面，即谦虚和信赖。

《三国演义》中把刘备描写成一个大好人，评价与曹操完全相反。不过，若从个人能力上来观察，刘备是一个无能之辈。曹操参战的获胜率为八成，而刘备只有两成，可以说是败多胜少。结果曹操顺利地扩充势力，而刘备却时沉时浮，举兵二十年后仍毫无建树。这种结果实属必然，因为刘备不仅作战能力低下，而且政治手腕同样拙劣，故难有成就。

既然如此，曹操为什么会将能力远不如自己的刘备视为最强的对手呢？根本原因在于刘备拥有一种足以弥补个人能力不足的秘密武器。这种武器不是别的，是用人，如果把"善于"作为一种"德"，那么，刘备便是靠这仅有的一德而显其贤能。

譬如有名的"三顾茅庐"的故事，刘备为了聘请诸葛亮为军师，不惜三次亲自到诸葛亮的茅屋去请他。当时两个人地位相差悬殊，刘备虽然在争霸的过程中不太顺利，但是也颇有名望。而且刘备当时已年近五十，而孔明却是个二十岁出头的无名小卒。刘备竟然会特地三次造访孔明，以最崇敬的态度请求孔明做他的军师。以至在孔明应允之后，又马上将全部作战计划等国家大事都委任于他，这实在是最彻底的谦虚态度以及深切的信赖。

现在很流行"低调做人"的说法，其实就是"卑让"。

日本人赚钱有个三字诀，即"低、感、欣"。

"低"即低姿态，见了顾客后要保持低姿态，主动降低自己的高度，鞠躬行礼；

"感"即感谢，顾客是给你送钱来的，是看得起你，你要对他表示万分感谢；

"欣"即微笑，对顾客要面带笑容，给顾客一个美好的软环境。

这里只谈一谈——低调做人，高调做事。

低调做人，并不是什么事情都退在后面，自己的利益被别人剥夺强占也不发任何声音，自己的人格被别人侮辱也不反抗，这不是低调，这是懦弱。低调做人，是不要太招摇，不要有点钱或有点小本事就拿出来显摆，什么事情自己心中都要有数，要清楚，自己有本事慢慢拿出来用，在别人最需要的时候拿出来用，乐于帮助别人，为别人服务。你不帮助别人，等你需要帮助的时候就没有人来帮助你，你不为别人服务，不知道怎样得到你为其服务的人的认可，什么时候才会有人为你服务？

高调做事，也不是喊着口号扛着红旗让满世界的人都知道你要做什么，而是你对自己所做的事情看得很透彻，把握其根源和关键，在自己有把握的时候以一种很高很专业的姿态去做，漂亮地做好做成功。当然，你要是没有把握还是先在家里好好琢磨琢磨，再找人商量商量，请教请教，如果还是没有完全的把握，那你就尽力去做，出了问题自己尽力去解决。

低调做人都拥有谦虚的低姿态，对于生意人来说具有特别的意义，即所谓和气生财。

美国石油大王洛克菲勒说："当我从事的石油事业蒸蒸日上时，我自始至终晚上睡觉，总会拍拍自己的额角说：'如今你的成就还是微乎其微！以后路途仍多险阻，若稍一失足，就会前功尽弃。切勿让自满的意念，搅昏你的脑袋，当心！当心！'"这句话的意思就是劝说人们要有谦虚的低姿态，尤其在稍有成就时应格外当心。

人们大都会有这么一种想法：愈是谦逊的人，你愈是喜欢找出他的优点来推崇；愈是把自己的所作所为看成了不起，孤傲自大的人，你愈会瞧不起他，更喜欢找出他的缺点，加以全力攻击。洛克菲勒正是明白这个道理，才说出这番话，并且从中获益的，因为经过一番

警惕后，因小有所成而引起的过度兴奋的情绪，便可平静了。

李开复说，并不是说你显现出一定能力就不可一世了，这个世界上没有绝对"完美"的人才！事实上也是如此，没有一个人能够有骄傲的资本，谁也不能够认为自己已经达到了最高境界而停步不前、而趾高气扬。如果是那样的话，则必将很快被同行赶上、很快被后人超过。

比尔·盖茨就是一个非常低调的人。比如他经常在演讲结束后，请撰写演讲稿的人分析一下他的演讲有哪些不足之处，以便下一次改进。比尔·盖茨可以说是从低调中获利最大的人。

很多年前，在Windows还不存在时，他去请一位软件高手加盟微软，那位高手一直不予理睬。最后禁不住比尔·盖茨的"死缠烂打"同意见上一面，但一见面，就劈头盖脸讥笑说："我从没见过比微软做得更烂的操作系统。"

比尔·盖茨没有丝毫的恼怒，反而诚恳地说："正是因为我们做得不好，才请您加盟。"那位高手愣住了。盖茨的谦虚把高手拉进了微软的阵营，这位

高手成了Windows的负责人，终于开发出了世界最普遍的操作系统。

低调的好处实在太多了，所以真正懂得低调真髓的人，无疑是一个高智慧的人。低调的人虚怀若谷，就像海绵体一样，无时无刻不在吸收外来的信息和知识，不断地充实着自己的内在，当那些高傲的人在不知不觉中流失养分的时候，低调的人就是最大的赢家。

低调的人同时也是一个最容易和"机会"对上眼的人。因为低调的人不会自我设限，总是觉得自己有所不足，所以会敞开心胸来迎接各种可能，当然就不会错过好的机会。

表面上看起来，低调的人似乎不够活跃无法抢到得分的好位置，但是实际上却早已成为胜券在握、收获最多的人。

易经上说：上天总是对傲慢的人看不顺眼，而对低调的人给予利益。金钱就像流水一样，由高处往低处流，愈到下游，覆盖的面积愈大，土地也愈肥沃。赚钱的情形就是这样。采取低姿态、谦虚、满怀感谢之心的人，金钱会顺流向他而去。愈是有涵养、稳重的君子，态度愈谦虚；相反的，毫无内涵、轻薄的小人，态度愈骄傲。

在秦始皇陵兵马俑博物馆，人们可以看到了那尊被称为"镇馆之宝"的跪射俑。这跪射俑被称为兵马俑中的精华、中国古代雕塑艺术的杰作。

秦兵马俑坑至今已出土清理各种陶俑1000多尊，除跪射俑外，皆有不同程度的损坏，需要人工修复。而这尊跪射俑是保存最完整的、唯一一尊未经人工修复的。

仔细观察，就连衣纹、发丝都还清晰可见。跪射俑何以能保存得如此完整？人们说，这得益于它的低姿态。首先，兵马俑坑都是地下道式土木结构建筑，当棚顶塌陷、土木俱下时，高大的立姿俑首当其冲，低姿的跪射俑受损害就小一些。其次，跪射俑作蹲跪姿，右膝、右足、左足三个支点呈等腰三角形支撑着上体，重心在下，增强了稳定性，与两足站立的立姿俑相比，不容易倾倒、破碎。因此，经历了两千年的岁月后，它仍能完整地呈现在我们面前。

乍一看，"低姿态"给人以懦弱和畏惧的感觉，可事实并非如此，有时候，适当的低姿态，是一种处世之道，是一种聪明之举，是人生的大智慧、大境界。它可以让你避开无谓的纷争，可以更好地保全自己，发展自己，成就自己。正如老子说，当坚硬的牙齿脱落时，柔软的舌头还在，柔软胜过坚强，无为胜过有为。

穷寇勿追　见机而作

原文：六三，即鹿无虞，惟入于林中，君子几，不如舍，往吝。象曰：即鹿无虞，以从禽也，君子舍之，往吝，穷也。

释义：这个卦讲到这里又不同了，又像武侠小说了。先就字面上解释，"即"是半虚半实的字，鹿是头上有角的兽，这是大家都知道的，有些后来的《周易》，说这个字是山麓的"麓"，说是山脚下的一排森林，好多家都在争论这个字。虞，是古代的官名，虞人是农林部的管理员，近似现代美国的天然动物公园的园长，或农林畜牧厅长。这里叙述的，等于一幅打猎的画面，一队猎人到了山边有一排森林。

释例：我们中国武侠小说常写道："逢林不入，穷寇莫追。"追敌人追到树林里了，不要追进去，恐怕里边有埋伏。这里是说打猎到了山脚的树林边，没有山林管理员带路，不能追进去。"君子几"，有知识的人，碰到这种情形，自己要有智能，要机警了，不要硬闯，钻进去了说不定要送命。"几"像电气开关，一进一退，要在一念之间下判断，所以要"舍"，不要进去了。"往吝"，如果进去了，一定倒霉。

据我的研究，还是"鹿"字对，谁教我们加一个"林"在上面？就是打猎，看到一只鹿，拼命追到山边一个树林中钻进去了，何必加上一个"林"字，自找麻烦。"即"就是追赶，"即鹿"就是追赶鹿，赶到一个地方，像部队作战一样，地区地形一点都不熟，没有向导，结果这一只鹿钻到树林里了，这个情况更不利，与其这样，就应该知机警惕，不如放弃它。

这就告诉我们，在人生中看到一个猎物，本来可以拿到的，可是只差那么一点点就拿不到，而这一机会跑掉了，情况不明，如果还拼命去抓，不必用《周易》的道理，试想它的后果，不要周公、文王、孔子，不必靠鬼神，一个有智能的人就知道，勉强地前进，最后便很难说了。吝就是悭吝,不是好现象,艰难困苦都来了。

我们看这个卦象,前进是阴爻,黑暗的;退回来有阳爻,是光明,这就是孔子在乾卦中告诉我们的,人生最大的哲学是在"存亡""进退""得失"这六个字。

一个最高明的人,就是在这六个字上做得最适当,整个历史的演进也是在这个字之间,该进的时候进,该退的时候退,如果在这些地方搞不清楚,就太没有智能,太不懂人生,也太不懂做事了。

照上面我们的观念来看孔子的象辞,便完全通了。"即鹿无虞,以从禽也",就是打鹿没有向导。"以从禽也",飞的为禽,走的为兽,中国文字并不是呆板的,古文里"禽"与"擒"有时候固然通用,但古人硬把这里的"禽"字解释为"擒"的意义,在此并不十分恰当的,禽就是禽。"以从禽也",让它飞掉,不是很简单吗?又何必著书立说、硬讨论一番?

为了这一个字,有几百字的文章加以注解,可以拿博士学位,东抄西拉的,千古名言,由孔子说起,说到将来的世界,都抄上去了,这样似乎教人不忍心不给他学位;但如果真给了他学位,又觉得对不起上帝,因为这些说法太不像话了,为什么不好好做人,去找这么一个东西去分析,这也太可怜了,像这样的著作太多了。

这里我认为"以从禽也"就是让它飞了的意思,因为孔子说过"鸟兽不可以同群",欲高飞的让它高飞,欲奔走的给它奔走。

我是一个人,既不想高飞远走,只守住人的本位这么做,这是孔子在《论语》上说过的,把那个观念和这里一配,就很平淡。"君子舍之,往吝穷也",孔子说碰到这种情形,只好放弃,勉强的前进一定不好,结果弄到自己穷途末路。

我们见到许多朋友做生意、做事业,往往因为不信邪,非要奋斗不可,其实没有道理的硬闯不叫作奋斗,最后"往吝",发生困难,困难以后,还不回头,遂造成了穷途末路。

穷寇勿追,见机而作,也告诉我们做事不要太绝。给别人留条后路,也是给自己留条活路。

有这样一则寓言：有一天，狼发现山脚下有个洞，各种动物由此通过。狼非常高兴，它想，守住山洞就可以捕获到各种猎物。于是，它堵上洞的另一端，单等动物们来送死。

第一天，来了一只羊，狼追上前去，羊拼命地逃。突然，羊找到一个可以逃生的小偏洞，从小洞仓皇逃窜。狼气急败坏地堵上这个小洞，心想，再也不会功败垂成了吧。

第二天，来了一只兔子，狼奋力追捕，结果，兔子从洞侧面的更小一点的洞里逃生。于是，狼把类似大小的洞全堵上。狼心想，这下万无一失，别说羊，与兔子大小接近的狐狸、鸡、鸭等小动物也都跑不了。

第三天，来了一只松鼠，狼飞奔过去，追得松鼠上蹿下跳。最终，松鼠从洞顶上的一个信道跑掉。狼非常气愤，于是，它堵塞了山洞里的所有窟窿，把整个山洞堵得水泄不通。狼对自己的措施非常得意。

第四天，来了一只老虎，狼吓坏了，拔腿就跑。老虎穷追不舍。狼在山洞里跑来跑去，由于没有出口，无法逃脱，最终，这只狼被老虎吃掉。

对这一案例，各界人士说法不一。

哲学家说：绝对化意味着谬误。

宗教学家说：堵塞别人生路意味着断自己的退路。

环境学家说：破坏原生态及其平衡者必自食其果。

经济学家说：预算和计划都要留有余地。

军事学家说：除非你是百兽之王，否则，别想占有整个森林。

法学家说：凡规则皆有例外，恶法非法。

政治学家说：绝对的权力导致绝对的腐败，绝对的腐败必然导致彻底的失败。

渔民说：一网打尽，下一网打什么？

农民说：不留种子就是绝种绝收。

陈仓说：善待别人，善待环境，便是善待"狼"类自己，绝人者自绝。

总之，人的生存与发展，依赖于千丝万缕的社会关系，所以无论做什么事都不要做得太绝，得为自己留一条后路。

本寓言里的狼发现了一个山洞，各种动物由此通过，为了捕获各种动物，狼把这个洞里除洞口外的所有信道都封死了，却不料将自己陷入万劫不复之地，成了老虎口中的美食。灭人者终自灭。"竭泽而渔"，"杀鸡取卵"，古而有之。

而现在人们为了满足自己的需求，滥砍滥伐滥采，过度开采，终将受到大自然的惩罚，这与寓言里的狼又有何差别？

在与人交往中，一些人为了谋求个人利益，在别人背后放暗箭，中伤别人，甚至于在别人处于逆境时落井下石，这是在破坏自己的人脉。一个人无论多么成功，也不能担保自己没有倒霉的时候，那时，还有谁会向你伸出援助之手？

所以得饶人处且饶人，留条活路给别人，也是在给自己留一条后路。

成人之美，亲近有加

原文：需于酒食，贞吉。

释义：等待酒食美味，守持中正吉祥。

释例：在社交场合中一般有这样一条俗定约成的游戏规则：你答应与某人合作，或答应接受某人的请求时，也会欣然接受对方的宴请，否则，你是不能轻易入席的。"无功不受禄"，不为人办事，不答复人家的请求，是不能轻易端人家的酒杯的。也就是说，端起酒杯就是一种承诺和允可。

当然，这只是一种比喻而已，现实中并非事事都如此。意思是说，能成人之美时，当慨然为之。

你的助手要另谋高就，对于你来讲，当然不大愿意。但人往高处走，是十分正常的事。如果那个位置对于你的助手来说，确是个较好的机会，你又何必太自私，"阻人向上"？

或者，你会想，助手可能是对自己不满，所以要跳槽。这个想法未免"小人"一点，若你自问没有亏待他，不必多心，更不必向助手求证，大家开开心心地结束宾主之情，不是更好吗？

你的这种做法，往往使你的其他下属不会再感到有任何压力，会更加忠心地工作，因为他们相信你是成人之美的。成人之美的人往往是受别人钦佩的。

可是，别忽略了另一部分人，他们就是其他最基层的工作人员。方便的时候为他们提供间接的帮助，对你只是举手之劳，却会使他们终生难忘。比如回家路上看到你的一位员工在等公共汽车，你又没事，何不让司机停下车来，送他（她）一程，他（她）会把这件事牢牢记在心底，并会告诉其他人，领导是个好人。你应该让每一位员工都觉得你离他们很近，伸手就能触到；又应让你的员工觉得你很远，你是他们的领导，唯距离才能产生美。他们会认为你是可以信任的，大家共同的朋友，总比别人的朋友要亲近一些吧！

子曰："君子成人之美，不成人之恶。小人反是。"

成人之美是一种高尚的品德。它需要有宽广的心胸，助人为乐的精神。对于患得患失，一切都要算计自己能得到多少好处的人来说，是很难做到成人之美的。

孔子还说："己欲立而立人，己欲达而达人。"一般人要做到虽然也不容易，但还不算太难。只要心胸宽广一点的人就能做到。

现在我们唱："只要你过得比我好。"这就太不容易了，不是一般人所能做得到的。

尤其是在商品经济时代，商场犹如没有硝烟的战场，竞销激烈。成人之美就更是一种难得的品质了。

我们在平时的生活和工作中，稍加留心就可以做到成人之美了，成人之美其实是一种高超的交友艺术和领导艺术。当你满足了别人的愿望之后，别人就会感激你，就像受了你的恩惠一样，而且、有知恩图报的想法。很多有经验的领导就是用这样的方式来收拢人心和管理员工的。当你为别人提供了方便，使别人得到满足，反过来别人也会设法为你提供方便的，乐于成人之美的人总能得到别人的帮助和配合。所以，成就别人等于成就了自己，推荐别人也等于推荐了自己，称赞别人也等于称赞自己，善待他人就是善待自己。

走好，不要踩着老虎尾巴

原文：履虎尾。

释义：《履》卦开头就说"履虎尾"！——行道之难，"如履薄冰，如临深渊"；为政之难，"伴君如伴虎"。《系辞下》说："《履》以和行，《履》，和而至。"可见《履》之为德，其核心是"和"。只有在和睦的气氛中行事，和顺守礼才能达到目的。

释例：六爻时位，其行状和性质各各不同，所以同样是"履虎尾"，却有"不咥人"与"咥人"，成功与失败这两种迥然不同的结局：初九守素"无咎"、九二持中"贞吉"、九四恐惧谨慎"终吉"、九五坚定果决"贞厉"、上九能反思履道而"元吉"；唯有六三柔而造次为虎所伤，从反面提出了最有价值的重要警戒。

凡此种种，无不一再说明，《履》之为德，就像走钢丝的人一样，必须处处小心仔细和顺守礼，才能死里逃生居危而安。

履，小心翼翼跟随在老虎尾巴后面行走，这是多么危险啊！然而凶猛的老虎却没有咬人。结果吉利亨通。——这是为什么呢？

《象传》说：穿鞋走路——履。柔软的草鞋行走在坚硬的路面上，可怜的鞋子默默无言任劳任怨，时刻应和着四处奔走的乾阳君子，犹如柔顺的六三履行在刚健的初九、九二之上，下卦之兑以谦卑和悦的风貌应和了上卦之乾，所以说："小心翼翼跟随在老虎尾巴后面行走，凶猛的老虎却没有咬人，结果吉利亨通。"本卦九五居中持正，秉受乾阳大德履临天子九五尊位，济生民行天道，不心虚不彷徨，踏踏实实正大光明。

《大象传》说：《履》上卦为乾，乾为天；下卦为兑，兑为泽；这二经卦

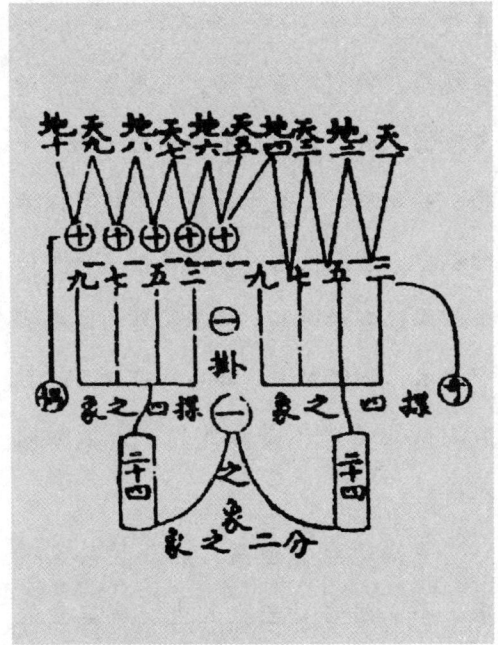

大衍之数五十其用四十有九图，出自宋·丁易东《大衍索隐》，讲述了古代用易经卜卦的方法

为重卦：上天下泽，尊卑判然。这就像人走路一样，头顶蓝天脚踏大地，上高下低千古不易。洞明天地人三德的君子因循《履》道之象，破洪荒启民德，制礼作节规范尊卑上下之仪序，以此来端正和树立天下万民必须遵守的道德规范和伦理意志。

《小象传》说："举手投足自然而然，立身行事一本天成，有所进取而无咎害"，这是说初九为履道之始，其为人处世特立独行专心致志，显现出纯朴的修养和高尚的道德意愿。一举手一投足自然而然，立身处世一本天成不加雕饰。安常蹈素，朴实无华，积极前往有所进取而不会有什么咎害。

人生如棋。

我喜欢下棋，玩玩而已，不计较输赢。在棋盘中却得到启迪，感叹人生如棋。两个人摇着蒲扇遣将摆子，看似儒雅，其中却仍见金戈铁马、虎斗龙争，还有风雪雷雨、烽火硝烟，还有不少人生启迪。

我悟出下棋极为讲究，一幅棋盘划开楚营汉界，几十个棋子列阵对弋，博弈看似纸上谈兵，却需要思维敏捷，不急不躁；需要总揽大局，进退自然；需要深思熟虑，讲究眼力，重在算计；需要配合，重在默契，车马炮、相士兵配合得力，方有胜数；需要灵活，阵势变幻莫测，方可所向披靡。

尤其是卒，只要几个小卒过河联营，便会势如破竹，挡得千军万马。代老师说人生如棋，做人亦如下棋一般！茫茫人海，大千世界，有坦直大道，也有险恶崎岖。要站得起，立得直，就要懂得纵横捭阖，审时度势，进退随缘，慎终如始。

棋有棋道。下棋高手都能胸怀大局，洞若观火，勇于迎战，敢于胜利，正视失误，胜不骄，败不馁，守信用，懂规矩。他们沉着冷静，三思后行，运筹帷幄，机动灵活，呕心沥血，落子生根，善于求新，敢于开拓。下棋可以考验毅力，磨炼性格，修身养性，一步一个脚印，老老实实，脚踏实地；还要研究战术，研究对手，知己知彼，百战百胜。做人何尝不是如此呢？人道如同棋道。

下棋就会有输赢，胜败且兵家常事，不必过多计较。人生没有笔直的路，总是坎坎坷坷，曲曲折折。人生苦短，成败、兴衰、荣辱、曲直、得失、升沉、喜悲、乐哀、甘苦、宠疏……瞬息之间，须臾之时。所以，辉煌不可妄自尊大，潦倒不能妄自菲薄。要居安思危，谦虚谨慎。

棋局短暂，人生漫漫，下棋只是玩玩，人生却不是好玩的，好好做人实在不易。要老老实实做事，堂堂正正做人，不以物喜，不以己悲，走好脚下的每一步路，棋训为"一子不慎，满盘皆输"，人生警言为"一失足留下千古恨"。

现代社会人们的步伐越来越快，总有干不完的事，走不完的路，唯恐一不小心落伍了，或被社会淘汰了，人们的神经绷得紧紧的，神情严肃，除了应该笑时平时少有笑容，越在发达的都市这种情况越甚，于是都市人发出一声感叹，活着太累了，周末到乡下去走走成为大家的渴望，在那里散散步，放松一下心情简直是人生的享受，可以暂离充满欲望的都市生活，让竞争一边见鬼去吧。

大凡哲学或宗教人士认为：其实很简单，人类有太多无穷的贪欲，只要修炼自己，减少欲望，无欲，那么人生就会变得从容，宁静。如果欲望能少一些，甚至无欲，人们是可以变得从容不迫，享受生命本有的意义。

问题是在当今这个社会，在现今这样的法典制度下，以私有制为经营主体的体制下，以经济收入为衡量一个人的才华和成就的标准下，人能少欲吗？能做到无欲吗？有时人是不是在自欺欺人？

只有到了一定的年龄，一切定型了，或无能为力了，对人生也有了最终的感悟，才会让欲望不断地减少，有时还是无奈的，学会享受生命真正的意义，人生才有可能变得从容。

欲望之强烈，人们往往想更快地达到，尽量缩短奋斗的时间，因为奋斗在人们的概念中总是很辛苦的，而且一天不达到心里就没有底，人类对未来的无知让人们更没有耐心等待，只有到手的成果才能让人完全放心下来，在焦急的等待中人们自然心神不定，忧心忡忡，很难做到从容。

如果光是急还好，问题之严重是：人们急于求成，忽视必须资源，在条件不完全成熟时采取了"果断"的行为，结果事与愿违，断送了机会，让欲望落空，让美好的愿望付诸东流。

是什么原因导致的呢？是一种人类自大的思想造成的。所谓人定胜天，人是世界的主宰者，人是高级动物，是社会的主人，人可以改变一切，创造一切。于是人变得盲目的自大，由自己制定游戏规则，完全按自己的设想办事。

我们知道人类是很渺小的，宇宙有其宇宙法则，生存于其中的任何生命体都得符合宇宙法则，凡事有它自然的规律，我们要学会与环境和谐相处，找到这自然法则，找到事物的平衡点，正如"庖丁解牛"一样，只有深入了解牛的心理结构，按照牛的尖隙下刀，那么工作起来才能游刃有余。

因此欲望是良好的，但我们必须明白欲望的达成有其自然规律，必须摸清这自然规律，顺应其发展，才能水到渠成，实现美好的愿望，否则任何的努力都是白费的。

当我们明了自然法则后，我们就不会急了，因为急了没用，不但于事无补，反而会坏事，于是就会变得从容不迫。

还有一种情况是：你本是从容的，但周围的环境和周围的友人不允许你这样，他们会压迫你，诱使你，告诉你必须怎么样怎么样，社会的无形压力让你动摇了，觉得他们说得确实是现实。

但请记住：他们是用人类的游戏规则来思考问题的，是用共性来研究问题的，但正确的应该是自然法则，更何况你是个个体，有你独特的个性，你的天赋，你的后天资源。虽然有时他们是一种良好的规劝，但他们无法对你的生命负真正的责任。尽量一笑了之吧，走自己从容的人生之路。

刚柔相济，密切合作

原文： 枯杨生稊，老夫得其女妻，无不利。

释义： 已经枯萎的杨树重新又长出新的枝芽，老年男子娶了位年轻的妻子，这种现象没有什么不利的。

释例： 一群人在一起做事情，最重要的是同心协力、团结一致。由五十个人组成很团结的团体，比一百个人聚集的乌合之众，力量要来得大、要有成就，相信大家都不会否认的。

战争中，也不一定人数多的那一边会胜利。尽管拥有大兵，但如果是一群乌鸦，怎么能打胜仗？团结就是力量，有了团结，胜利才会向你招手。

一个公司的上下能不能团结一致，同心协力往目标努力，是企业成功与失败的关键。然而，这种团结，是人愈少愈容易做到；人数越多，意见纷乱，要团结也就越困难了。

假定团体的每一个人修养都很好，协调性也很高，那么要他们团结的话可能没有问题；否则，人数越多，越难团结。

一个只会逞匹夫之勇的将领是不堪大任的，只有既能做好自己手里的事，又能着眼于全局，从而能够与其他人通力合作的人，才是最为难得的人才。

提到屈己从人，以合作精神维护大局，我们自然会想到千古流传的将相和的故事。

秦、赵渑池之会以后，赵王回到赵国，因为蔺相如功劳大，任命他为上卿，地位在廉颇之上。廉颇很不服气，说道："我作为赵国的大将，有攻城野战的大功，蔺相如只不过是耍嘴皮子的功劳，反而地位比我高，况且相如本是地位卑贱的人。我感到羞耻，不甘心处在他下面。"并扬言道："我要碰见蔺相如，一定要好好羞辱他一番。"相如听到这话以后，不愿与廉颇会面。相如每次上朝的时候，常常说自己有病，不愿与廉颇争位次的先后。过了一些时候，蔺相如外出，远远望见了廉颇，连忙掉转车子躲避，不让他看见。这时，蔺相如的家臣一齐劝他说："我们之所以离开亲人而来投靠您，只是仰慕您崇高的节操。现在您与廉颇职位平等，他口出恶言，您就怕他、躲他，这种胆小也未免太过头了。普通人尚且感到羞耻，更何况您呢！我们没有才能，请允

廉颇像。廉颇，战国人。据史料记载，廉颇、蔺相如将相于赵，廉颇居功自傲，图辱相如，相如大肚能容，先国后已，不与争列；廉颇闻知，肉袒负荆，二人同心协力成就大业。这种做法与《周易》所宣扬的"柘杨生稊"主张相一致

许我们走吧！"蔺相如坚决劝阻他们，说道；"诸位认为廉将军与秦王相比哪一个厉害？"家臣们回答说："赶不上秦王。"蔺相如接着说："像秦王那样威严，也听凭我在朝堂上大声呵斥他，侮辱他的大臣们，我即使愚笨无能，难道会害怕廉将军吗？但我考虑到，强大的秦国之所以不敢侵犯赵国，只不过因为我们两人在赵国的缘故。现在两虎相斗，势必不能同时生存。我之所以这样做，是把国家危难放在首位，而把私人的仇怨放在后面。"家臣听罢，都万分感动，又纷纷回到自己的居所。后来相如的这番话被廉颇听到了，他深受感动，便脱去上衣，露出肩膀，背上抽打人用的荆条，来到相如府上请罪，说道："我这个庸俗卑鄙的人，想不到您胸怀宽广到这种地步。"蔺相如赶忙帮廉将军抽去荆条，让他穿上衣服。两人终于和好如初，并结成了同生死共患难的朋友。

一将一相的和好，使赵国的决策阶层空前团结，力量无形中变得强大起来，使虎视眈眈的强秦长时间不敢轻举妄动，这就是具有合作精神的人才的力量。

在你的智囊团中，你将各个独立的人组织成小团体，你们都具备共同的强烈欲望并且从日益增进的热忱、想象力和知识中获得利益。团队合作的情形和智囊团的合作形态很类似；但是由于团队中的成员，未必都具有相同的的强烈欲望，所以你必须更努力于使团队成员不断地为工作奉献，同时也应该要求自己，为成员做出奉献并发掘他们的欲望。

一位管理人员杜拉克说：所有的员工"都应把自己看成是管理人员"，以期能在整个经营环境中看待自己的工作，管理人员必须学习去配合所做的工作，而非以员工作为自己升迁的牺牲。

杜拉克想起麦克阿瑟将军的例子：他每次召开幕僚会议时，都会先介绍军衔最低的军官，他不许其他事情妨碍这道程序，因为他知道建立军官的信心，是很重要的一件事，他想要而且也需要这种信心。

你向前更进一步的习惯，会影响你的合作者。即使你给他们的利益和薪水都很丰厚，他们还是把获得这些利益和薪水当作是理所当然的事。你应先评估其他合作者的需要，甚至在他们发现自己需要之前便先满足他们。

有的时候，人们会因为必须在一起工作，所以才产生合作关系，但这种合作既不可靠而且不会长久。例如，美国和苏联曾一起抵抗过希特勒，但当希特勒被打败时，这种合作关系也随之消逝。

真正的团队合作必须以别人"心甘情愿与你合作"作为基础，而你也应该表现你的合作动机，并对合作关系的任何变化抱着警觉的态度。团队合作是一种永无止境的过程，虽然合作的成败取决于各成员的态度，但是维系合作关系却是你责无旁贷的工作。

真正成功，没有不经过困难来的

原文：象曰：屯。刚柔始交而难生，动乎险中，大亨贞，雷雨之动满盈，天造草昧，宜建侯而不宁。

释义：天下的事情，当好事来的时候，都有困难，不经过困难而成功的，绝对不是好事，轻易得到的，很快就会失去。这就告诉我们：一件真正成功的事业，没有不经过困难来的。

释例：但是人没有危险在前面是不会努力的，有困难、有危险，则反而促成人努力争取成功，动乎险中，才会加倍努力，也特别谨慎小心，大意了一定出毛病，所以文王解释这个卦是大亨，大吉大利，但是要贞，要坚定地走正路，在危险当中动，走歪路就不对了。

一个人不管在哪里做事业，欲想成功，永远是不宁的，欲享福而事业成功，这是不可能的，如果想有所建树，那是永远不能安宁的。人都想功名富贵，想成功，又想留万世之名，又最好不要劳累，这是办不到的。

只有苏东坡这位绝顶聪明的人，有过这样的妄想。他因为自己大聪明了，一生在政治上都遭遇到挫折，所以作了一首诗："人人都说聪明好，我被聪明误一生。但愿生儿蠢如豕，无灾无难到公卿。"他前面三句讲得蛮有道理，最后一句又吃亏了，又太聪明了，天下哪有这种事情？

有一个故事，一个人一生太好了，死后阎王判他还是到世间做人，可是投胎做人时要成为怎样一个人呢？阎王让他自己决定，于是他说他只希望："千亩良田丘丘水，十房妻妾个个美。父为宰相子封侯，我在堂前跷起腿。"阎王听了以后，站起来说："老兄！世间如有这种事，你做阎王我做你。"

由这个故事，再看《周易》，就了解人生，凡有所建树，一生永远都在劳累，"宜建侯而不宁"，这就是开创事业的现象。

有一天，一位旅人在荒野里行走，突然听到身后传来一阵凄厉的叫声。他回头一看，一头发了疯的大象正朝他冲了过来。他慌忙撒腿就跑，发现前面有一口枯井。井边有一棵高大的树木，下垂的藤条正好垂向井中。

他大喜过望，连忙顺着藤蔓向井内溜去。松了一口气后，他仔细地打量四周，发现有一条毒蛇正盘踞在井中，井壁还有三条毒蛇围着他，四条蛇都昂着头，向他吐着信子，好像随时都要向他发起攻击似的。旅人大惊失色，赶紧朝上观看，只见黑白两只老鼠正在啃噬着他所紧握着的藤条。

旅人进退维谷，只好听天由命。这时，突然有一滴甜甜的蜜汁滑入他的嘴中，他用舌头舔了舔，也感到一丝安慰，可是，顷刻间，一群蜜蜂倾巢而出，将他蜇得体无完肤。尽管疼痛难忍，旅人仍然紧紧抓住藤条不放，可是，不知什么时候，一把野火把藤条烧焦了，旅人的性命已经危在旦夕……

这则寓言出自佛教典籍《杂宝藏经》，释尊借这则故事来比喻人的命运。荒野是迷茫的世界，旅人为众生，疯狂的大象象征无常的暴风雨，井中是人世，树代表人的生命，井底的毒蛇象征死亡，四条毒蛇是构成身体的四大要

苏轼像，选自清·上官周绘《晚笑堂画传》。苏轼在他的《东坡易传》中把生死与《周易》中的"阴阳"联系在一起，阐述了独到的生死观

素，黑白两色的老鼠代表夜与昼，蜂蜜是快乐，蜜蜂指的是彻悟，而野火则用来比喻疾病和衰老。

这则故事暗示我们每天都会遭到无常的风雨的侵袭，因迷惘和烦恼而感到痛苦，最后死于疾病和衰老。尽管如此，我们却不可悲哀消极地将人生归咎于命运的安排，而束手无策。

人的一生是虚幻的，短暂的，不管如何长久，至多也不过能活到百十来岁；在如此短促渺茫的人生中，愈是刻意追求虚无的东西，愈会过得空虚。

有多少人做梦会飞呢，梦中会飞的人知道生命的意义，在自由的天地里，把自己造化得非凡。

有梦的人永不会有虎落平川被犬欺的感觉，无论是顺途逆境，都能从容渡过。像雄鹰征服天空，像雄狮为林中之王。

梦是生命的翅膀，有梦的人，可以飞过那些徒步难以逾越的障碍，把生命的过程经历得理想、完美、快乐和幸福。

从你刚开始记事时，就有梦了。梦境是你灵魂的风景，也是理想的香格里拉。一直重复的美丽的梦是你注定要达到的境界。人的一生就是把你想做想为的变成已作过已成为的过程。

如果你有自己的梦，还能成为一个引导别人的人，你就是一个幸福和让人幸福的人。仙下凡也无非是因为羡慕你这样的人生。

人生是一条路，有平坦也有坎坷。人生是一条河，有波涛汹涌，也有风平浪静。人生是一首歌。人生更是一场戏。人人都在社会这个大舞台上扮演自己的角色。人生是有限的，正如天上的流星，在时间的长河里转瞬即逝，我们应在这有限的人生旅途中，努力追求生命的真谛。

憧憧往来，事倍功半

原文：贞吉，悔亡。憧憧往来，朋从尔思。

释义：内心保持纯洁无邪的态度，就可以获得吉祥，没有后悔；心猿意马地与朋友交往，朋友会报答你的情意。

释例：对你身边的人意图不了解清楚，仅凭感觉是不行的，否则会出现错误。戴尔和桑德拉的下面的对话，说明了明确目标的重要性。

戴尔："好吧，桑德拉，我们来看看你上两个月的销售成果。你跟我说好会有显著的改善的，对吗？"

桑德拉："确实如此。不过，我还以为要到这个季度结束再来评估我的成果的。不管怎样，我想我已经有了相当显著的改善。"

戴尔："是吗？你的总销售量好像是上去了一点儿，但增长的部分多半来自小客户。"

桑德拉："我并不想忽略大客户，但我认为提高自己销售量最好的办法是在一些中等的客户上下功夫。这样做可能不是很引人注目，但它确实有效。"

戴尔："但是，无论如何，我还是希望每个人都将精力放在大客户上。这样，一小批客户就能将销售额提高很多。"

桑德拉："哦，你难道是要我提高销售额吗？我还以为要从增加销售给每个客户的产品种类起步呢。"

戴尔："增加产品种类当然也没错，但这并不能增加销售额。"

桑德拉："那你的意思是我做的这一切毫无价值！"

为什么销售经理桑德拉和总经理戴尔会产生争执？问题的症结在于总经理戴尔没有为下属提出明确而具体的目标。下属按照自己的想法去实现目标，最终却发现这根本不是总经理所需要的。上述对话表明，桑德拉致力于提高销售量，特别是增加卖给每个顾客的产品种类，然而总经理戴尔所要求的却是增加销售额。目标对于改善工作业绩非常重要，但同时目标对正在进行的日常工作也十分关键。目标是一切工作的基础。有了明确的目标，下属就能有明确的努力方向，全力以赴做出令自己、总经理和客户都满意的工作业绩。一边工作，一边修正随时出现的问题需要花费更多的时间、精力和资金，而事半功倍的做法则是通过有效的规划来防止问题的发生。

人生的贵人可遇不可求

原文：飞龙在天，利见大人。

释义："飞龙"就是腾飞的龙，"大人"就是高人，"飞龙在天，利见大人"就是说龙要腾飞，先要向"大人"学到本事。

"九二，见龙在田，利见大人。"九二爻，是乾卦内卦的中爻，中爻是最好的、最重要的。九二爻见龙在田，利见大人，"见龙在田"，见是现的意思。

龙现在田里，等于虎落平阳被犬欺了，还如何利见大人？这要了解"田"的意思，中国文字与西方文字不同，不但是单音字，而且一字往往含有几种不同的意义。中国古代的田写作田，是图案画，上面通了为由，下面通了为甲，上下通了为申，申字旁边加示，上天垂示就是神，神是上下通的，所以鬼字亦从田，上面走不了，向下面走就为鬼，后来再加两根头发，就成鬼的样子。电、雷都从田，天上下水，地下发雷，雷向下走为电。

这是中国字结构的由来，每字都有道理，不比ABCD硬凑拢起来的。从上面的解说，我们便知这里的田字是代表地面，就是大地，不要以现代的观念，认为田只是种稻子的田，那就错了。见龙在田的卦象，是早晨太阳刚刚从地面升上来，光明透出来了，在这个时候"利见大人"。如卜到这个卦，卜卦的说，如去见董事长或什么长官辈谋事之类，一定成功。大人并不是很大的人物，在古代大人、小人是相对的名称，一如"贵人"这个名称，并不一定是很大的贵官。

释例： 假使有人跌了一跤，刚好有一位清道夫看见，将他扶起送到医院，这位清道夫就是跌跤者的贵人。贵人的贵与不贵，是在时间空间上刚刚需要帮助的时候，予以帮助的就是贵人。

假定我们以汉高祖为比方，当他打败了项羽，自己创业的时候，正是飞龙在天了，他还要利见大人，这个大人是谁？是指他所遇到的都是好人，都是对他有帮助的人，看汉高祖的一生，正是一个乾卦，最初曾在秦时当一个亭长，一天到晚喝喝酒，正是潜龙勿用，后来到了飞龙在天、利见大人的时候，他所遇见的人个个都是好人，个个都有用处，个个说他好，都帮助他。

成功路上多贵人，但还是要靠自己的力量先出发。

埋怨现状永远比提出建议简单；破坏现况永远比建设未来容易。但是，问题永远不会解决；不满也永远不会改善。

有一位男性友人，从事自由工作，最令他烦恼的不是工作的本身，而是他的一头乌黑黑的秀发。剪短的时候，他觉得留长发好看。好不容易，头发留到肩上，他觉得怪怪的，又去烫成卷发。过不了几天，他又觉得还是剪短比较像个男人的样子。一年三百六十五天，我亲眼看到的情况是——随着他的心意摇摇摆摆，他的头发也跟着长长短短，反反复复了好几次。两年过后，问他："老兄，你到底喜欢长发还是短发？"他耸耸肩，说："唉！不知道！我还在摸索吧！"

人生，很多时候说"不知道！"可以代表谦虚；但是，对自己身上的事推说"不知道！"只有两种可能：一是不负责任；二是缺乏自信。

头发爱留多长，是自己的事。工作该怎么换，也要靠自己决定。这些和别人都没有关系；不过，若是能早点拿定主意，弄清楚自己想要的究竟是什么，别人才能给予适当的配合或协助，自己也比较容易成功！

也许你的一生只有一次。

遇到你真正的爱人时，要努力争取和他相伴一生的机会，因为当他离去时，一切都来不及了……

遇到可以相信的朋友时，要好好地和他相处下去，因为在人的一生当中，可遇到知己真地不容易……

遇到人生的贵人时，要记得好好感激，因为他是你人生的转折点……

遇到曾经爱过的人时，记得微笑向他感激，因为他是让你更懂得爱的人……

遇到曾经恨过的人时，要微笑向他打招呼，因为他让你更坚强……

遇到现在和你相伴一生的人时，要百分之百地感谢他爱你，因为你们现在都得到幸福和真爱……

遇到背叛你的人时，要好好地跟他聊聊，因为若不是他你不会懂得世界……

遇到曾经偷偷喜欢的人时，要祝他幸福，因为你喜欢他时是希望他幸福快乐的……

遇到匆匆离开你人生的人时，要谢谢他走过你的人生，因为他是你精彩回忆的一部分……

遇到曾经和你有误会的人时，要趁现在化解误会，因为你可能只有这一次机会解释清楚……

人的一生可能就只有这一次机会去做这些事情……

此文献给那些正在寻找或者已经相知相伴的那些人们！

贵人是可遇不可求的，所以我们要尊重身边的每一个人，注重自己的一言一行，贵人也许就会在你需要的时候，在你不注意的时候"从天而降"，记住，每一个人都可能成为你的贵人。

孩子对客人说："我爸爸讲，你是他的贵人！"

我当时看得出来，那人听了有多么高兴，因为他知道我没有忘记他以前的好处，但我后来也听说，他的太太回家跟他大吵一架，说他自己连个固定的工作都没有，怎会是别人的"贵人"？

他的妻子错了：因为能做贵人的，自己不一定多么尊贵；当我们要找自己生命中的贵人时，也绝不见得要到世俗所谓荣华富贵的阶层去寻觅。许多贵人，都出奇地平凡。而平凡的我们，也随时可能成为别人生命中具有重大意义的"贵人"。甚至当我们成为别人的贵人时，自己都还不知道呢！

从前有个人写信给燕国的丞相，因为光线太暗，就叫仆人举烛，一不留意，把"举烛"两个字，也写入了信中，等到燕国的丞相收到信，谈到举烛两个字，竟然大为感动，说举烛的意思是要求光明，也就是要拔擢贤才，并以此报请国王采用，使得燕国强盛起来。

传说李白起初做学问很没有耐性，直到某日，看见一位老妇，居然想将一支粗铁条磨成绣花针，才顿时醒悟，回头苦练，成为诗仙。

米开郎基罗在画西斯廷教堂时，有些不满意自己的成绩，却又因为完成大半而舍不得重新画，直到有一天去喝酒，看见老板毫不犹豫地把新开的一大桶坏酒倒掉，终于下定重新画的决心，成就了不朽的作品。

李白像，选自《吴郡名贤图传赞》。李白，字太白，号青莲居士，唐代的伟大诗人。据汉书记载，杨雄摹仿《周易》写了《太玄经》，由于深奥，没有马上流行，到了唐代，其影响才逐渐扩大。李白在他的诗中有"白乎太玄经"的佳句

以上写"举烛"的人、磨针的老太太和酒店的老板，可知道自己无意中的行为，竟能造就了别人？而他们何尝不是燕国、李白、和米开郎基罗的"贵人"呢？

又譬如有位朋友出国旅行，临上飞机发现旅行社的小姐竟把他最重要的签证资料遗失了，他起初大发雷霆，要求赔偿损失，但是后来又跑去向旅行社道谢，说犯错的小姐是他生命中的贵人。原来他设赶上的那班飞机发生了空难。

你想想，由犯错，到成为别人的救命恩人，这当中有多么大的转变，岂是当事人预先所能知道的？

再拿我最近的遭遇来说吧！当我的写作到中途的时候，有位朋友来访，看了我写好的稿子说："这些东西太软，缺乏吸引人的力量！"

虽然你的母亲说，那位朋友可能是嫉妒我的成绩而讲出酸葡萄的话。我当时也有些不悦，但细细检讨之后，发现确实有许多篇可以改换写作角度，以造成更大的戏剧性和说服力，所以将已经写成的三十多篇全部重写，使其成为畅销而且长销的作品。

由此可知，在我们的四周，到处都可能发现自己的贵人，他们不一定是直接提拔你的尊长，反而可能是毫无关系的陌生者、一面之缘的过客，甚至你的敌人。只要你能在他们的身上领悟到重大的事务，以致导引你走向更好的未来；或由于因缘，使你免于原本可能发生的厄运，就都是你生命中的"贵人"。

所以，不要轻视任何人，也不要轻视自己，因为那平凡人可能是你的贵人；你也可能作为别人的贵人！

足够热忱，足够动力

原文： 王用出征，有嘉折首，获匪其丑，无咎。

释义： 君主动有军队出兵征伐，建功立业，获得美誉，斩杀敌方首领，捕获不愿归附者，这样做不会发生灾祸。

释例： 热忱不仅具有感染性，而且还会像烈焰一样快速向四周扩张。一个人的情绪，会渗透到社交场合的每个角落，甚至会影响一些人的个性。如果这位朋友性情冷酷和傲慢的话，那么他的社交圈就只能死气沉沉毫无生机和活力。所以作为能成功处世的人，首先必须善于调节自己的情绪。要做情绪的主人，不要做情绪的奴隶。

在职场中如果缺乏热忱就会产生非常严重的后果。犹豫和自卑就像毒瘤，同样是具有感染性的。如果一个顾客向推销员询问商品在卖出后能否退换时，那位顾客得到的回答却是："这个我不太清楚，我想大概可以吧。"面对这样的推销员，就是再有购买欲的顾客也会逃之夭夭。同理，如一个管理人员，具备足够的热情，那么他的下属总是会多少被他感染几分的。

如果一个人能够以足够的热忱对待生活，那么他的生命也将会随之延长。古罗马的政治家加图，在80高龄的时候还学希腊文；希腊的历史学家布鲁塔克，更是在衰老之年开始研习拉丁文；意大利作曲家威尔第，在古稀之年写出了著名的歌剧《奥塞罗》《福斯塔大》；著名的建筑师兰恩，曾建造过52座教学楼，直到86岁高龄才退休。在他退休的五年中一直尽心学习，努力追求文学、天文学的知识。还能有什么能够使生命如此灿烂辉煌呢？

激情是不断鞭策和激励我们向前奋进的动力，对工作充满高度的激情，可以使我们不畏惧现实中所遇到的重重困难和阻碍。可以这么说，激情是工作的灵魂，甚至就是工作本身。

熟悉比尔·盖茨的人都知道，他这个人在行动上总是充满了激情，浑身上下散发着永不言败的精神。

正是在他充满激情的行动带领下，微软公司才从小到大由弱到强，成了计算机领域里的"霸主"。

无疑，比尔·盖茨本人这种工作狂热精神，感染了全体微软员工，尤其是那些软件程序设计师。他的工作热情本身就是一种无形的鞭策。"你在这样的公司工作，成天看到你身边的人，尤其是公司老板，都在努力工作，你自己难道还好意思慢吞吞地磨蹭？"一位来自卡耐基·梅农大学临时打工的大学生这样对人说。

只有在热爱工作的情况下，才能把工作做到最好。一个人在工作时，如果能以自强不息的精神，火焰般的热忱，充分发挥自己的特长，那么即使是做最平凡的工作，也能成为最精巧的"工人"。如果以冷淡的态度去做，哪怕是最高尚的工作，也不过是个平庸的工匠。由此，可以这么说，激情是工作的灵魂，甚至就是工作本身。当你满怀激情地工作，并努力使自己的工作满意时，你所获得的利益就会增加。而工作中最巨大的奖励还不是来自财富的积累和地位的提升，而是由激情带来的精神上的满足。因此，作为一名教师，如果缺乏工作激情，做一天和尚撞一天钟，就必然不会创造新的业绩，就必然教不出好的学生，也就必然只能被无情的历史所淘汰。

激情，永远是我们工作的动力，永远是成功的法宝。

第二次世界大战期间，与法西斯主义誓不两立的美国女记者多萝西·汤普森将她的报纸专栏作为打击希特勒政权的武器。她的专栏文章由报业辛迪加向150家报纸发稿，那些富有洞察力又注入了丰富感情的政治评论，使得同行们充满理性的专栏文章黯然失色，1940年，她的读者高达700万人。

满怀激情的工作成就了汤普森。在职场上，这种激情创造成功的范例还有许多许多。

我们的生命，一半是给工作的，如果我们缺乏对工作的激情，工作就会变成无休无止的苦役，这是一件非常可怕的事情。正如加缪描写的古希腊神话中的西西弗的境遇：他不停地把一块巨石推上山顶，而石头由于自身的重量又滚下山去，再也没有比进行这种无效无望的劳动更严厉的惩罚了。然而，倘若我们真地处在这样的命运摆布之中，尽管可以找到怨天尤人的理由，但是，有一点必须点破的是，我们自己应对困境负主要的责任。

我们往往把工作当成赚钱的手段，很少把它与实现快乐的途径联系在一起，而对待工作的态度是以金钱的多少为转移的。廖莎大学毕业后到一家创办不久的文化公司从事展销业务，本来展览经济是一个新的增长点，在这一行里有许多美好前景可以开拓，但初创阶段的公司业务并不是很好，廖莎的工资要比一同毕业的同学少一半。收入上的差距使她心理不平衡了，她开始私下寻找跳槽的机会。结果跳槽不成，她在公司第二年的竞聘上岗中落聘了。

这山望着那山高，廖莎的致命伤在于她丧失了上进的动力和兴趣，从而延宕了自己的发展。其实工作的成就感绝不只是靠金钱得到的。把收入看淡一点，从工作中发现兴趣，远比盲目地另找一份工作要实际。

当然，如果变换工作遵循的是内心的志趣，这就要另当别论了。不过，更多的时候，工作的激情，不在于工作本身的有趣与否，而在于我们有没有热情投入到工作中去。许多工作，正是因为我们的没有投入，也就发现不了其中的乐趣。不妨做个这样的试验，在两个时间段里，分别以积极的态度和消极的态度去做手头的工作，你会发现再枯燥的工作，只要你努力去做，也会变得有趣起来；而再有趣的工作，如果你兴味索然地去干，也会变得了无生趣。工作的价值，取决于我们的态度，这就是工作的哲学。

我们完全有可能在平凡的工作中点燃我们工作的激情。如果把工作看作是创造力的表现，那么一个教师就会以导演的热情讲好她的每一堂课；一个记者就会以探索的视角去看待他报道的新闻事实；一个厨师就会以艺术家的执着去配制他一流的拼盘。学会从工作中寻找乐趣，而不是等待未来发生能给我们带来乐趣的事情；热爱工作，把工作当做事业来做而不过多去计较得失；不只把工作当做谋生的手段，而把它看作发展自己潜能与天赋的机会，这就是我们成功人生的秘诀。

面对突变要从容镇定

原文：突如其来如，焚如，死如，弃如。

释义："如"的意思是"这样"，这句话可译为："就这样突然来了，烧起来了，死了，走了。"指突变改变一切。

释例：人生如浩瀚无垠的大海。不会永远风平浪静，时常会有惊涛骇浪骤起挑衅。在人生的大海上驾驭着人生小舟时，就要有勇于迎战风浪的从容和镇定。

人生是一段艰辛的跋涉。人生纷纭复杂，坎坷曲折，绝不只是绿叶簇拥的红花，更多的是荆棘杂草中远征的苦涩；也不只是对春华秋实的满足；更多的是经受酷暑寒冬的洗礼。人生在积淀了大量的风风雨雨，坎坎坷坷之后，只有从容地迎接命运的挑战，诸多人生难题才能圆满解答。

从容是人生的一种坦然，是对生命的一种珍惜。

一个年仅20岁的青年由于家庭贫困辍学,但他有一个妹妹,成绩优异,不上大学实在可惜,于是他来到工地挖隧道,不料第一次走进隧道就岩石塌方……

当时局面难以控制,有人大放悲声,有人想往岩石上撞,近乎疯狂。他也差点控制不住自己,刹那间他想了很多,首先想到了死——但若自己完了,妹妹也会辍学,父母也会悲痛欲绝。他镇静了一下,决定试着控制局面,他努力使自己的声音变得很沉稳:"我是新来的工程师,想活命吗?想活命就听我的!"黑暗中,几个人渐渐安静下来。

他又向被困的四个人发号施令:一:被困的四个人必须听他指挥。二:外面肯定在组织救援,但需要时间。三:休息睡觉,因为累死也搬不动那千斤重的大石头。四:隧道里到处都是水,有水就能活十几天。不过他还是隐瞒了两件事情:第一是他进隧道时带了两个馒头,现在已成无价之宝。二是他有一个电子表,可以掌握时间。

第三天过去了,隧道里还是没有一丝光亮,他把其中一个馒头分成四份给大家吃。第五天,终于听见隧道隐约传来钻机风镐的轰鸣。他赶紧把最后一个馒头分成四份给大家吃,然后大声命令四个人拿起工具拼全力往巨石上敲击……

几个劫后余生的人躺在病床上怎么也不会相信,那个沉稳威严的"工程师"竟然是一个毛头小伙。当记者采访他时,我又听见了那句我已听了千万句的话:因为冷静,在紧要关头,只有冷静救得了你。

《东西晋演义》版画之谢安弈棋图。淝水之战中,江晋主帅谢安对战事从容镇定,胸有成竹,弈棋以待捷报

中国历史上因淝水之战而闻名的谢安,有一个很令人叹服的故事。那是在淝水大战决战时刻,谢安不是坐卧不宁,而是若无其事地与人下棋。其间,他的侄子谢玄的捷报传到了,谢安看完信,默然无语,徐步走回棋局。直到有人问战局如何,他才平静地答道:"小孩子们打了胜仗。"表情和平常一样。这便是一代名相的风范。

与谢安一样,古今中外的许多名将和领袖,都具有从容不迫、指挥若定的气度和雅量,这使得他们得以屡屡化险为夷、大胜而归。最为令人感叹的是,在"行动的高温"里,成功的领导者仍能保持从容不迫的气度,这种"高温"包括猛烈的批评、巨大的争议、超常的压力,也包括变革的挑战。在这种情况下,能够做到从容不迫,不只是一种勇气,也是一项技巧,更是一种气质,就像巴赫的音乐一样,优雅、大气、澄明,即使是迅疾的旋律,在他那里也是一派从容不迫。

某大企业招聘,上千人报名,但只招一人,真是千里挑一。当然,待遇也是很高的。竞争到最后,只剩下甲乙两人,第二天由总裁亲自主持面试,决定谁留谁去。因为天色已晚,这家企业的人事部便将甲乙两人安排到公司的招待所住下,并告诉他们,只管好好休息,吃、住由服务员负责接待,明天早上8时面试。

一进房间,甲就琢磨起来:关键时刻到了,两人中选一个,我明天一定要好好表现。可是"考官大人"——总裁会出什么千奇百怪的问题呢?甲越想头越大,越想心越不安,服务员把饭菜送进来了,他只是看看却吃不下去。直到晚上12点,他仍在阳台上徘徊。这时,服务员走进来,见他一筹莫展的样子,就关切地问:"先生,需要帮忙么?为何这么晚了还不睡?"甲说:"没什么,明天考试是最后一关,我有些紧张,所以睡不着。"

第二天,甲被敲门声惊醒,还是昨晚那位服务员。她递给甲一份早餐:"吃完饭,您就可以回去了。"甲很吃惊:"我还没有参加考试呢?"她说:"不必了,我是总裁助理,是替总裁主持最后考试的。你为考试整晚睡不着,早上更是精神不振,以后公司经常会有头疼的事,你怎能应付自如呢?而乙从容不迫,应对自如,沉着应战,他的心理素质比你强,所以,他更合适我们公司,你另谋高就吧。"

这种出其不意的考试,在不知不觉中测试了你的心理素质。我们暂且不管这样的招聘方式是否可行、可取,也不去管甲、乙真正的水平的差异有多大。但就心理素质而言,从容不迫的精神对于个人,尤其是对一个管理者来讲更是必需的!

从容不迫还意味着留有余味。古罗马的哲学家曾经告诉我们,在所有的事情中都要有所保留,这是保存能量的切实的办法。在大多数场合,一个人不应该用尽他的能量和精力,后援力比攻击力重要,后劲比冲劲更重要。

以世界杯足球赛为例,在长达一个月的赛事中,最终夺冠的球队往往是渐入佳境的,他们在开赛之际表现得往往并不完美,但随着赛程的深入,他们却厚积薄发,一飞冲天。1982年的意大利队就是最好的例子。

即便是在赛前,成熟的球队也尽量避免过早出状态,避免毫无保留地曝光自己,虚虚实实、顾左右而言他是他们常用的伎俩。而在比赛中,他们一般不会一上来就孤注一掷,因为他们知道一场比赛是90分钟或120分钟甚至更久,而不是10分钟。本杰明·富兰克林的名言"孤注一掷之后,堡垒和处女都不会坚持很久",似乎成了"狐狸"教练的座右铭。

一个球队从容不迫还有一种潜在的好处,那就是不激怒对方。一般来说,你怎样对待别人,别人就会怎样对待你。如果你球踢得凶巴巴的,动作大,态度也无礼,对方就很可能会被激怒,他们内在的潜力就很可能迸发出来,以至出现惊人的表现,即便是赢不了你,对方也很可能同样还以颜色,被踢伤或者因为发生冲突而被红牌罚下的你还能参加下一场比赛吗?而在世界杯的历史上,恰恰是一些球员的不冷静导致被罚或受伤下场而为球队的失利埋下了伏笔。生活中也是这样,你的从容不迫会"解除"许多人的"武装",使你前进的路走得更快、更稳。

将领靠的是顽强的意志,部队靠的是高昂的士气。人的情绪容易波动因而难以控制,要想使下面情绪稳定全在于将领镇定的素质。能镇定,惊恐可以安定,有叵测之心的人不敢另有所图,这样,敌百万之众都可以消灭。意志坚定并且始终坚持自己的决心，士气奋发而勇气倍增，行动没有不成功的。

"镇"，即镇定——面临危机而心绪不乱。"镇"字揭示了将帅的思想修养与用兵取胜的关系。

"卒然临之而不惊，无故加之而不怒"，方显出英雄本色。

"泰山崩于前而色不变，麋鹿兴于左而目不瞬"，才可称大将风度。

懂得自己应该做什么

原文：习坎，入于坎窞，凶。

释义：置身于重重的艰险困难之中，落入到陷坑的最底下，结果必然是凶险的。

释例：在国外，对成功与非成功人员的对比研究发现，凡是那些有着明确的自我意识，懂得他们在工作中要做什么，并且知道通过什么样的方式可以圆满完成工作的员工，他们往往在以后的提升名单中占有相当大的份额。而那些似乎至死都认为"我这人做不了这个"，或躲在一旁以羡慕的眼光看着同伴升迁的雇员，他们往往做出了连他们自己都不敢相信的糟糕的工作结果。

曾经有人对个人成功与自信的关系做过细致的调查研究。这项调查经历了一个相当长的过程。

调查者们对一群智商超众的"天才"少年（年龄10至11岁）进行了跟踪调查，调查时间前后长达20年。在这群昔日少年长成大人以后，有的功成名就，有的却还在为生计而奔波。对于这种巨大的反差，研究者给出了最具权威性的解释。

三个最基本的因素，被调查者认为是区分成功者与不成功者的关键：对目标的执着和是否有顽强的毅力及强大的自信。

很显然，成功者的优势就在于他们对自身的长处与局限心中有数，通过他们坚持不懈的努力与无畏的精神，他们能够弥补自身的短处，并且靠着他们旺盛的激情与必胜的信念，在精神上处于成功的巅峰。否则，就会使自己"置身于重重的艰险困难之中，落入到陷坑的最底下"。

一种才具，有用和无用，还得看在谁的手中。能用才的，无用可变为有用；不能用才的，有用也是无用。

人亦同此理，关键是用对地方。

自生命萌动之初，你在人世间便有了自己的位置；到生命终结之际，你在大地上仍有自己的位置。在整个生命历程中，你一直同"位置"打交道。一个人要想在这个世界上将自己的能力发挥到极致，就必须找准自己的位置。

人们常说："好男儿，志在四方，要敢于做时代的弄潮儿，在茫茫人海中找准自己的位置"。这个位置其实就是指你在这个世界上的位置。人只有找准了自己的位置，才能充分利用这个有利的位置，发挥自己的优势，才能在事业上取得成功。

伟大的文学家、思想家、革命家鲁迅先生起初他是学医学的，当医生是他人生的位置。后来在日本学医期间，他发现中国人在精神上的疾病比在身体上的更严重，于是决定弃医从文，用他那如椽之笔将中国人的精神麻木之态表现得淋漓尽致。他的作品一针见血，在文学上取得了巨大成就。因此，鲁迅先生找准了自己的位置，并在这个有利的位置上大显身手，令人仰慕。

如果找不准自己的位置，那么你有可能一生都郁郁寡欢，因为你无法施展自己的本领，只能英雄无用武之地，浪费人才。正如人们所说的："要善于经营自己的长处。"要经营自己的长处，就要找准自己的位置。因为空有本领不行，还应该发挥出来。这就需要找位置，看一看在什么样的位置才能一展身手。

要找准自己的位置，重要的是必须明白自己到底能干什么。

19世纪时，有一个穷困潦倒的青年，从法国的乡下流浪到巴黎。他找到父亲的一位朋友，希望他能够帮自己找一份工作，使自己能在这个大城市中站得住脚。

他们在父亲朋友的家里见了面。寒暄之后，父亲的朋友问他："年轻人，你有什么特长呢？精通数学吗？"

青年羞涩地摇摇头。

"历史、地理怎么样？"青年还是不好意思地摇头。

"那么法律或别的学科呢？"青年再一次窘迫地垂下头。

"会计怎么样……"

父亲的朋友接连发问，青年都只能以摇头作答，无声地告诉对方……自己一无所长，连一点儿优点也找不出来。

父亲的朋友似乎显得很有耐心，他

对青年说："那你先把自己的地址写下来吧，你是我老朋友的孩子，我总得帮你找一份差事做呀。"

青年的脸涨得通红，羞愧地写了下自己的住址，就急忙想转身逃开，离开这个令自己深感耻辱的地方。可是他却被父亲的朋友一把拉住了手臂，对他说："年轻人，你的字写得很漂亮嘛，这就是你的优点啊，你不该只满足找一份糊口的工作。"

由于发现了自己的优势，从此，这个青年找准了自己的人生位置，开始发奋。数年后，这个原来沮丧失望的青年果然写出了享誉世界的经典作品——他就是家喻户晓的法国著名作家大仲马。

发挥自己的优势，找准自己的位置，那么，你就能找回自己，也就找到了自己人生的快乐。

惹不起，难道还躲不起吗

原文：物不可以久居其所，故受之以《遁》。

释义："退避"并不等于望风而逃，消极遁世。恰恰相反，不善于退避，不谙这门高超的学问和艺术，文化修养中没有这份可贵的情操，就算不得是一位智勇双全的君子。

讲到《遁》与《恒》之间的联系，《序卦》是这样说的："物不可以久居其所，故受之以《遁》"。

释例：中国的历史经常是小人当道，大丈夫倒霉，于是乎就有了一个经常要用到的发明："惹不起，难道还躲不起吗？"当然，有"小人不可得罪，只有敬而远之"的意思。

范蠡，春秋时期，与文种共同助越王勾践称霸后归隐经商，免去了"狗死狗烹"的结局，可谓深谙进退之中道。他将《周易》的"阴阳"用于兵法，提出"阳而至阴，阴而至阳，""后则用阴，先则用阳"的策略

"见义不为，无勇也。""义"就是"宜"，凡"宜"也者，都是经过再三权衡的。这就说明"退避"并不等于望风而逃，消极遁世。恰恰相反，不善于退避，不谙这门高超的学问和艺术，文化修养中没有这份可贵的情操，就算不得是一位智勇双全的君子。

向来世间推行斗争哲学，鼓吹"真的猛士"，说什么："不斗则垮，不斗则修，不斗则亡"，"八亿人口，不斗行吗？"好像只要能让天下斗起来，就用不着计划生育，就用不着搞经济建设，就用不着发展科学和教育，什么问题都能用斗来解决。

于是乎父不父子不子，夫妻反目六亲不认，"亲不亲，阶级分"，你折腾我，我折腾你，有进无退，不是你死就是我死，大人色变，小人眼红，大家全朝死里折腾，"龙战于野，其血玄黄"，天下全没有活路。

人生道路上，我们只知道前进，往往忽略了后退，忽略了避让和妥协。

而人在日常生活当中，以走路为例，不仅仅是前进的，还时有绕路，有后退，也有避让。但在人的思维里，似乎没有后者，只知道一味地前进。

还有一些人潜意识里，把除了前进之外的举动，都归到懦弱、胆小、没本事、不中用等等。这真是天大的误会！

其实，必要的后退、避让与妥协，才是真正的勇敢，才是真正的有本事。

外交上有一句名言：没有退让与妥协，就没有外交；外交是一门相互妥协的艺术。

人，不可能一辈子都在前进，也不可能一辈子都没有避让。

一颗石子从天而降，假如人会预先发现，他是要本能地避让，不可能还跑上去，伸长脖子把头递过去让石子砸的。

真正的智者生活，是进退自如。

前进固然好。一万年太久，只争朝夕！

但我们还有应对非常的经验：退一步海阔天空。

何况我们还有：宁停三分，不抢一秒。

《周易》里，有一个"遁卦"，专门论述人生退避与妥协的艺术。

《周易》认为，退避和隐遁，是人

生的自然法则。《周易》还有另一个重要思想，就是"变通"。退避或隐遁，都是变，变了就通。

所以说，当需要退避的时候退避，它是一种积极的选择，并非消极。

《周易》的遁卦告诉人们，比方说，你有济世之心，但如果前进，前方两个小人在伸张，这就是君子不得不退避的时刻。

退避不是失败，而是"遁而亨也"。《周易》认为，应当退避的时候，你退避，所以亨通。为什么呢？你虽然暂时退避，但你的正气依然，有高洁的操守，如果继续发挥自己的影响力，可以亨通。因为对小人来说，虽然势力伸张，但如果你正气凛然，坚守纯正，小人就不至于胆大到逼害孤高的君子。

也有点像我们常常说的，身正不怕影子歪。

如何退避？什么时候退避？

《周易》教你一个智能：把握时机。《周易》认为："小人渐进，是君子决定进退最困难的时刻，因而进退的时间意义，就太伟大了。"

退让或退避之后，不是萎靡不振，而是"君子以远小人，不恶而严"。就像山与天的关系，你山再高，也不会碰到我天。因天太伟大，太高远了，不是山所能企及的。

远离小人，但不是憎恶小人，而是严于律己，以使小人不能接近（或者不好意思接近）。

我们在一些时候，感觉身不由己，要退避而不能，那是"拖累"与"眷恋"的缘故。

《周易》说，一个刚强得正的人，如果被下方的小人拖累，在应当隐去的时候却犹豫不决，就像得了厉害的疾病。言下之意，如果是这样也就等于无药可救了。

另一种情形是，小人特别会来事，会侍候，你同小人有了感应，在你应该与小人决裂的时候，你却摆脱不了所好，这就是"眷恋"使你退避不了。

《周易》说，在这种情形下，君子能做到，小人就做不到了。在明了小人的行径之后，即使小人听话，孝敬，但都能当断即断，退避他，这叫"遁好"。

妥协是一种智能，是一种大度，甚

至是胜利的法宝。

妥协的一种方式是退避；另一种方式是适可而止。

当止即止，不用强，那就是妥协。

《周易》说："时止则止，时行则行，动静不失其时，其道光明。"

应当止的时候止，应当行的时候行，动静不失时机，前途必然光明。

如果人生没有妥协，过分地刚强偏激，《周易》上说，就像背部的肌肉被牵扯着，动弹不得，成了死局。如果以人事比拟，就是上下左右的人都不能和谐相处，以至上下叛离，左右决裂，就好像心被火熏那样地不安。

正所谓"艮其限，列其夤，厉薰心"是也！

如果该妥协的时候不妥协，有可能搞得众叛亲离。

有值得一提的，以期引起读者注意的是，妥协其中一个很重要的方面是言语上的妥协。

说话要有分寸，要中肯，要条理分明，这样会使后悔消除。

不说过头话，留有余地，那就是言语上的妥协。

妥协往往比进攻收益大。以静代动，以逸待劳，渔翁之利，往往都带有妥协的色彩。不与之争，争之不利；不与之斗，斗之有亏。让一步柳暗花明；退一步海阔天空。

目光跳出宗派的圈圈

原文：同人于宗，吝。

释义：只和本宗本派的人和睦相处，必然会惹来一些麻烦。

释例：香港企业界，有个不成文的规矩，就是不希望自己的事情有亲戚好友的介入。因为沾亲带故会把个人的感情纠葛和麻烦事带到事业和工作中，会造成不应有的损失。

同人相处最忌讳的是闹宗派，立山头，在倡扬天下大同的同时，又要防止宗派和同的弊端，作为一个看问题全面的人，对此应有一个清醒的认识，注意自己的行为中千万不要带有这种求同的感情色彩，更要防止卷入宗派的漩涡。要做到这一点，就要把握好自己的心态，拓宽自己的心量。

法国著名作家雨果曾这样说道："世界上最宽阔的东西是海洋，比海洋更宽阔的是天空，比天空更宽阔的是人的心灵。"我们不要斤斤计较个人的得失，大事讲原则，小事讲风格，求大同，存小异，互谅互让；能认真听取和善于采纳不同意见，"豁达大度，从谏如流"，绝不能因别人与自己的看法不一样，就对其排斥否定，侧目而视；要不徇私情，不计较个人恩怨，不从个人好恶出发；要允许别人犯错误，并真心帮助他们改正错误，要宽宏大量，宽厚容人，绝对不可落井下石，幸灾乐祸，一脚踢开。不仅要团结和自己意见相同的人，而且更要善于团结和自己意见不同，甚至同反对过自己的人一道工作和生活。

我们要具有合作精神，同时要善于合作，不但与自己喜欢的人合作，还要善于与自己不喜欢的人合作。不要以自己的好恶弃人。

上班一族，经过一上午紧张的忙碌，中午大家一起吃午饭，聊聊趣闻逸事，也是一种很好的放松和休息。可是，W君和大家一起吃过两顿午饭之后，就开始一个人吃方便面了。主任后来有一次跟他单独谈工作，谈到同事，他扔出了一句话："看见他们就恶心。"主任心中一惊，问明原因后，却又哭笑不得……

原来，中午吃饭的时候，几个编辑很喜欢谈网络游戏。在W君看来，这帮人简直就是些没有远大抱负的"混世魔王！""道不同，不相与谋。"所以W君就决定不跟他们一起吃午饭，上班下班，见面也不跟他们搭腔。

作为同事，志同道合，那自然好。但是在绝大多数情况下，我们的同事都有着自己各自不同的背景、经历、价值观和人生观。你不喜欢跟别人讨论游戏，那就自己抓紧时间多吃点好菜嘛！不接受他人，只能是孤立了自己。话说回来，大家是在工作上共事，关键在于工作方面是否能够协作，业余时间谈什么，不喜欢的就当作没听见。到了"看见他们就恶心"这份上，除了搞得自己不合群之外，还有什么好处呢？

人是利益动物，趋利避害，名缰利锁，很难免俗。在职场里，明处摆着竞争机制，暗地里藏着微妙的人事纠葛，更是如此。特别是当成为"战略对手"的时候，一个员工很难去欣赏另外一个员工,自然就会出现"文人相轻"的现象,不是通力合作,而是互不欣赏,甚至互相拆台。

道德价值是相对的。我们认为是不端的品行,他自己可能认为很好。反过来也一样。只要他不把自己的价值标准强加在我们身上,就可以同他和睦相处。道不同不相与谋,这是对的。但道不同则白眼相向或老死不相往来,就有失厚道,是犯不着的。

我们不喜欢甚至讨厌冒犯了我们的人,这也很正常。但我们不能由此得出结论说,这人就不是好人或一无是处等等。不要因为自己的好恶,而影响对人评价的公正。

现代社会是一个合作的社会。一个不懂得合作的人,必将感到步履维艰;而一个善于合作的人,却会感到如鱼得水。合作的基础是摒弃门户之见和自满心理,以心换心,以诚换诚。

人无完人,当然也不可能一无是处。去过庙的人都知道,一进庙门,首先是弥勒佛,笑脸迎客,而在他的背面,则是黑口黑脸的韦陀。但相传在很久以前,他们并不在同一个庙里,而是分别掌管不同的庙。弥勒佛热情快乐,所以来的人非常多,但他什么都不在乎,丢三落四,无法好好地管理账务,所以依然入不敷出。而韦陀虽然管账是一把好手,但成天阴着个脸,像所有的人都"欠了他的谷子还了他糠",搞得人越来越少,最后香火断绝。

据说佛祖在查香火的时候发现了这个问题,就将他们俩放在同一个庙里,由弥勒佛负责公关,笑迎八方客,于是香火大旺。而韦陀铁面无私,锱铢必较,则让他负责财务,一丝不苟。在两人的分工合作中,庙里一派欣欣向荣的景象。

所以在职场,要学会欣赏他人,充分发扬每个人的长处,扬长避短,资源共享,形成合力,才能取得1+1>2的效果。

在承认人的个性差异前提下学会接纳他人,社会接纳性是建立良好人际关系的基础。在与人交往中,要学会理解与尊重他人,真诚地对待他人。古人讲:"己所不欲,勿施于人。"愿你能将这句古训常记于心,善待一切人与事。给他人与自己创造一个和谐的工作学习环境。

记着，别人也许完全错误，但他并不认为如此。因此，不要责备他，只有傻子才会那么做；试着去了解他，只有聪明、容忍、特别的人才会这么做。

当你被迫与自己不喜欢的人合作时，要注意以下几点：

（1）要忍让。宁可自己受些委屈或吃点亏，也不要为小事与对方争个脸红脖子粗，甚至头破血流。

（2）要主动接受对方。你可以伸出友好的手，主动和对方打招呼。对方原来可能怀有的对你的戒备心或敌意就可能化解。你很客气地提出的一些问题，他们就可能会加以注意和改进。

（3）要把你想象成对方。站在对方的角度考虑问题，就可能体会他们的想法，从而修正自己的一些不正确的做法。这样有助于双方关系的改善。

（4）要接受他人的独特个性。不要妄图改变人人都有其个性这个事实，接受对方的本来面目，对方也会尊重你的本来面目。切忌不要强迫别人接受你的观念。

（5）要去想对方做对了的事。对方也不是总是那么招你烦的，他们也有好的一面，试着去发现这一点。

（6）要以自己的言行去感化对方，影响对方。要注意自己的态度和方式，切不可弄巧成拙。

只要遵循以上原则，慢慢学着与人合作，你将会变成一个善于合作的人，他山之石可以攻玉，这个时代朋友和信息都是一种资源，取彼之长，可以补己之短。你的能力将会大为提高，才能够做出应有的业绩，获得上司的青睐，也会被同事称为是一个聪明的人。

凡事从小事做起

原文：求小得。

释义："求小得"指追求较小利益。蛋糕要做大，首先要会做小。

释例："求小得"乃是将来"大得"的基础。

凡事要从大处着眼，要从小事做起。不肯从基本上下功夫，从基层的工作去做的人，永远都不会有大的成就。

人生说起来有百年之寿，其实很短。古人说人生就像飞奔的白马跳过一条小小的沟渠一样。正因为人生苦短，所以要办成几件大事实在并不容易。

我们往往放不下架子，不能从小事、从最基层工作做起，自命不凡，总认为自己是干大事的料，期望一步登天，不知凡事都需要日积月累。还有一些人总是抱怨周围环境不利于自己发展和成功，诸如区域太小、老板不好、老婆不能干、朋友不帮忙，这样的客观原因数不胜数，将富不起来归咎于运气不好！从来没有想过其实最最根本的原因是自己不屑于做小事。所谓"一屋不扫，何以扫天下！"

"天下大事必作于细"，意思是说凡事都要从小事做起，从眼前的杂事做起，坚持到底，才能将事情做好，达到长远追求的目标。为人处世，只要能够不辞劳苦，坚持不懈，那么，即使像女娲补天那样翻天覆地的难事，也终能扭转乾坤，获得成功的。

有一个善于反省的人，在他生命中的某一天，突然省悟到自己迄今所做的全是微不足道的事情。他想到生命的短暂，不禁为自己虚度了宝贵的光阴而痛心，于是他发誓用剩余的生命做成一件最有价值的事情。许多年过去了，他一直在寻找那件足以使他感到不虚度此生的最有价值的事情。可是，他没有找到。结果，他什么事也没有做，既没有做微不足道的事情，也没有做最有价值的事情。

机会总是从你身边走过，你不用心去观察，怎能发现最有价值的事情呢！一味地去寻找，去发现又会有多大的收获呢？一个会发现身边的小事，会寻找微不足道的事情的人才会有可能发现最有价值的事。

人的一生到处都是大大小小的事，但只要会观察会去发现这些事情，那你的一生总算还是有点收获，没有白活，寻找有价值的事情必须从寻找微不足道的小事做起，从小事一步步地走向成功，一步步地向最有价值的事情走近。做一件小事也就等于向成功与最有价值的事情靠近了，走近了。连一件小事都不做的人怎能做得了一件最有价值的事？

人的一生总之只有一句话："凡事从小事做起。"

正所谓"海不择细流，故能成其

大；山不拒细壤，故能就其高"。我们应认识到了细微处体现的大文章，反思起我们浮躁的心理，反思起我们工作的态度，反思起我们为人的素质，甚至反思起我们的文化。

何为细节？何为大事？何为成败？也许在每个人的眼中都有着不同的含义。每个人都有满腔热血干一番大事业的雄心，期盼或功成名就，或衣锦还乡，或企业百年兴旺，或民族昌盛……但我们有多少人能做成其中的一件呢？一谈到这些就免不了浮躁情绪的滋生，苦于自己的"文韬武略"无从施展，天降大任于斯人，怎能纠缠区区细节！于是乎"中国人从不缺乏勤劳，从不缺乏智能，但我们最缺的是做细节的精神"。

把我们所谓的成功、所谓的大事比作一棵参天大树，那么小事就是每一条树根，每一片树叶，没有根，没有叶，何以称作树。

凡事都要从小事做起，从我做起，从与他人的合作开始，认认真真的做事、做人。将小事做细是需要耐心和毅力的，需要养成一种习惯，要自觉培养良好的个人素质，才能成就自己。

循循善诱，慧眼识人

原文：包蒙，吉。纳妇，吉。子克家。

释义：为蒙昧者所包围，吉祥。娶妻，吉祥。儿孙辈已经能够胜任家务事。由于渴望接受教育，上进心很强，所以连孩子们都已经能够治家了。

释例：我们对后进者的教育工作要想做到家，要想让他们成为有用的人，首先还得以极大的包容心态去教育他们，循循善诱地去引导他们，刚与柔相济，方能奏效，否则，生硬地说教，毫无包容地呵斥，都只能适得其反，把事态弄糟，甚至会使自己下不了台。凡是有宽容心的人，即使一时脾气大了点，方法粗暴了点，身边的人都能心服口服地甘愿接受。可见，"包蒙"——以包容大度为本怀的教育方式，对一个用人者来说是多么地不可忽视。

拿破仑·希尔曾经说过：当智慧的黎明将其翅膀张开，笼罩住进步的东方地平线，无知和迷信的最后的脚印留在时间的沙滩上时,在人类的犯罪与错误记录簿上,将要记载着:人类最悲哀的罪恶就是"不能容忍"。

最严重的"不能容忍",系从种族与宗教观念上的歧义而产生的,这也是儿童时代早期训练所造成的结果。哦,人类命运的主人,我们这些可怜的凡夫俗子要到什么时候才能了解我们的愚蠢。只不过是为了一些教条、教义及其他肤浅事物上的歧见,我们竟然企图彼此互相毁灭?

我们在这个地球上的时间,只不过是稍纵即逝的一段。

我们就如同一根蜡烛,被点燃之后,发光一段时间,然后就熄灭了。在如此短暂的世俗生活中,我们为什么不能好好把握,当那种被称作"死亡"的大篷车停止前进,并宣布这项旅程即将结束时,我们立即收起我们的帐篷,像沙漠中的阿拉伯人一样,既不恐惧,也不发抖,默默跟随这辆大篷车走入未可知的黑暗世界!

我希望,当我们穿过大门,进入那另一个世界时,我在那儿再也看不到犹太人或异教徒、天主教徒或基督教徒、德国人或英国人、法国人或俄国人、黑人或白人、红人或黄人。

我希望,我在那儿只能找到人类的灵魂,兄弟姊妹,没有种族、教派或肤色的差别,因为我希望解除"偏执"的困扰,使我能够躺下来,长时间地休息,不受争斗、无知、迷信及世俗生活中普遍存在的混乱、悲哀及误会所打扰。

我想,当你读过这番话后,你的心量一定会拓宽许多,脾气也会小了许多,对人们的微笑也会自然而然地多了许多,你的信心同样会随之提高许多。但愿每一个人都能有如此地"包蒙"胸襟。

做事抓重点才不乱

原文:得其大首。

释义:"得其大首"就是"得其大要",我们做事情要抓重点而不拘小节,赚大钱不计小钱。这无疑是人生场上的一条金科玉律。

释例:雪峰禅师和岩头禅师同行至湖南鳌山时,遇雪不能前进。岩头整天不是闲散,便是睡觉。雪峰总是坐禅,他责备岩头不该只顾睡觉，岩头却责备他不该每天只顾坐禅。雪峰指着自己的胸口说："我这里还不够稳定，怎敢自欺欺人呢？"

岩头很是惊奇，两眼一直注视着雪峰。

雪峰道："实语说，参禅以来，我一直心有未安啊！"

岩头禅师觉得机缘成熟，就慈悲地点化道：

"果真如此，你把所见的一一告诉我。对的我为你印证，不对的我替你破除！"

雪峰就把自己修行经过说了一遍。岩头听完后，便喝道："你没有听说过吗？从门入者不是家珍。"

雪峰迷惑地说："那我以后该怎么办呢？"

岩头禅师放低声音道："一切言行，必须要从自己胸中流出，要能顶天立地而行。"

雪峰闻言，当即彻悟。

世间的许多所谓道理都是从外部现象上去总结的，而禅机则是从内心本体上去证悟。雪峰久久不悟，是因外境的森罗万象在心中还有所执着迷惑，无法打消妄念。"从门入者，不是家珍"，要能"从心流出，才是本性"。这就是告诉我们，凡事不要在细枝末节上钻牛角尖，而要从事物的根本上入手。

因此，在许多时候，做一件正确的事情，要比正确地做十件事情重要得多。在短暂的人生面前，做正确的事情是"延长"生命的最好办法。不要任意挥霍你的精力，把它们用在正确的地方。记得这样一则故事，有一次，一只鼬鼠向狮子挑战，要同他决一雌雄。狮子果断地拒绝了。

"怎么，"鼬鼠说，"你害怕吗？""非常害怕，"狮子说，"如果答应你，你就可以得到曾与狮子比武的殊荣；而我呢，以后所有的动物都会耻笑我竟和鼬鼠打架。"这只狮子无疑是明智的，因为它非常清楚，与老鼠比赛的麻烦在于，即使赢了，不过战胜了一只"老鼠"。一般情况下，对于低层次的交往和较量，大人物是不屑一顾的，就像一个优秀的武士，是不会与一个蟊贼公开决斗的。

毕竟在一定时期内，一个人的资源和能量是有限的，你无法同时做好数件同等重要、难度又都很大的事情，更何况，还有那么多琐事会跑出来占据你大脑的空间，消磨你的棱角。

　　你如果与一个不是同一重量级的人争执不休，不仅会浪费自己的资源，降低人们对你的期望，还会在无意中提升对方的层面。

　　一位俄罗斯政治家就曾有过这方面的遗憾。由于他过于在意那些小人物的攻击，不仅耗费了许多精力与之周旋，而且也影响了他做冷静的判断，结果在重要的问题上判断失误，从而抱憾终生。不仅如此，由于他与那些人斤斤计较、"喋喋不休"，使很多选民都大感失望，这直接影响到他日后更高层次的竞选。对此，有政治学家评论说，如果他能够对有些人和事不屑一顾的话，以他的才智和人望，是完全可以成为俄罗斯数一数二的人物的。

　　因此，生活中最聪明的人往往是那些对无足轻重的事情无动于衷的人，他们很清楚该理睬什么，不该理睬什么，决不犯捡芝麻丢西瓜的错误，知道什么事情可以改变命运，也知道什么事情只会消耗青春。这样的人对那些较重要的事务无一例外会感到兴奋，同时也善于把无关紧要的事情搁置在一边。

　　在现实生活中，成功者大都深知"那些太专注于小事的人通常会变得对大事无能"，并很清楚"抓住大事，小事自会照顾好自己"的道理。一流的人物大都具备无视"小"（人物、是非）的能力，换句话说，障碍大都是相对而言的，除了必须搬掉的障碍之外，大多数障碍都可以忽略，如果要先搬掉所有的障碍才行动，那就什么也做不成。事实上，绝大多数所谓的障碍，在你超越那个阶段之后，也就不称其为障碍了。

　　同样的，一个人对琐事的兴趣越大，对大事的兴趣就会越小，而非做不可的事越少，越少遭遇到真正问题，人们就越关心琐事。这就如同下棋一样，和不如自己的人下棋会很轻松，你也很容易获胜，但永远长不了棋艺，而且这样的棋下多了，棋艺会越来越差，所以好棋手宁可少下棋，也尽量不与不如自己的人较量。

心里有了大，才会放下小。有一项针对世界冠军的调查就很说明问题。调查者发现，那些夺得世界冠军的人往往很早就怀揣了这份特别的理想，并且十几年如一日地追寻，这其中，他们也遇到了其他人所常见的种种挫折，但由于他们心中有一个高过一切的目标，因此很容易忽略那些在他们看来无关紧要的琐碎。长期的内力凝聚产生了惊人的效果，他们终于因为能够抓大放小、有所为有所不为而获得了成功。

这也应了美国哲学家詹姆斯的话，"明智的艺术就是清醒地知道该忽略什么的艺术。"他的言下之意就是，不要被不重要的人和事过多打搅，因为成功的秘诀就是抓住目标不放。

爱憎分明，亲疏无别

原文：公用亨于天子，小人弗克。

释义：王公前来朝贺，向天子贡献礼品并致以敬意，小人不能担任如此重要的职务。

释例：与人交往一方面要柔和谦逊，礼贤与人，同时又不可轻信奸诈小人。如果小人得势，上柔而下刚，必然

引起麻烦。所以，有功则赏，有过则罚，是平衡上下刚柔的最好方法。

有功必赏，有过必罚，赏罚分明，此乃治军治政要律。

齐威王召见即墨大夫，对他说：自从你到即墨以后，我就一天天听到人家讲你的坏话。可是我派人去即墨视察，却看见那里是"田野辟，人民给，官无事，东方以宁"，情况良好。为什么会这样？是你没有贿赂我的左右，求他

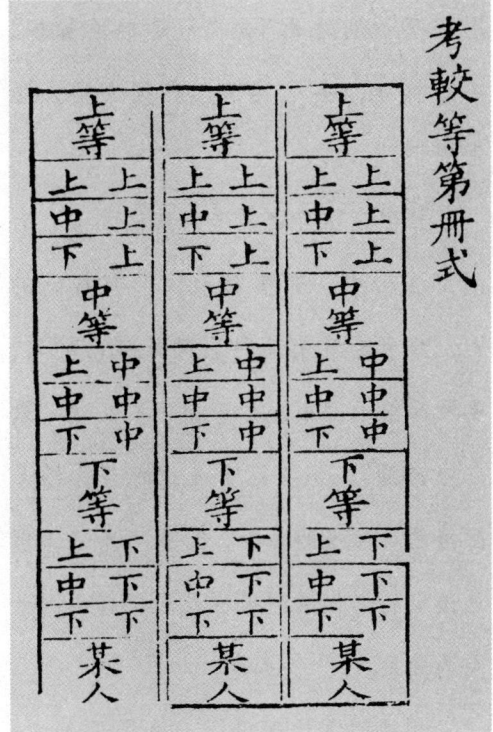

治军要求有功必赏，有过必罚，只有赏罚分明，才能战无不胜。此图为考较等第册式，古代军队中用于考核兵士，赏功罚过

们给你讲好话。于是，齐威王奖励了即墨大齐夫。

威王又召见阿大夫，对他说：自从你做了阿的地方官，我就一天天听到夸奖你的好话。我派人去视察，看见的却是"田野不辟，人民贫馁"。赵国攻打鄄，你不救；卫国占据薛陵，你不知道。为什么会这样？是你用重金贿赂我的左右，求得他们的赞誉。当日就将阿大夫和左右讲假话的人都用"烹"刑处死了。"于是群臣耸惧，莫敢饰诈，务尽其情，齐国大治，强于天下。"

社会交往与之同道，兵法之理，时刻记在心中。那些对于我们有帮助的人，或者为我们而付出额外劳动的人，要及时给予回报，尽管他们口头说"这是应该的"，但实际上还是盼望你给予回报的。回报的多少，形式可不一，但总该有的，如果回报不及时也起不到太大的效果。

如果朋友的帮助是为众所周知的，这种回报就该公之于众，"晓天下之人"。这样回报的作用会更大，不仅对他本人，而且众人看了也会"眼红"。"眼红"之余，很难想象他不会动心。人人如此，我们的朋友就会越来越多，我们的事业就会有更多人参与进来，事业又何愁不成功呢？

相反，如果这种"功"为众人所不知或不便告诉众人，此时这种回报最好私下进行，并向他说明回报之理由，切不可发之无理。

如果你的朋友有了过失，出现不必要的差错，就应该明确地指出来。要批评之有据，不让他抓住把柄。

对于年轻的朋友，要认真对待。年轻人上进心强，办事情积极性高，肯冒险，但由于经验不足，易于感情用事，办起事来难免出错，这时批评要十分注意。要给年轻朋友改过自新的机会，切不可不留后路，一棒子把人打倒。这样你会失去年轻人的信任，也可能失去一位得力的助手。年轻人随着年龄的增长，有时变化是很大的，所以这种罚要讲究方式。

可先私下和他谈谈，点出他的过错，和他说明利害，并鼓励他以后努力克服。如果非得公之于众，也要提前打个招呼，切不可突然在公众场合批评他，弄得他下不了台；或他根本没有认识到自己的过错，你这当头一棒，会令他灰心丧气，甚至恼羞成怒。

赏罚之道，还要谨防私人关系的介入，决不能以亲疏定赏罚，赏罚不明，乃军中兵法之大忌。

打天下要有朋友相帮

原文：大蹇，朋来。

释义："往蹇朋来"意思是在吃苦过程中会赢得朋友，这无疑是我们事业胜利的好兆头。

释例：像曰："大蹇朋来，以中节也。"

友谊是人生的需要，是人类最美好的感情之一。人非草木，孰能无情？人生离不开友谊，事业离不开友谊。俗话说，"一个好汉三个帮"，好汉都要三个来帮，何况许多时候我们还不是好汉呢？一个人要想成就一番事业，离不开朋友们的帮助。与朋友建立了真挚友谊，就会使人奋发向上，充满活力、更加幸福！

安定的环境，和谐的人际关系，是人生成功和发展的基本条件。但这一点，一般来说，人不到35岁可能没有深切的体验。年轻的时候，总以为，有本事，有知识，有闯劲，就能成功。其实不然，人的成功很大的因素取决于人际关系。

还有，"出门靠朋友"，这句谁都

吴起吮卒图，选自清·马骀《百将传图》。吴起是春秋时期著名军事家，爱卒如子，图为吴起为士兵吸吮伤口的脓血

会说的俚语，说出了事业成功所需要的人缘。只不过许多人没有用心罢了。

有一位不算太大、也不算太小的首长离休以后，往日身边前呼后拥的热闹景象顿时消失。在难耐的寂寞与孤独中，他感慨地说："现在看来，我的同事很多，朋友很少！"

说实在的，懂得交友乃是人生的一种境界。

有的单位首长似乎意识到交友的重要性，于是提出要求，领导同志要在自己分管的部门中结交几个朋友。于是拟定一个名单，登门拜访，嘘寒问暖，征求意见，交起朋友来了。应该说，这是工作作风的一个进步。然而，这种用上下级关系捆在一起的朋友，时间长了，也许渐渐变成挚友，更可能变成一种形式、一种额外负担。

因为交朋友不是一厢情愿的事，不能"钦定"，不能"拉郎配"。交友，是感情的互相沟通、互相理解、互相容纳、互相信任的自然的过程，它是信赖、慷慨、无私的感情培养出来的一棵常青树。

一般来说，为官多年，条件优越，联系面广，应当能结交一批朋友，为什么反而"朋友很少"呢？

君不见，我们有的同志一当官就变得孤傲起来，自视高人一等，像戏剧中的为官之人，走路是官步，说话带官腔，让人敬而远之，畏而遁之，或者，他们以为有权势必然有朋友，凡是向自己微笑的人都是倾慕自己的朋友。一旦退休，才发现这是一个可悲的错觉。

人生离不开朋友。一句古语说得好："万人丛中一握手，使我衣袖三年香。"流行歌曲则唱道："朋友多了春常在，朋友多了路好走。"说浅显真浅显，说深奥真深奥，可是就有些人几十年来，也未必能悟。

日常生活中，出现一些人际交往的困难、不适应，这是难免的、正常的。但是，人际关系严重失调或经常失调的人，往往有可能存在个性缺陷、认知错误或心理障碍。因此，对于人际关系适应不良状况,应作具体分析。

改善人际关系,增进入际交往,不仅对心理健康影响重大,而且是一个人生存和发展的必要条件。在交友中,应注意以下原则:

交友原则之一:善交益友

益友,指能够帮助自己上进的朋友。这里所说的帮助,包括品行方面,也包括知识学习等方面。我们应该同那些能够帮助自己进步,能够在某些方面给自己以良好影响的人交朋友。在生活中,人人都希望自己能够结交益友,让友谊的力量来为自己的进步助一臂之力。那么,我们每个人也应该同时完善自我,争取成为他人心目中的益友。

交友原则之二:乐交诤友

诤友,指能够直言不讳地指出自己的错误,批评帮助自己的朋友。真挚的友谊,不仅表现在能与朋友共享欢乐,能为朋友排解烦恼,能替朋友分担不幸;还表现为对朋友的缺点和错误能进行坦率地批评与诚恳地劝告。乐交诤友需要具备听取逆耳忠言的度量和知错必改的勇气。也正因为朋友间敢于互相批评,友谊才倍显纯洁和珍贵。因此,面对朋友直言不讳地批评,我们一定不要生气,甚至记恨朋友,而应该欣然接受,并且衷心地感谢朋友,做到乐交诤友。

阿拉伯传说中有两个朋友在沙漠中旅行,在旅途中的某点他们吵架了,一个还给了另外一个一记耳光。被打的觉得受辱,一言不语,在沙子上写下:"今天我的好朋友打了我一巴掌。"他们继续往前走。直到到了沃野,他们就决定停下。被打巴掌的那位差点淹死,幸好被朋友救起来了。被救起后,他拿了一把小剑在石头上刻了:"今天我的好朋友救了我一命。"

一旁好奇的朋友问说:为什么我打了你以后你要写在沙子上,而现在要刻在石头上呢?

另一个笑笑回答说:当被一个朋友伤害时要写在易忘的地方,风会负责抹去它;相反的如果被帮助,我们要把它刻在心里的深处,那里任何风都不能抹灭它。

朋友的相处伤害往往是无心的,帮

助却是真心的，忘记那些无心的伤害；铭记那些对你真心帮助，你会发现这世上你有很多真心的朋友。

交友原则之三：不交损友

损友，指对自己的道德品行产生不良影响的朋友。损友的类型可以分成很多种，但其共同点是：在不知不觉中用不良的东西影响你，腐蚀你，导致你在道德品行上倒退，严重者甚至使你走上违法犯罪的道路，从而毁掉你的一生。

与其他情感一样，友谊也有一个品质问题，也有品质的高低、优劣之分。与损友相交，那种友谊必是低品质的、有害的。因此，我们在生活中一定不能交损友。

善交益友、乐交诤友、不交损友，是我们交友的三原则。掌握好这三原则，我们才能建立起高品质的友谊，从而对我们一生的发展才能起到积极的推动作用。

刚强辅佐，沿袭政体

原文：贞疾，恒不死。

释义：坚守中正，预防祸乱，国中出现了不少弊病，但仍能长时间地支持下去而不致灭亡。

释例：精通此种处世艺术的治乱高人刘备，他能因地而宜，因人而异，善用他人长处，取其胜利。

他得张松西蜀秘图后，便欲图之为立国之本。他与孔明商量后，决定兵分两处，一处取西蜀，派庞统为军师，黄忠、魏延为将军，因孟达熟知西蜀内情故用之为内应，文臣武将各胜其职，滴水不漏；另一处守荆州，此乃战略要地，不能疏忽，留孔明总管荆州事务，又派熟悉荆楚地利、人情、军情的大将关羽、张飞听从孔明指挥。留守也文武齐备，各司其职。这样刘备就可在确保大本营不失的情况下，挥师取蜀。胜了可尽占两地之利，东拒东吴，北抗曹魏；败了退守有据。体现出刘备精湛的知人善任的处世之道。

还有一个善用他人长处的人叫韩滉，他是唐德宗时的镇海节度使，在用人方面，随才器使，都很恰当。有一位老朋友的儿子来投奔他。此人实在看不出有何所长。一次，韩滉曾经召请他赴宴，他始终端坐，不与邻座交谈一句话。照一般人的理解，这真是一个废物了。但韩滉却从他这一点，看出他有非凡的一面。就安排他看管库门。此人每天从早到晚一直端坐，更没有人敢随意出入。

"尺有所短，寸有所长。"这是我们平时常常听到的俗话，唐太宗在论用人时，也曾说过"君子用人如器"的名言。许多管理者经常抱怨没有人才，其实是缺乏一双识别他人长处的眼睛。用人如果能像韩滉这样，天下就不会有被弃置的人才了。

"又想马儿跑得好，又想马儿不吃草"，这是一种天真的幻想，是对"人才资源"的掠夺性开发。国外一些精明的企业家深深懂得"价廉才不高，才高价不廉"的道理，因此竞相通过优厚的薪金、待遇来吸引人才，并以重奖有突出贡献的员工的方式留住人才。如玛丽·凯化妆品公司就是如此。一方面，她用优厚的薪金建立一支素质高、效率高的雇员队伍；另一方面，对于技术一流、工作卖力的美容师和推销工作做得十分出色的员工，她给予第一流的奖励。奖励方式有出国旅行，奖给贵重物品，如豪华轿车、貂皮大衣、钻石戒指等，高薪和重奖，使该公司具有强大的吸引力。

成功贵在坚持自我优势

原文： 改邑不改井。

释义： "邑"，家乡。"井"，井水。"改邑不改井"是说换了地方但不换饭碗，万变不离其宗乃是在市场经济大背景下以定力取胜的一招常胜棋。

释例： 现代人的眼光很高，着眼国外，着眼前途，强调不论什么职业只要出类拔萃，让别人刮目相看就行，特别强调"升官发财"，似乎陷入一个冷眼看社会的怪圈，但我要问支撑成功的基础你落实了没有，要知道空中楼阁是不经风雨的！

职业目标的选择并无定式可言，关键是要依据自身实际，适合于自身发看到当出版商能赚钱,就开办了一家出版公司,结果很快又陷入困境。经过两次打击,马克·吐温终于放弃经商,改在全国巡回演说,发挥了他风趣幽默、才思敏捷的优势,获得了很大的成功。1898年,他还清了所有的债务,成为名扬四海的演说家。

在择业过程中,要综合考虑自己的素质状况,并侧重某一特长和优势,以保证在职业岗位上出色地完成工作任务。注重发挥自己的素质优势对于择业非常重要,只有按照自己的素质所长选择职业,才能有利于胜任工作,实现人尽其才。同时,也有利于自身的成长,在从事的职业工作上,不断积累经验,提高能力,做到有所发明,有所创造。要发挥自己的优势,择业时必须考虑以下几点:

第一,选自己所擅长的。

自己擅长的主要是指自己的专业技能、生理特长、个性优势。

专业技能,是指你已经系统掌握所学的专业知识和受过某种专门训练已经具备的一些技巧能力,选择职业时,尽

《三国志通俗演义》版画之刘备称帝图。刘备知人善任,得到众多优秀文臣武将的帮助,最终在成都称帝

展,值得注意的是伴随现代科技与社会进步,个人要随时注意修订职业目标,尽量使自己职业的选择与社会的需求相适应,一定要跟上时代发展的脚步,适应社会需求,方不至于被淘汰出局。

俗话说:

"尺有所短,寸有所长。"求职者择业应扬长避短,发挥自己的优势。美国著名作家马克·吐温曾一度投资经商,开发打字机,结果赔了5万美元,以后

量做到专业对口，学以致用，有利于发挥自己的优势。如果为了追求较高的收入，不考虑自己的专业特长而选择了一种与你所学专业相关甚远的职业，客观上造成了用非所学，不能发挥自己的优势，虽然眼前增加了收入，但会给自己未来的发展增加难度。

生理特长，指自己的身体素质、生理条件，如身高、视力等。有些职业对身体条件有特殊的要求。视力稍差，不可能去参加飞行员的选拔测试，身材不高很难成为时装模特。每个人的身体和生理素质都存在着差异，应了解自己的所长与所缺，并据此去选择合适的职业，以利于发挥这方面的素质优势。

个性心理，指每个人在性格、气质、能力等方面的情况。不同的职业对求职者的个性心理都有不同的要求。求职者要了解自己的性格，选择适合自己性格的工作。如有的人生性好动，那么整天待在办公室工作会使他觉得"乏味"，不妨考虑一下从事营销类的工作。有的人文静、内向，做事有耐心，不妨选择财务、统计、打字、化验等工作也许更为合适。依托求职者个性心理优势去选择相符的职业，会大大提高职业的适应性，增加取得职业成就的可能性。

第二，选自己所喜爱的。

兴趣是最好的老师。追寻兴趣是人生内在冲动之一，满足这些需求是生命本身的意义，从事一种自己喜欢的工作，工作本身就能给你一种满足感，增加你的欢乐，你的职业生涯从此将会变得妙趣横生，你的人生途径从此多姿多彩。

选择自己钟情的职业，不仅会增添生活的情趣，更重要的是，这样会增加你成功的概率。

在设计自己的职业生涯时，务必考虑自己的特点，珍惜自己的兴趣。择己所爱，尽量选择自己喜欢的职业。当然，能找到发挥自己优势的工作，那是最好的，但如果一时找不到，那就要使自己的性格、爱好去适应那份工作。

在国外，对成功与非成功人员的对

比研究发现，凡是那些有着明确的自我意识，懂得他们在工作中要做什么，并且知道通过什么样的方式可以圆满完成工作的员工，他们往往在以后的提升名单中占有相当大的份额。而那些似乎至死都认为"我这人做不了这个"，或躲在一旁以羡慕的眼光看着同伴升迁的雇员，他们往往做出了连他们自己都不敢相信的糟糕的工作结果。

曾经有人对个人成功与自信的关系做过细致的调查研究。这项调查经历了一个相当长的过程。

调查者们对一群智商超众的"天才"少年（年龄10至11岁）进行了跟踪调查，调查时间前后长达20年。在这群昔日少年长成大人以后，有的功成名就，有的却还在为生计而奔波。对于这种巨大的反差，研究者给出了最具权威性的解释。

三个最基本的因素，被调查者认为是区分成功者与不成功者的关键：对目标的执着和是否有顽强的毅力和强大的自信。

很显然，成功者的优势就在于他们对自身的长处与局限心中有数，通过他们坚持不懈的努力与无畏的精神，他们能够弥补自身的短处，并且靠着他们旺盛的激情与必胜的信念，在精神上处于成功的巅峰。